孙 睿◉著

草样年华

远方出版社

图书在版编目(CIP)数据

草样年华/孙睿著.—呼和浩特:远方出版社,2003

ISBN 7-80595-917-X

Ⅰ.草… Ⅱ.孙… Ⅲ.长篇小说—中国—当代
Ⅳ.I247.5

中国版本图书馆 CIP 数据核字(2003)第 119405 号

草样年华

作　　者　孙　睿
责任编辑　王炜烨
责任校对　千　日
封面设计　孙成国
版式设计　符马活

远方出版社　出版发行

地址　呼和浩特市乌兰察布东路 666 号　邮编　010010
经销　新华书店
印刷　北京印刷一厂
开本　880×1230mm　1/32
字数　280 千　印张　10.5
版次　2004 年 1 月第 1 版　印次　2004 年 1 月第 1 次印刷
书号　ISBN 7-80595-917-X/I·349　定价　19.50 元

编者前言

《草样年华》的出版可谓历经坎坷。从 2001 年起，这部作品就开始通过网络在北京高校学生中流传。学生们纷纷猜测该书的副标题“北×大的故事”中的北×大到底是哪一个学校，很多人从这部小说中找到了自己的情感共鸣。关于大学教育制度的争论和小说中邱飞和周舟爱情命运的讨论不绝于耳。有网友将这部当时还不叫《草样年华》的小说称为“校园文学第一奇书”。2002 年，“新浪·读书频道”的编辑在网上读到这篇小说，感动之余，将该小说放到“新浪网”连载，效果出奇地好，网友们叫好声一片，连续几个月排名“读书频道”点击量榜首。关于“北×大”到底是哪个学校的争论也再次出现，很多人都将视线聚焦在位于北京东部的北×大学。就在“新浪·读书频道”努力为此书联系正式出版的时候，北×大学有关领导致电“新浪网”，要求停止关于此书的一切行动，并在校内大会上指责此书。这一切，对作者孙睿产生了很大压力，他怎么也没想到，一部虚构的网络小说竟会惹来这样的麻烦。此书出版遂告搁浅。2002

年下半年，一家美国版权公司看到此书的网络版本后，十分兴奋，与孙睿签下全球版权代理合约，并携此书的内容简介及英译样稿参加了“2003年法兰克福国际图书展览会”，结果引起轰动效应，很多国家对《草样年华》有了出版意向，尤其是洋溢在字里行间的那种年轻的幽默感，更是让海外书探们捧腹不已。这一消息传到国内，孙睿和他的《草样年华》成了媒体关注的焦点，台湾的媒体也在关注此书，并将此书与王蒙的《恋爱的季节》、王朔的《动物凶猛》、石康的《晃晃悠悠》等并称为“华语十大青春小说”。这时，“新浪网”再次为此书在中国大陆的出版开始努力，但意想不到的事情又出现了，孙睿在与美国那家版权公司签约时竟将中国大陆的版权也包括了进去，而该公司此时提出了苛刻的条件，要求首印不得低于30万册。此事又一次搁浅。直到2003年12月，与该版权公司曾经成功合作过另一本青春小说，并在全球取得很大成功的远方出版社介入此事，利用与该公司的长期合作情谊以及其他形式的补偿，才成功地让孙睿与该公司解除合约，此书终于得以出版，可谓遂了酷爱此书的网民们的迫切心愿。

目录

引子

当我拿到姗姗来迟的毕业证后，对爱情失而复得的渴望愈加强烈。

毕业一年后，我勉强通过一门功课的补考，从系主任的手中接过毕业证书，上面贴着我毕业时期的照片，一张一寸黑白免冠照，我满脸阴郁地被记录在相纸上，眼中透露出让人难以理解的神情。想起自己另两个时期的毕业照片，不禁有种事过境迁之感。

小学毕业照片，我稚嫩的脸上流露出天真无邪的发自内心的缺心眼儿似的傻笑；中学毕业照片，我咧开长满黑色绒毛的嘴，强颜做出皮笑肉不笑；而这张照片，我却如何努力也笑不出来。

第一章 〉〉〉〉〉〉〉

突如其来的新生活

1

北京的某片地区座落着大大小小的工厂和高矮不一的烟囱，它们为振兴民族工业和提高空气污染指数做出了巨大贡献。而今天，它们已处于瘫痪状态，等待陆续被拆除，颇像地主家的大老婆，失去了生机与活力。一座座高耸入云的现代化建筑取而代之，在此处拔地而起，犹如刚过门的小媳妇，备受青睐。

大烟囱和摩登大厦鳞次栉比，交相辉映，挺立在北京市上空，构成海拔最高点。如若谁想鸟瞰北京城，可以喝着咖啡端坐在这些写字楼高层的窗前，或是拿着扫帚爬到烟囱顶端去打扫烟灰。

我的学校便坐落在这些工厂和写字楼的包围之中，它就是北京××大学，简称北×大，以“四大染缸”的美誉扬名北京，尤其在高中学生中间流传甚广，但每年仍会有愈来愈多的高中毕业生因扩招而源源不断地涌向这里，丝毫看不出计划生育作为一项基本国策已在北京实施多年的迹象，倒是录取分数线越降越低，以致让我产生了“这还是考大学吗”的疑惑。

这所学校诞生过工程师、厂长、教授、总经理、小商贩、会计师、出纳员、网站CEO、小偷、警察、嫖客、妓女、诗人、作家、摇滚乐手、音乐制作人、画家、外籍华人、运动员、记者、骗子、白痴、技术员、建筑师、传销商、卖保险的、包工头、科长、处长和游手好闲职业者，惟独没有政治要员，这或许同学校的环境有关，但更多因素源于学生自身，但凡考到这里的学生，全无一例的没有政治头脑，有政治头脑的学生早已坐到了清华、北大和人大的教室里。

过去直至今日，有这样一句话广为流传：好男不找二外女，好女不嫁×大男。尽管我已将它烂背于腹，但还是被招生办的老师毫不留情地招至北×大的机械系，对此我深感迷惑——我并没有在志愿表中填报该校。

后来才知道，是我高三时的女友暗中搞鬼，才使得我稀里糊涂地考入这所学校。

当时北×大属于第一批录取的重点院校，凭我那点浅薄的数理化知识做梦也别想考进来，所以很有自知之明的我在第一、二次模拟考试之后，便将工作重点从二类大本转移到外地三类院校的大专，而且是极其冷门专业，其中一门我记得尤为清楚，叫作：无脊椎动物语言学。

我这么做并非因为没有上进心，只是不想去做垫着石头摘月亮这种毫无意义的事情，可女友却趁我吃完午饭去厕所拉屎之际，从我的书包深层翻出志愿表，私自替我在一类大本志愿栏中填写了北×大的机械专业，并在我毫无思想准备的情况下，肆意在“服从分配”后面划了一个又大又黑的勾，然后立即将我二人的志愿表交给班主任老姜。

老姜在我和女友自由恋爱的道路上设置重重关卡，围追堵截到了我和女友放学出校门三公里内不敢走在马路同侧的程度，还以我个儿高为由，将我调至教室最后一排，而安排女友坐在第一排，美其名曰女孩子应该锻炼锻炼，没事儿多帮老师擦擦黑板。女友为了肺里不吸进粉笔末，总是憋红着脸坐在前排，让老姜以为她抹了胭脂；同时，我坐在后排饱受看不清黑板之苦，学习成绩一落千丈。更有甚者，老姜为了继续拉大我和女友的距离，险些在高考前夕不顾我对数理化的热爱，非要把我弄到文科班去背文史地。我跟老姜说我对理科班情有独钟，老姜说那你的理科成绩为何如此之低，我说热爱归热爱，成绩低是另一码事儿，现在我还有些分数，如果去了文科班，恐怕连这点儿分也要随着我在理科班的消失而消失，我以后不谈恋爱了还不成吗？老姜见被我看穿他在想什么，便不再强求，只是说，你好自为之吧。于是我和女友开始在老姜的眼皮底下装作素不相识，连她因T恤衫没有遮住牛仔裤而露出内裤的花边时，我都不敢吭一声，任班中男生肆无忌惮地将目光盯在女友的后腰上。

这次，老姜在不了解事实真相的情况下看过我和女友的志愿表后，说："想不到你们在这种时刻依然志同道合，看来我只有祝你们白头到老了，但千万别因为儿女私情耽误了高考。"

后来的结果是，我在考场上想到不久的将来就要流落他乡去学习非人类的语言，也不知道我在衣锦还乡之时还能否流利地用汉语对女友说："等了这么多年，辛苦了，你还好吗？"想着想着，我的心中便涌起一种叫作凄惨的感情，顷刻间，那些在脑子里堆积了多年，导致我学习不好的东西消失得无影无踪，思路豁然开朗起来，奋笔疾书，一下子做出好几道题，还在作文中写了几个漂亮句子，推翻了学习委员对我的妄加评论——脑子里有屎，不是学习的料。

在同一时间的另一考场，女友幻想着我们考入同一所学校就可以肆无忌惮地花前月下了，不必再躲躲藏藏，想到这里她不由自主地笑了起来。监考老师赶忙跑过来体贴地问道："同学，是卷子印错了吗？"

女友带着意犹未尽的笑容说："没有。"

监考老师不解地说："没印错就赶紧答题，这可是高考，考完了有的是时间笑。"

高考结果非常出乎我们的意料。女友在知道分数后愁容满面了一个暑假，而我接到北×大的录取通知书却不知是喜是忧。

八月底，女友收拾行李准备去上海的一所专科学校上学，同时，我准备到西单乘坐25路公共汽车去北×大报到。一些想上北×大却没有考上的同学刻薄地对我说，那可是大染缸啊！我听后心头一沉，心想，这下可完了，“好女不嫁×大男”已成为北京女孩的口头禅，待我毕业时还会有良家女子嫁给我吗，我也许要为在北×大读过几年书而光棍终身。但当时我还是拍着胸脯颇为自信地说，我要推翻近朱者赤，近墨者黑的定律，做一株出淤泥而不染的荷花。

后来的事实证明，无论北×大的男生如何，但在寻找异性方面还是得心应手，颇为容易的。

2

女友对高考的结果失望至极，在愤愤不平的同时提出与我分手，我没有丝毫犹豫就接受了她的要求，因为我们的结合纯粹是无理取闹。

那时我们正上高三，升学的巨大竞争力压迫得班中每个同学都苟延残喘，彼此间没有了团结友爱和相互信任，取而代之的是勾心斗角和残酷的明枪暗箭。大家在这种环境下备感压抑，于是纷纷寻求自己的红颜知己。对于拥挤在高考独木桥上的人来说，异性比同性更容易接触和沟通。

女友就是在这个时候提出同我好合的，当时班里的这种气氛成就了好几对情侣。

由此可以看出，我与女友的结合存在明显的动机不纯，我有被利用的嫌疑，好在我并不认为自己吃了多大的亏，所以一拍即合。当天晚上，我们就接了吻，女友把嘴从我嘴边移开后，忧心忡忡地说：“我们之间好像还不是很熟。”我一想，的确如此，从高一入学到刚才她说的那句话，我们之间总共说话不超过三十句，我对她更是不了解，只知道她叫韩露，是与我同班的女同学。

我对韩露提出的分手要求坦然接受。事后，我象征性地惆怅了几天，抽了几根烟，然后便将一切抛在脑后，找同学去八一湖游泳了。

现在回想起来，那些因失恋而装扮的痛苦是完全没有必要的，谁让自己当时年纪小呢。

3

大学报到的第一天，我带着爸爸妈妈、爷爷奶奶、舅舅舅妈的千叮万嘱和美好幻想步入北×大校园，并未过多留意校园建设，而是将更多精力用来观察像鲜花一样盛开在校园的女生。当时我脑子里只有一个念头，就是找一个女朋友。

这是阳光无比灿烂的夏末的一天，姑娘们穿着刚刚盛行而尚未出现于中学校园的吊带装走在路上，像一条条美丽的热带鱼在我眼前穿行而过，让我浮想联翩。当然，这些艳丽的姑娘都是高年级女生或是青年女教师，大一新生不会因为刚刚离开中学就突然变得光彩夺目。也有个别努力打扮自己的新生，但她们拙劣的装扮会被我一眼看穿——涂得深浅不均的口红和极不附体的高跟鞋。还有许多女生穿着高中校服，胸前背后印有"北京四中"或"实验中学"等字样，希望以此向外人暗示些什么。其实这样做是毫无意义的，既然考到这里，大家就成了同一片菜地里的茄子，大师傅不会因为你是圆茄子就把你做成炸茄盒，而因为我是长茄子就把我做成鱼香茄条，我们将来的命运就如同茄子终将被吃掉一样，获得印有"北京××大学"字样的毕业证书。

在经过报到、交费、领取宿舍钥匙等一系列繁琐又必不可少的事情后，我端着一个白底红号的搪瓷脸盆，爬上五层楼又穿过长长的楼道来到宿舍，用那把还带着毛刺儿的铝制钥匙打开了宿舍的门。出现在我眼前的是三张上下铺，上面有绿色的被褥和蓝白格相间的床单以及一个荞麦皮枕头。我走进宿舍，油然而生一种走进牢房的感觉。

学校分给我的是下铺，这并非出于我的主观愿望，而是按学号排列分配，到我那里正好是29号，下铺。

学号以高考分数的多少顺序排列，我们班有30个人，也就是说我是以班里倒数第二的名次入校的，而这个名次恰恰也是我在高中班级的排名，不过是正数而已。

我的学号前面有个偶数女生，这才使我得以分到下铺，这个偶数究竟是多少呢，它让全班男生以及任课男教师都大失所望，它是0、1、2、3的2。

4

我是同宿舍的六个人中最早走进这间屋子的，这也是他们选举我当宿舍长的原因所在，有点儿像水泊梁山的故事。

进了宿舍后，我一边整理被褥一边幻想与我同屋的是五个什么样的家伙。这种幻想纯粹是凭空捏造，我既不知道他们的名字也没见过他们的照片，但有一点我绝对可以肯定，他们是五个男的。

就在我收拾包裹的时候，门开了，走进一个满脸青春痘，背着一把吉他的家伙。我们寒暄了片刻，我对他有了初步了解：

杨阳，睡在我上铺的兄弟，正是因为他的存在才使得我的入学成绩不至沦落为班中倒数第一。杨阳在得知我的高考分数比他高出1分后，诚恳地说："哥们儿，你学习比我好，以后就请你多多关照了。"然后递给我一根"都宝"。

在日后的学习中，杨阳的成绩既没有进步也没有滑落，稳坐全班倒数第一的位置。

正在我和杨阳抽烟的时间里，同宿舍的另外四人陆续来到。我们互报家门后，除了一个叫齐思新的接过我和杨阳递的烟外，另外三人摆出一种坚决杜绝不良行为在宿舍发生的态度。

马杰在把自己的一切物品安置妥当后，说："我报到的时候听说一会儿要开会。”

“什……什么时候？”张超凡结结巴巴地问。

“好像是11点。”马杰回答。

“对，11点，第一教学楼301教室。”赵迪说。

“咱们正好可以看看班里的女生怎么样！”齐思新兴奋地从床上蹦下来。

“据说咱们班就两个女生。”马杰有些失落。

“春雨贵如油，我得提前下手。”齐思新跃跃欲试。

“就怕是辣椒油，吃了拉不出屎！”我抽了一口烟说。

“不怕，我有开塞露”齐思新真的从包里掏出一瓶已经用去一半的开塞露给我看。

“走……走吧，快到点儿了。”张超凡看了一眼表说。

我们来到开会的教室，里面堆满了人，其中不乏一些学生的家长，而且父母双全，我们只好站在教室门口。系主任在讲台上声嘶力竭地喊着：“请安静了，我们的会马上就要开始了。”下面的谈论声立即消失了，某学生家长突然在这个时候放了一个响屁，引得大家一片哄笑，坐在那个家长身旁的学生狠狠地瞪了自己的父亲一眼。

两个女生气喘吁吁地跑上楼，伸着脖子向教室内张望，里面早已座无虚席，过道也挤满了人群，只好站在我们身旁。其中一个相貌平平的女生面带娇滴地问另一个稍有容貌的女生：“你听得见吗？”

那个女生说：“听不太清楚。”

齐思新插话说：“用不着听清楚，都是废话。”

“你们也是这个系的？”相貌平平的女生问道。

“对，我们都是(1)班的，你俩是几班的？”齐思新显得很热情。

“我俩也是(1)班的。”这个女生又说，“我叫陈铭。”

齐思新自报了家门，然后问那个容貌娇好的女生叫什么。

“佟小娅。”那个女生冷冷地说。

齐思新又问了佟小娅许多诸如高中在什么学校、高考考了多少分、为什么报机械系等问题。佟小娅的冷漠被齐思新的热情化解，两人攀谈起来。被晾在一旁的陈铭愤愤不平。

女孩子应该懂得,男生对你是否热情取决于你的容貌。如果哑巴在你面前都开了口,那么你一定漂亮得跟天仙似的;但如果说相声的见了你都哑然,那你一定是长得不能看,这时就要好自为之,别再奢求什么。

陈铭看着齐思新和佟小娅聊得火热,很是不平衡,她说:“你们别聊了,我都听不见老师在讲什么了。”

齐思新对佟小娅说:“我们去那边聊。”于是二人去了楼道的另一侧。

教室里传出系主任的声音,他说校园内禁止吸烟、男女生勾肩搭背等现象的发生,为了对学生进行监督,学校组织了一支由党员和先进分子组成的纠察队,他们游荡在校园的每个角落,如发现违纪者,便会将其记录在案,及时通知班主任对该学生进行思想教育。

这番话赢得台下家长们的一片掌声, 学生们却不由自主地发出“嘁、嘁”的嘘音。

楼道的那一侧,齐思新在给佟小娅滔滔不绝地讲述着什么,佟小娅的“咯咯”笑声不时传来,齐思新愈加神采飞扬。

5

住宿舍的第一天晚上,天气异常闷热,狡猾的蚊子不知在何时吸走了我的血,当我感觉痛痒的时候,皮肤上已经隆起一个个又红又大的包。我问谁有风油精,杨阳在床上扔给我一盒尚未开盖的清凉油,我把它涂抹于患处。

闷热的空气和蚊子的骚扰折磨得我毫无睡意, 我从床上起来,到水房喝了一肚子凉水。

杨阳正躺在床上看书,赵迪和马杰在下象棋,赵迪赢了,让马杰给他打洗脚水,马杰说:“洗他妈的什么脚,赶紧睡觉,你看张超凡和齐思新都睡着了！”齐思新和佟小娅在校园里溜达了一个晚上，现已身心疲惫。

我问杨阳:“困吗？”

杨阳说:“不困,我习惯晚睡晚起。”

“咱俩去楼上待会儿？”

“走。”杨阳合上书,跳下床,随手拿了他的“都宝”。

月朗星稀的夏夜,楼顶安静异常,一阵微风吹来,使我顿觉凉爽。我们席地而坐,杨阳掏出那盒“都宝”。

“你刚才在看《生活在别处》？”我问。

“嗯,你看过？”

“米兰·昆德拉的小说中我最喜欢的就是这本。”

“他的小说你都看过？”杨阳问我。

“看过几本,也不知道他到底写了多少书。”

“你觉得他写得好吗？”

“别人说丫写得挺深的,我看不出来。”

“他说‘人类一思考,上帝就发笑’,给人感觉挺牛逼的。”

“扯淡！那样的话上帝还不得笑死。人类每时每刻都在思考,猿人不思考怎么能吃上熟肉,古人不思考不会有四大发明,我不思考更不会考上大学。”

“正是因为人类经常思考,把上帝逗乐了,所以他老人家一高兴,就给了我们火种,给了我们四大发明,还让我们考上了大学。”

“那我以后就天天思考,让丫多照顾点儿。”我把烟头弹到远处,说:“你把吉他拿上来弹一段吧。”

杨阳取来吉他,唱了许多他喜欢的歌,有崔健、许巍、郑钧、老狼的,还有几首鲍勃·迪伦的,我听后赞不绝口。

“我这也是瞎玩,将来我要搞一个自己的乐队,唱自己的歌。”说这句话的时候,杨阳给自己点了一根烟,抬头仰望着夜空。

我们的话题先是围绕着看过的书和听过的音乐，最后定格在理想上面，我告诉杨阳，目前我的理想就是找一个女朋友。

聊了很久后，我回宿舍找来几张报纸垫在楼顶的地上，躺在上面度过了大学生涯的第一个夜晚。没有闷热的空气，没有蚊虫的叮咬，睁开眼睛便能看到辽远的夜空，看着看着，我就睡着了。

第二天清晨，天空飘洒下蒙蒙细雨，落在我和杨阳的身上，我们被雨水淋醒，否则这会是一个非常美好的夜晚。

6

很快我便和杨阳成为要好的朋友，虽然他自己不买手纸，总用我的，还在宿舍里把录音机的音量开得极大，或者在我睡觉的时候坐在床头弹吉他，但这些并不影响我们之间的友谊，反而把我们联系得更紧密，使我们有一种相见恨晚的遗憾。

我对杨阳说："操，我怎么没早两年认识你小子。"

杨阳说："他妈的，我高中怎么没有跟你丫在一所学校，来抽烟。"他递给我一根"都宝"。

"抽我的。"我掏出一盒"中南海"。

杨阳接过我的烟，说："以后我的就是你的，你的就是我的。"

听了这句话，我觉得杨阳挺仗义，但又一想，自己好像有点儿吃亏。我抽的烟是"中南海"，而他抽的却是"都宝"；他洗脸洗脚用一块毛巾，而我是分开的；我的袜子是一个礼拜洗一次，可他的却是一个月洗一次；好在我没有女朋友，否则他还要给我戴绿帽子。

杨阳也有一些我不具备的东西，可我对它们毫无兴趣。他脸上长了青春痘，买了一大堆"去痘灵"、"除痘膏"之类的东西，可我的脸平坦光滑，根本用不着这些压抑青春的化学药品；杨阳还有一副二十磅的哑铃，每天晚上都要坐在上铺练劲儿，吓得我不敢躺回自己的床上睡觉，惟恐避之不及。

7

学校并没有立即安排上课，而是把我们这些新生一车车地送到位于北京乡下的某军事基地参加训练，美其名曰培养我们严谨的生活作风。

军训的生活实在是枯燥无味，除了每天汗流浃背地训练、吃饭前高唱革命歌曲、三天两头去医务所开点儿西瓜霜和黄连素外，还要隔三差五地站岗值夜班，以防一些无心睡眠却闲饥难忍的学生潜入食堂偷馒头或一对对男女同学在半腰高的草地里亲密。

有一次，齐思新和佟小娅在草地里缠绵被连长拿手电照到，幸亏当时连长拉肚子，忙于缓解腹中之急，不便纠缠，扬手放了他们。齐思新刚离开那片草地就对佟小娅说："幸亏咱俩来得早，要是连长拉完了咱们才来，那还不得踩一脚。"

佟小娅皱起眉头说："你这人怎么这么恶心！"

齐思新说："你慢慢会习惯的。"

两人的身影消失在洒满月光的楼前。寂静无声的深夜，隐约从草地里传来连长龌龊的声音。

军训中的许多事情让我记忆犹新，回忆起来别有一番乐趣。

班里有个头颅硕大的同学，寻遍全营找不到一顶适合他戴的帽子，连长不愿看到衣冠不整的士兵出现在队伍中，便将自己的帽子摘下来，向该同学的脑袋使劲套去，嘴里还说着："铁打的营盘，流水的兵，还没见过长你这么大脑袋的人。"连长越说越使劲，结果军帽"呲啦"一声被撑破了，该同学伸手揉了揉无辜的脑袋。连长说："算了，你还是去炊事班训练吧，拿个炒菜锅当钢盔戴！"

结束一天的训练后，大家还要拿着小板凳以班为单位聚集在操场上,学唱两个小时的革命歌曲再接受营长的思想教育,一到这时候,蚊子就成群结队地在我们头顶盘旋。营长说,即使在和平年代也不要放松警惕,大家将这句话牢记在心,时刻保持着对蚊子的警惕,以至于当营长宣布今天的集会到此结束解散时,竟无一人起身离去,大家还全身心地沉浸在对蚊子的警惕中。

夜晚,我们躺在床上,伴着每人每天一个黄色笑话的惯例渐渐进入梦乡,迎接下一个艰辛的一天。我们就是在这些荤笑话中加深了彼此间的了解。

我们在床板上以记"正"字的方法来记录度过的每一天,每当床板上的"正"字又多出一个笔画的时候,我们的心情就会轻松一些。当床板上即将出现五个"正"字的那天晚上,我们如释重负。

为期一个月的军训在一片哀叫声中结束,部队的连长、班长把我们送上返校的汽车,大家互相挥手,依依惜别。

汽车驶出基地大门的一刹那,我有一种潸然落泪的感觉。

8

军训结束的这一天,我回到家中吃晚饭,电话响了,我爸去接,他"喂"了一声后把电话递给我:"你的,一女的。"

我接过话筒一听,是我的前任女友韩露,从上海打来电话。

韩露向我讲述了她在学校的情况,说大学里人与人之间关系冷漠,而且北京孩子到外地上学容易受人孤立,她在那个环境里感到孤独,所以总是想起从前的高中生活和同学们,特别是我,她还说特怀念当初我把手放在她胸前的感觉。

好在韩露说这话的时候,我爸正在精神高度集中地择着鱼刺儿,没有注意到我的不自然。我用了平日从电视上学到的话安慰了韩露几句,她居然说我真好,还问我现在把手放到了谁的胸前,我说自从上大学以来，我除了睡觉时习惯性地把手搭在自己的胸口，就是在抱家里的小母猫时会不经意地碰到它小小的乳头。韩露听后表现出幸灾乐祸的喜悦。

我说，你打的是长途，电话费也挺贵的，我们别拿电话煲粥了。韩露说好吧，我们写信联系，于是要走了我在学校的信箱。

其实我并无特意为韩露节省电话费之意，我是怕黄花鱼在还没凉之前就被我爸一个人独吞了，他现在变得越来越馋，也许这就是他正在衰老的标志之一。

之后的星期二，我收到韩露从上海寄来的信，洋洋洒洒十几页稿纸，至少有五六千字，我还真不知道她能够写出如此多字。高三的时候，她总为了写篇作文而弄得月经不调，气血两衰，如今她得为这五六千字付出多么惨重的代价呀，想到这里，我不仅感动了一小下。

信中先是回忆了我俩高中放学后与各回各家前这期间具体的夜晚生活，然后又讲述了她的现实生活是多么不尽如人意，咒骂了许多老师和同学，把学校说得一无是处，紧接着又展开丰富的联想，描绘了我们下一次见面时的情景——我会在同她热烈拥抱后迫不及待地把手伸入她的怀中，探寻久违的感觉。我觉得她现在的思想是既反动又黄色。

我回信说，我们都在经历着蜕变，切勿因儿女情长耽误学业，青年人应该有健康向上的理想，我们还是早上八点半、九点半的太阳。

我和韩露的罗曼史称得上平淡无奇，我们的结合既非两小无猜，又非志同道合，而是被学习的压力撮合到一起，所以我们之间并不存在过多的相互依赖，除了像其他情侣们一样，拉手、拥抱、接吻和仅仅局限于上半身的抚摸外，更多的时间被我们用来学习数理化，以便为将来走遍天下都不怕夯下坚实基础，我们屈指可数的几次娱乐也都以不欢而告终。

一次，我和韩露去打台球，台球厅恰巧设在电影院的二层，一扇门与电影院的放映厅相连，走过那扇门，就可以看到影院放映的影片。我们去的那次正好赶上《红樱桃》热播，我听说这部电影有些赤裸的镜头，因此注意力便没在球桌上，草草打完一杆球后，趁韩露打球之际跑进放映厅看上几眼，然后再跑回来打下一杆球，之后，再回到放映厅。韩露对我如此频繁地跑来跑去颇感气愤，却不能对我大动干戈，因为有一次我们约好在某车站见面去吃麦当劳，结果她在来的路上遇到黎明签名售带，为了索取一份黎明的亲笔签名害得我在车站苦苦等待了一个多小时，当时正值寒冬季节。

我在不懈的努力下，终于看到赤裸镜头的出现，只可惜是后背。这是一个节奏缓慢的长镜头，为此我在放映厅逗留了片刻，当再回到台球厅时，发现韩露已无踪影。

我去找老板结账，老板说一个女孩刚刚结过，我赶紧下楼去追韩露。

追上韩露后我问："怎么不打了？"

"你看电影吧，别理我！"她怏怏不乐。

"至于嘛，要不咱俩一块儿回去看。"

"不去，没心情！"她看也不看我一眼，只是一个劲儿地向前走。

我就一直在后面跟着回了学校。

后来，我们又打了几次台球，每次一进台球厅，韩露就问老板："您这儿旁边有电影院吗？"凡是老板说有的，她拽着我转身就走，头也不回。

至于我和韩露的亲热也完全是出于不得已而为之，当时班上的另几对情侣早已将卿卿我我在公共场所愈演愈烈，我和韩露完全是受了那股不正之风的影响，没有出淤泥而不染，如果我们近墨者没有黑，那么他们就会出言不逊，说我们脱离群众路线，搞歪理邪说，甚至指责我们蜻蜓点水，敷衍塞责，不尊重对方感情，所以我就将颤抖的双手伸向韩露为我敞开的胸怀，当时我并不非常清楚这样做的意义所在。

可以说我和韩露是随着彼此对对方身体的熟悉而渐渐熟悉起来

的。当我们超越了拥抱接吻阶段后，才发展成无话不说的好朋友，她把各种烦恼的事情向我一一倾诉，我除了在语言上安抚她，还要用手拍拍她的脸蛋或隔着裤子拍拍她的小屁股说："没事儿，别太往心里去。"

韩露听了这话后，就会依偎在我的怀里，将头抵在我的胸口说："你真好！"

9

经过两天的休整，我回到学校，开始了宿舍、教室、食堂三点一线式的生活。

我的宿舍位于一座六十年代的五层建筑顶层的阴面，它除了终日不见阳光，还有冬冷夏热、虫吃鼠咬等诸多弊处，我万万没有想到自己会在这里度过大学四年生活的日日夜夜。

窗外就是学校的围墙，尽管一墙之隔，可墙外饭馆的灯火阑珊却同学校食堂的惨淡破败形成鲜明对比，墙外的小卖部有"都宝"和"燕京"出售，墙内却没有，而且永远也不会有。这堵墙把我们和外界划分开来，校园甬路上出现的是骑着破烂二八自行车的中老年教授和骑着山地车载着女孩的男生，围墙外的街道上奔驰的是外地司机从遥远的地方开来的载重汽车。每当卡车隆隆驶过时，整条马路和围墙，还有我们的宿舍都要为之颤抖，这个现象的发现纯属无意。

那一次，早晨八点钟刚过，我为了多睡一会儿没有去上课，却被一阵床的颤动弄醒，我认为这是杨阳在上铺所致，他为了手淫没去上课，床的颤动正是他的实际行动所带来的结果。为了阻止杨阳继续自我猥琐下去，我重重地翻了个身，提醒他我还在宿舍，震动果真消失了。片刻后，床又开始颤动，我使劲咳嗽了两声，表示杨阳不应该在此时此地做此事或者即使做此事动作幅度也不要过于猛烈，这是对下铺的不尊重。颤动确实因为这两声咳嗽又停止了一会儿。在我即将入睡之时，一种突如其来的前所未有的剧烈颤动向我袭来，我大声地打了个哈欠，宛如大梦初醒，以此让杨阳知道我此刻处于清醒状态，该住手时就住手吧，但颤动仍在继续，我无法理解杨阳为何如此顽固地要将此事进行到底，以致近乎于忘我的境界。我无法忍受事情的进一步发展，必须及时做出行动来维护自己的利益。我呼唤杨阳的名字，没有反应，震动却更加强烈。我跳下床，向上铺看去，要将杨阳丑陋的一幕记录在目，但看到的却是叠得豆腐块一样的被子和平坦如镜的床铺，空空如也的宿舍只有我一个人赤裸着身体，义愤填膺地站在地上。

此时，窗外，一辆辆满载木材的卡车正排着长队隆隆驶过，我恍然大悟。

住在阴面的同学特别渴望住在阳面，并非因为阴面没有阳光普照和时常被马路上的卡车吵醒，而是从阳面宿舍的窗户向外望去，可以看到另一座五层建筑，那就是万众瞩目的女生宿舍楼。住在阳面的男生拥有地利，只待天时与人和。

天时无非就是夜晚掌灯之时或每年盛夏，此时正是女生们脱去衣服展露身体的时刻，但每到此时，都会因为女生宿舍那条的确良窗帘和摆在窗台的枝繁叶茂的鲜花的存在，使得男生视线无法进一步深入，只差毫厘，却戛然而止。

人和当然是女生们有意或无意的配合，无意配合就是某个女生偷了个懒儿，换衣服的时候没有拉上窗帘，但她万万没有想到，正是因为这一时的懒惰，使得自己暴露在对面男生楼里端着望远镜守候在窗前多时的男生们面前；有意配合是男生对一个相貌较丑陋的女生说他喜欢她们宿舍的某个漂亮女生，希望得到丑女生的帮助，于是那个丑女生就会在漂亮女生裸露之际偷偷掀起窗帘的一角或用洗衣粉水浇花，这样男生的视线就会穿透的确良窗帘和枯萎的花草，勇往直前，直指目标。当然，这一切的幕后交易是男生要满足丑女生无休止的要他请吃饭的欲望，丑女生们往往身高体阔，不注意对饮食的节制，肆无忌惮，吃起来就没够，“东坡肘子”是她们最爱吃也是经常吃的一道菜。

有时，当天色完全黑暗下来，女生宿舍早已灯火通明的时候，男生宿舍却一片漆黑，里面蕴藏着不可告人的秘密—— 一架或多架望远镜在众人手中传来传去，持望远镜者双眉紧蹙，右手食指伴随望远镜角度上下左右的变化而不停地调节着焦距，当他发现情况时会说：我操，然后大家顺其所指方向投去关注的目光。个别时候，几个人会因为只有一架望远镜而争执得不可开交，但最后大家还会以大局为重，尽量压低声音，不把事情做得太嚣张，毕竟不是什么光彩的事情。住阴面的同学也会来到阳面宿舍分享这种快乐，人满为患的场景屡有发生，为了能够使大家井然有序地入场，阳面宿舍的宿舍长会站在门口售票，票价在五毛至一块八不等，这主要取决于当晚演出剧目的好坏和望远镜焦距的大小。一些同学听说还要入场券便望而却步，他说买张毛片儿看多好，又清楚又刺激，何必为此破费。其实则不然，越是朦胧越是神秘越是让你得不到才越有吸引力，如果一个女人赤身裸体地站在你的面前，你反而会对她失去兴趣，还可能会抱怨她的体毛太多或乳头太黑。

杨阳说他一次在无意中看到某个黑着灯的女生宿舍窗口有一抹荧光闪过，待他拿起望远镜要看个究竟之时，发现了恐怖的一幕：对面女生宿舍的窗前也有一架望远镜，一个女生躲在望远镜的后面，露出雪白的牙齿在向他微笑。

偷窥异性宿舍的势头急剧蔓延，各宿舍楼的楼长趁学生上课之际，搜查了所有宿舍，共收缴望远镜、长焦距照相机等作案工具300余件。

学生们下课回到宿舍，迫不及待地聚集在窗口时，却发现望远镜不翼而飞。最着急的莫过于望远镜的主人，他们四处寻找，不见踪影。这时候，学校的大喇叭开始广播：

“同学们，今天我们楼长联合对你们的宿舍进行了一次突击检查，查获望远镜300多个，啊，300多个！这个数字使我们瞠目！我们知道这些望远镜被你们利用来达到一种怎样的目的，你们不觉得这样做非常可耻吗？我并不想用‘可耻'这个词来形容你们，但这是明摆着的事实，特别是女生宿舍，望远镜的数目并不少于男生宿舍。”

说到这里，男生宿舍一片欢呼之声。

“这些望远镜一经收缴，概不退还，望同学们好自为之吧！”

“傻逼！”齐思新对着大喇叭骂道，他就是那些望远镜的主人之一，在大家的撺掇之下，他决定要回望远镜。

“楼长好！”齐思新来到楼长的办公室。

“什么事儿？”楼长问。

“我来取望远镜。”

“难道你没有听广播吗，概不退还，退给你让你继续为非作歹?！”

“我不是思想下流不堪的人，我有自己的追求，我是一个天文爱好者，您拿走我的望远镜就好像折断瞎子的探路棍，使得我在茫茫黑暗中无所适从，您把望远镜还给我吧，满足我对太空世界永无止境的探索欲吧！”齐思新诚恳地说。

“别给我扯这些，你那个望远镜根本看不到星星，只能看到女生宿舍，你对天文也没什么兴趣，只是对女生感兴趣罢了，从我这里拿走望远镜，你休想！”楼长斩钉截铁地说。

多亏前苏联的解体，才使得我们国家的倒爷们用一瓶风油精或二锅头就可以在他们那里换得一件皮坎肩或一架性能良好的望远镜。如今北京街头到处是贩卖俄罗斯军用品的小商店，其价格的低廉是我们绝对可以承受的。

我们的望远镜被收缴后不久，宿舍楼又涌现出一架架望远镜。此情况的出现，导致北京的倒爷们这个月又多跑了一趟俄罗斯。

正如望远镜的取之不尽、用之不竭一样，许多事情的确是人力所不能及的。我们的宿舍楼前毫无章法地摆放着数百辆自行车，楼长在无数次的口头警告和小黑板通知后，混乱的情况依旧。

楼长在一次忍无可忍下语出惊人：“操他妈的，我就不信治不了这帮丫挺的！”于是，楼长采取了诸多措施，譬如，自己动手将乱摆乱放的自行车推到她的办公室，没一会儿，办公室就被一辆辆自行车填得水泄不通，没有了自己的立足之地，然而这些车仅是九牛一毛，更多的车还在肆无忌惮地停在楼前。楼长又实施了 24 小时监控，每有学生把自行车停在规定区域外，她便会冲上前去，一通铺天盖地的严词厉语。这种方法起初收到了一定效果，但楼长不能一天 24 小时守候在自行车旁，她还要去检查宿舍卫生，还要防止女生混入男生楼内，还要回家洗衣做饭伺候丈夫，所以楼长离开岗位不到五分钟，自行车又零乱地堆放在一起。

楼长万般无奈下，又说出这样的话："都还他妈的大学生呢！"

学校自行车摆放混乱的现象自建校以来，一直没有改观，这些楼长都是知道的，她已年近五十，据说改革开放初期，她便作为楼长出现在此，风风雨雨经历了二十多年，可现在却突然对这个问题斤斤计较起来。是什么原因导致楼长老题新做，以致到了发狂的地步呢？据我分析可能出于这样一种原因：一次我去校医院看病，见妇科门诊的墙壁上挂着一条标语——营造良好、舒适的环境可避免妇女更年期所产生的急躁、不安、失眠等现象。我一想，它用在楼长的身上合情合理。

第一次使用食堂饭票有种优越的感觉，只有这所学校的师生才具有获得并使用此饭票的资格，就像中科院的老人们享有某种特殊福利一样。我们的饭票选材于聚乙烯，就是俗称塑料的那玩意儿，上面印着壹元、伍角、贰角、壹角、伍分、贰分、壹分等字样，可见其历史之悠久。前几年，月坛公园的邮票市场上还有我们学校的毕业生贩卖成套的北×大饭票。买饭票的都是对北×大无限向往的中学生和从北×大毕业多年的中青年知识分子，后者以此来表示对母校的深深眷恋。据说此商业行为生意兴隆，财源广进，导致了日后清华、北大、人大、二外、首经贸等高校的饭票热卖活动悄然兴起。

饭票与人民币等值，却取代了人民币在学校市场流通中的地位。无论是学生玩"扎金花"，还是去学校商店买手纸，饭票都起到了媒介作用，甚至以北×大为中心，方圆十几里的范围内饭票无处不在。吃羊肉串可以给羊肉串老板饭票，喝啤酒可以给小酒馆老板三张五毛的饭票，抽“都宝”可以给小商店老板一张伍元的饭票，然后他会找给你两张壹元和一张伍角的饭票，就连坐学校门口的25路公共汽车都可以用饭票买票，售票员说：“反正我早晚都要找给你们。”

社会在进步，科技在发展，用塑料饭票买卖的时代已经一去不返了。学校食堂在装修得焕然一新的同时，采用了“太阳结算卡”，它取代了学生兜里的一打饭票。饭卡是一张漏洞百出的硬塑料卡，像是被乱枪射穿的，每张饭卡上面漏洞位置的不同决定了它的所有权。如果你想吃一碗羊杂碎，食堂师傅就会在打卡机上面按出4.00的字样，让你把卡插进去，当卡中显示金额少了四块钱的时候，这碗杂碎汤便归你所有，吃不吃没人管你。如果你想要半份炒饭、半份炒饼、一个鸡蛋、一块酱豆腐再加一碗片儿汤的话，那么食堂师傅就会在打卡机上乱按一通，使得你眼花缭乱，当你把饭卡插进去的时候，才发现这些东西居然花掉你七、八块钱。这有点儿像自由市场的小贩使用电子称，你也不知道他在上面按了什么，买仨土豆竟然花去两块多。学生不是经常逛菜市场的老头、老太太，手中没有弹簧秤为我们作主，只能含冤喝掉那碗片儿汤，否则更亏。

学校食堂属于公共场所，可还是有众多情侣因为找不到更好的能避风躲雨的幽会场所而跑到这里谈情说爱。他们会一边吃饭一边进行身体接触，有的男生右手正拿着勺喝粥，左手便伸入女生的衣服中摸索，工作效率极高。我曾亲眼目睹过某个女生和某个男生在食堂接吻，然后一个馄饨从男生嘴里滑入女生口中，女生“吧唧吧唧”地嚼起来，给我一种馄饨特好吃的感觉。

食堂的饭菜绝对不能用“可口”二字形容，对于将食物送入肚子的过程，我们更不能将其称之为“吃”，只能叫作“填”、“塞”或是“忍气吞声”。“吃”是需要色、香、味相结合的，“吃”可以带给我们愉悦的享受，而我们在食堂吃饭却品味不到其中的快乐，惟有痛苦。许多菜同它们的名称并不相符，拿“京酱肉丝”来说，几乎见不到肉丝，只有大堆大堆的北京黄酱堆积在盘中，偶尔零星点缀着一小把大葱；倒是“炝土豆丝”完全由土豆做成，但它也名不副实，土豆丝切得比我的小拇指还粗，不如改名为“烧土豆块”。

食堂的卖饭师傅为了说话方便，简化了用语。譬如，卤煮火烧有放一个火烧的，也有放两个火烧的，这被食堂师傅称作“一饼”和“二饼”。如果四个女生买四份一个火烧的卤煮，收钱师傅就会对切肺头、肥肠的师傅高呼：“一饼开杠！”要是两个男生买两份两个火烧的卤煮，收钱师傅便大喊：“二饼一对！”一次，不知是大几的一个男生，要了一份四个火烧的卤煮，收钱师傅高呼：“单调四饼！”此话一出，立即引来无数女生驻足观望，她们想知道这个男生怎么能够一顿饭吃下四个火烧的卤煮。自入学到毕业的四年间，我从没有听过师傅大喊：“九饼一份！”

食堂的面食有包子、饺子、馒头、花卷、拉面等。卖拉面的师傅为了多卖几碗拉面，总是大喊：“拉面，拉面，现拉现煮！”本来奔拉面而来的学生听了此话后无不扭头就走，卖拉面的师傅冲他们喊道：“同学，别走呀，真是现拉现煮，不信你在旁边看着拉。”这几个学生被逗乐了，他们要看个究竟，决定买一碗不放香菜的尝尝。卖拉面的师傅便冲负责拉面的师傅喊道：“拉一碗没有香菜的！”声音之大，足以让在场吃饭的每个人听到后不禁皱一下眉头。

食堂惟一可以下咽的食物就是茶叶蛋，茶叶蛋仅在食堂上午十点钟开设的加餐中出售。开设这顿加餐的目的是为给那些因为上第一、二节课而没有吃早点的学生补充能量，以便他们可以精神饱满地去听第三、四节课，然而那些吃过加餐的学生却因为肚子饱和造成血液涌向胃部而大脑供血不足，昏昏欲睡在课堂之上，枉费了食堂师傅们的一片苦心。

这顿加餐对于像我这样十点钟起床的人来说就相当于是早餐，我会在洗漱过后出现在去往食堂的路上，心里洋溢着幸福，再过一会儿我就可以吃上味美无比的茶叶蛋，它诱惑得我馋涎欲滴。我对茶叶蛋的深厚感情是通过杨阳建立起来的，那天我还在床上睡觉，杨阳从食堂买了三个茶叶蛋回来，坐在我的床头一边剥皮一边吃。当时宿舍弥漫在臭脚丫和被窝的混合气味中，茶叶蛋的清香冲破重重包围，蜿蜿蜒蜒飘入我的鼻孔。瞬间，我睁开双眼，寻找这一气味的来源——杨阳指间正捏着一个白里透黑的椭圆型食物，它就是茶叶蛋。杨阳看到我目瞪口呆的神情，立即知道我在心怀叵测，他咬了一大口后把剩下的半个椭圆塞入我的嘴中。尽管我没有刷牙，但咀嚼了几下后浓浓的爽口滋味还是荡漾于全身。从那以后，我会准时出现在卖茶叶蛋的窗口。卖茶叶蛋的大娘因为我的脸上流露出按捺不住的喜悦而给我挑选个头大又腌进滋味的茶叶蛋，我会以赞不绝口来回报大娘对我的厚爱。尤其是刚刚煮过的茶叶蛋，剥那层还烫手的皮便可获得一种享受，更不要说把还烫嘴的鸡蛋吞进口中任其翻滚时的快乐。如果吃茶叶蛋的学生多了，那么食堂上空就会缭绕着茶叶蛋的喷香，卖茶叶蛋的大娘也会为此笑逐颜开。茶叶蛋当然不可随便吃到，是要为此付出金钱代价的。所以，曾几何时，我有一个崇高的理想，就是挣来大钱全部买食堂的茶叶蛋吃。有一次，我一口气吃掉八个茶叶蛋，打嗝都带着一股鸡屎味儿，杨阳说我："你丫周扒皮吧，掉鸡窝里了！"

10

入学后的第一次班会内容就是选举班干部，没想到这种操蛋的事情在大学里依然存在。我对班干部一向是反感的，这个角色就像国民党设在共产党内部的眼线，使得革命行动稍有风吹草动就被残酷镇压，正义凛然的革命人无不为此遭受迫害。

杨阳和我颇有相似之处，尤其在此方面，我俩的态度完全一样。杨阳上高中的时候是个呼风唤雨的人物，因为屡次被女班长告密，所以每次他的兴风作浪都被班主任尽收眼底，为此他先后得到过无数个口头警告和一个因屡教不改的警告处分。

杨阳对我说："我不想去开班会。"

我说："我也不去，让那帮傻逼争得头破血流吧！"

我和杨阳无所事事地待在宿舍，躺在各自的床上，目光呆滞地仰望着天花板。

过了一会儿，杨阳响起鼾声，我却辗转反侧，无心入眠。一想到那些当选班委的同学为了证明自己与老师是一丘之貉，他们会用心险恶地迅速帮助老师制定一套对付学生行之有效的方法，我便感觉前途荆棘丛生，一片无形的乌云遮住我们头顶的阳光。

我是一个比较自利的人，不会俯首甘为孺子牛地为人民服众，因为我没有这个必要也没有这个能力，我不会被列入任何先进分子或受表扬的名单，而一些学生却为了满足自己的虚荣心或是博得老师厚爱，极不情愿但又佯装出一片热忱地为班级做工作，与其说他们是为同学服务，不如说是在提前为自己谋利益。我曾亲眼看到一个给老师跑前跑后的学生干部，在毕业前夕请求老师给他开出一张在校期间出色完成社会工作的证明，他说公司在招聘时会优先考虑这样的学生。由此看来，我纯净无邪的自利与他们惟利是图的热情相比，还是高尚的。

我翻了一个身，看到杨阳那把立在墙角的吉他，于是坐起身，拿过吉他发泄地胡乱弹了几下。

睡在上铺的杨阳俯身向下张望，说："操，我以为谁呢，原来是你丫的。"

"你丫别睡了，教我弹吉他吧。"

"真想学？"

"你哪儿那么多废话，赶紧教我。"

杨阳跳下床，说："这东西不难，你要想弹得跟大师似的，一辈子也不可能；你要是想弹得跟我似的，有一个月就行。"他拿过吉他，一边弹一边冲我挤眉弄眼地唱了起来。

我决定在这种无聊的生活中学点儿东西聊以慰藉。"好，就这么说定了，明天去买吉他！"我拍着杨阳的吉他说。

"你丫轻点儿，差点儿被你砸漏了。"杨阳心疼地抚摸着自己的吉他。

我在杨阳的陪同下去琉璃厂买了一把民谣吉他和一本乐理知识，从此便告别教室，整日待在宿舍与琴共舞，杨阳也为自己找到一个不去上课的借口——教我弹吉他。

日子一天天过去，我感觉生活中充满乐趣。

一天，张超凡下课回到宿舍，把老师的话传达给我和杨阳，如果我们再不能够在老师点名的时候出现在教室，就将被取消考试资格。

对于这个警告，我和杨阳都有些畏惧，取消考试资格便意味着成绩按零分处理，如果每学期不及格科目的学分加在一起，超过这学期所选科目总学分一半的话，我们就会得到“试读”的处罚，累计两次“试读”将被开除学籍。

我又坐回到教室的椅子上，两眼呆呆地凝望着老师一翕一合的嘴唇，不知道他在语无伦次地说些什么；一些同学像甲壳虫一样频繁地抬头低头，手在本上快速地飞舞着，也许是在抄笔记或作业，更可能是在给前排某个背影看着不错的女生写情书。在这种环境里，我往往待不到五分钟就会产生睡觉的欲望，好在我经常坐在身体肥硕的张超凡后面，只需头一低，便可趴在课桌上酣然入睡。

杨阳随身带着 WALKMAN，他在感觉无聊的时候就会带上耳机听歌，听着听着，便也睡着了，坐着睡，趴着睡，还有时候会躺在旁边同学的腿上睡。旁边同学前面的同学放了一个臭屁，以为只要装得坦然，就没有人会知道屁是从他身体中释放出来的。可是春江水暖鸭先知，杨阳掌握了足够的证据，当场指出就是前面那个同学放的屁，“我先是感觉一股气流迎面而来，紧接着就是一阵恶臭，而且我用鼻子寻找到臭气的发源地，就是你丫屁股那部位！”杨阳得意地抓住那个同学的衣领说。

那个同学因为玩儿现了，只好解释说最近肚子不舒服。

杨阳说：“闻了你丫的屁我一个月都舒服不了！”

杨阳把这个同学害得挺惨，以后不管是谁放了屁，大家都会归咎在他身上，无论他如何面红耳赤地争辩说：“是孙子放的！是孙子放的！”

白天更多的时间被消耗在课堂上，我不忍心看着青春就这样付之流水，于是到图书馆借了一些书，有梁实秋、胡适、周作人的散文，还有普鲁斯特的《追忆似水年华》，它们能够帮我顺利度过课堂上的50分钟。有时，我会不由自主地意识到学习的重要性和残酷的考试制度，也时常会有认真听课和独立完成作业的愿望，但每当我面对站在讲台上不知所云的老师的时候，我那点残存的上进心便消失得杳无踪影。我竭力把老师讲的每句话听进去，可它们就像无法捕捉的气息或是一团烟雾，让我无能为力。我偶尔也会翻开书本自己写作业，然而抄作业的快感远胜于冥思苦想终不得解的苦闷，我渐渐丧失掉独立完成作业的能力，甚至如果在我写作业的时候，没有一份已经写好的作业摆在面前的话，就会感觉无助。

每晚熄灯后，我和杨阳便会拿着吉他去楼顶唱歌，我们从beyond唱到郑钧，从老狼唱到鲍博·迪伦。每首歌曲结束的时候，对面女生楼总会传来一阵掌声或是欢笑声。有时，某个女生会打开窗户点歌让我们唱，我们就给她胡乱唱上一小段，引来她的掌声。有一次，某宿舍的一个女生过生日，她们在窗前摆了一个大蛋糕，上面插满蜡烛，烛光摇曳，我和杨阳给那个女生唱了生日快乐歌，这个宿舍的女生手拿蜡烛随着我们的歌曲翩翩起舞。曲终舞毕，她们吹灭蜡烛，邀我们去吃蛋糕。我们说，男生进不去女生楼。那个过生日的女生便端着两块蛋糕热情地冲我们喊道："同学，明天在哪个教室上课，我给送过去！"

日子就这样一天天在并不轻松中轻意过去，伴随我升入大学的那些美好愿望也随之破灭。头发日渐变长，我无心整理，任它们乱草一样在我的脑袋上肆意生长。

11

杨阳上高中的时候有一群弹吉他的同学，他们现在已经考入不同学校，杨阳经常去找他们唱歌、喝酒，有时还拉我同去。

一次，我们去了医大，那里有杨阳一个叫钟风的同学，我总听杨阳叫他："中风！中风！"我仔细观察发现，这个人的嘴还真是有点儿歪，我认为他上医大的目的就是要学习如何把歪嘴纠正过来。

钟风带着我们在医大溜达了一圈，问我："感觉如何？"

我说："你们学校比我们学校干净，就是老有一股来苏水味。"

钟风说："习惯就好了，好多学医的教授离不开这儿味，行房事前都要捧着福尔马林瓶子闻半天，否则勃起不了。"

杨阳说："那你将来是不是也要闻呀！"

"我不闻，我直接喝。"钟风说，"我们学校的女生怎么样？"

"不错，但就是个个面带强烈的解剖欲，我总怕哪个女生在背后突然给我一刀，然后把我拖进实验室，向我的肌肉里注射兴奋剂类药物，观察我和小白鼠对这类药剂不同程度的反应，最后趁我欢蹦乱跳之际把我活活开膛。"我心有余悸地说。

"想不想认识几个？"钟风问我们。

"你去找吧！"杨阳说。

钟风果然带来两个女孩，她们是钟风的同学，其中一个相比之下不好看的是钟风现在的女朋友。我们五个人一同到医大校外的饭馆吃饭，我和杨阳坐在另一个女孩的两侧，边喝酒边聊天，钟风频繁给我和杨阳使眼色，让我们主动进攻。杨阳向那个女生大献殷勤，说什么学医的女生聪明，逻辑思维好，做事严谨，而且将来定会成为贤妻良母，可那女孩却没有给予杨阳所期待的热烈回应，倒是对我讲的笑话颇感兴趣，一再要求多讲几个。恰好我那天兴致极好，搜肠刮肚，把所有能够想起的笑话讲给她听，其中不乏一些荤段子，她听后哈哈大笑，并用小拳头捶在我的肩膀说："讨厌！"杨阳对此付之无奈的一笑，独自喝了好几杯啤酒。

我们闹到很晚，钟风借口说送我和杨阳去车站，打发两个女生先回了宿舍。钟风对我说："哥们儿，我开始追的不是现在的女朋友，是那个女生，可我苦缠滥追了一个月，丫却生生把我给撅回来了，我恨她，你帮我早点给她办了，办完后别忘了第一个通知我！"钟风有些醉意。

“八字还没一撇呢！”我说。

“回头我给你们一撮合，这事儿准成。”钟风拍着胸脯说。

汽车驶来，我和杨阳跟钟风道别后上了车，我透过车窗后玻璃看见钟风跌跌撞撞地走回学校。

在车上，杨阳对我说：“别犹豫，该上就上，我看她对你挺有意思。”

事情发展得极其顺利，三天后我就和那个女生拉起了手。这里当然包含着钟风带有报复性帮助的智慧和汗水，还有杨阳对我的不断激励，更有些水到渠成的意味，不行也得行了。

我经常去医大找这个女生，她总是将课堂上学到的知识用于生活中。我们手拉手地在医大食堂吃饭，她问我盘中的鸡丁是鸡的哪个部位，我说不知道，她就会指着我身体的某一部位说，就是这里，还说她做实验时是如何从这里下刀的，把肉一点点划开，既快捷又不会给被开刀者带来痛楚。说完后她问我，为什么天气不热而我的手心却在出汗。

我和这个女生坐在医大校园的长椅上，手在对方的身体上滑动。她抚摸着我骨瘦嶙峋的身体，并把摸到的每一块骨骼的名称告诉我，还说我的骨骼宽大，比较适于做标本，听到这里，我的手停止了在她身体上的游动，她问我怎么不摸了，我说没怎么，她说没怎么你的身体为什么颤抖。

我每次去找这个女生利用的都是上课时间，本想把上课的枯燥转变成与一个女孩在一起的浪漫，结果却令我大失所望，仅品尝到恐惧的滋味。我每天往返于×大和医大之间，这已经很辛苦了，可她却不懂得温柔体贴，知书达理，相反，不断刺激我脆弱的神经，让我坐立不安，茶饭不思。我以为她这样做是为了向我表示她对学业的热爱，并跟她讲过多次，只要课上认真听讲，课下按时完成作业就可以了，不必再将知识渗透到日常生活中来。可是，随着对医学知识掌握得愈加深入，她更加滔滔不绝、口无遮拦地将它们用在我的身上，面对她的脱口而出，我只有及时终止这段不寒而栗的恋情。

分手前，她让我再讲一个笑话，我说都给你讲过了，她让我再仔细想想,我想了半天,把惟一一个能记起的笑话讲给她。她听后却没有笑,说这个笑话她听过,看来我们真的该分手了,彼此间已经没有了相互吸引的地方。她的话使我感觉她就是为了能够听到好玩的笑话才和我在一起的。

和这个女孩分手后,我立即给钟风打了电话,说:“哥们儿让你失望了。”

钟风说:“没事儿,你没折就好,丫还挺难办的,看来我还得再找个人帮我这忙儿。”

其实,我要是掌握了足够多的笑话,完全可以帮钟风这个忙,也怪我不懂得细水长流的道理,偏要将自己典藏多年的那点儿笑话一股脑儿地兜售一空。

和医大女孩的故事是我大学里经历的第一次恋情,我和她之间没有感情可言,不能称之为爱情,结合和分散的过程都掺杂着一丝滑稽的成分,现在回想起来只能用“荒唐”二字概括,不过当时我还事儿逼似的劝自己说,距离产生美,不要过于亲近,否则会失去新鲜感,要时刻保持激情的存在,这样恋爱才能长久,我和她才能长相厮守。

始乱终弃的恋情没有任何值得去回忆其美好价值的地方,这种感情就如同去一个遥远的地方,在火车上结识了同座的一名旅客,两个人天南地北一通胡呲,你给他洗个苹果,他给你掰个鸡翅膀,两个人又说又吃消磨旅途的无聊时光,火车到站互道再见,便各奔东西,从此不相往来。谁会在意离别前说的那声再见,认为这是两人日后一定再次相见的诺言,没准儿他一边跟你挥手道别,一边暗认自己倒霉:怎么跟这个傻逼坐一起了,还他妈的吃了我一个鸡翅膀!

日后我与那个女孩未曾相见,即使去医大找钟风玩,我也会小心翼翼地沿着墙根儿走,以免被她撞见。我偶尔会从钟风那里听到一些关于她的事情,但我不清楚她是否从钟风嘴里得知,我经过不懈的努力又掌握了极多的笑话,可却苦于没有倾诉的对象。

我和这个女孩的故事就此结束,我们仅仅是一出戏剧一幕中的两个小小的角色而已，我们都会把对方忘记。

我苦苦寻觅的女孩应该是一个喜欢听我给她讲笑话，而在我没有笑话可讲，仅剩下陈词滥调、老生长谈的时候，她依旧会为同我在一起感到快乐。

钟风说女孩都喜欢日新月异，他感觉我悬了。我却不这样认为，我期待的女孩在现实生活中一定存在，我只需慢慢等待，再借以一颗真诚的心灵，日复一日，年复一年，集天地之灵气，吸日月之精华，石头里都能蹦出猴子，何况一个女孩在茫茫人海中走入我的视线。

12

我结束了同医大女孩的恋情，却迎来期末考试的噩耗。

校园里有一家复印店，平常日子买卖清淡，勉强度日，但每逢学期末，其生意异常火爆，学生排队等候复印的现象屡屡发生。只有两件事情能够让学生排起长队，一是某品牌避孕套的免费发送活动，再就是学期末的复印资料。在复印的资料中，多以笔记为主，一些不去上课的同学为了知道老师这学期讲了哪些内容，就需要一份完整的笔记，好在每班都会有几个女生笔记抄得很好，可供其他同学参考，否则这个班就会无一例外地对老师的讲课内容稀里糊涂。

复印室的生意如此火爆，想必和任课教师存有千丝万缕的联系。首先，任课教师故意字迹潦草，这样就会有一部分学生因字迹晦涩而放弃抄笔记，但字迹不会潦草得没有一个学生能够辨认出，否则大家复印谁的笔记；其次，任课教师故意把课堂气氛搞得枯燥无味，使得一部分学生失去对这门课的兴趣而不再出现于课堂，这样，到了期末考试的时候，他们不得不去复印笔记。再次，任课教师故意在黑板上写下许多内容，以便让学生多复印几页，给复印室创汇。当然，这些事情不会无故发生的。

这个学期我们开设了七门课程，分别是高等数学(简称高数)、英语、普通化学、大学生思想品德修养(简称大思修)、画法几何、马克思主义哲学(简称马哲)和计算机实用基础。

有些课是在可以容纳100人的大教室上,人多了自然混乱,无论是谁没有去,或是在下面看小说、抄作业,老师都无从知道,他只是一个人站在讲台上挥舞着粉笔,或是不知所云地唾沫腥子乱飞。有时会有一束阳光透过窗户斜射进来,我们可以看到老师的唾沫腥子在这束阳光中流星般一闪而过,坠落在前排某个同学的脸上,然后大家不约而同地将注意力集中在那个同学身上,看他怎样巧妙地躲过老师的注意,把溅在脸上的唾沫腥子及时擦去,并回头向大家示意他的痛苦和对老师不讲卫生的厌恶。

有的老师在给我们带来对上课厌烦的同时,也给我们带来欢声笑语,令人回味无穷。

高数老师是一个年过半百的小老头,每次上课无一例外的穿着条绒西服、梳着水分头,学究气十足。有一次,他在给我们讲"分步积分法"的时候,运用了一道例题作为引子,这道题无法用我们前面学过的积分法解出来,于是他问大家:"积不出来了,怎么办?分步积。"

同学们一阵哄笑,因为这句话在他嘴里变成:"鸡巴出来了,怎么办?先不急。"

几个女生佯装出没有听懂的样子,可她们嘴角的微微弯曲和忍不住的身体颤抖还是证明了她们并非头发长见识短。

老师被学生的狂笑搞得莫名其妙,他回头看了看黑板,又说:"没错,肯定鸡巴出来了。"

普通化学老师是一个看不出年龄的女人,虽然皱纹已经爬满她苍老的脸,但头发依然长势良好,漆黑一片。一次,她讲着讲着课突然弯下腰,蹲在讲台后面系鞋带,然后从讲台后面站起一个人,我们看到了一张似曾相识的面孔,秃秃的脑袋在教室里闪闪发光,就在大家仔细辨认的时候,不知道谁说了一句:"这不是咱们的化学老师吗!"教室顿时响彻一片笑声,化学老师立即俯身拾起假发,慌忙中套在头上,却不料戴反了，面孔被遮挡住，而后脑勺依然一片空白，教室内的笑声更加疯狂。从此以后，我们便知道了化学老师秀发出众的奥秘所在。

担任大思修这门课的老师是学校的党委副书记，他讲课生动，经常用事件作为例证。当他讲到大学生要正确对待爱情的时候，便引经据典，触类旁通，说："几年前，一批新生入校不久，一个女生在厕所的便池中生下一个未满月的女婴，然后昏倒在地。"

有人好奇地问道："后来呢？"

"后来那个女生被开除了。"

又有人问道："那个女婴呢？"

"被那个女生放水冲走了。"

还有人问："冲哪儿去了？"

"顺着厕所的管道冲走了。"

我也有一个问题，很想了解他是怎么知道便池里未满月的婴儿是女性的，但来不及我提问，他又给我们讲："几年前，学校接到举报，说有女生混入某男生宿舍，于是我就带领两名学校保安踹开那间男生宿舍的门，当场捉奸成功，令我大吃一惊的是，屋里有两名女生，却只有一名男生。"他还补充道："那个男生看不出有何优秀的地方，倒是那两名女生如花似玉(肌肤白皙，体态丰满，这两个词一定是老师想说而不能说的)。"

从老师的话语中，我听出他对那个幸福但不幸运的男生的艳羡。

老师又说："几年前，一个对异性世界充满向往的男生手持望远镜站在月黑风高的楼顶，正在对女生宿舍进行深入、全面了解的时候被我校保安人员当场擒获。学校决定将他开除，家长急生一计，开来该学生头脑有问题的医院证明，试图挽救儿子。学校说既然脑袋有毛病就不要上学了。家长与儿子抱头痛哭，但为时晚矣。所以，同学们，学习这门课就是帮你们树立正确的恋爱观。"老师的话题终于回到课堂上，否则我会认为他说的这些乱七八糟的东西就是所谓的爱情。

马哲老师20年前毕业于北大哲学系，他毕业那年，因为“物质决定意识”的观点与老师争执得不可开交。他认为在一定的条件下，意识也可以作用于物质，老师说那是唯心主义。他说有很多这样的例子，老师让他举出一例，他便掏出一把菜刀，老师说你要干什么。他说，您别害怕，我只是证明给您看，于是就剁下自己的右手食指，鲜血流淌在老师的办公桌上。老师急忙给校医院打电话，叫他们赶快过来救人。他平静地对老师说，您已经看到了，我不想要这根手指，所以剁下它，这就是意识决定物质。老师被他吓疯了。

在他被抬上担架的那一刹那，对老师说，还是您说得对，这根手指的失去使我万分疼痛，物质决定意识。所以，现在他给我们讲课的时候总是一边说“我给同学们举一个例子”，一边举起没有食指的右手，伸出中指（代表一个例子）面向大家，好像要操谁妈似的。

画法几何课被安排在下午，老师经常是刚吃完午饭就端着饭盆走进教室。此课在大教室上，为了让全体同学能够听到讲课内容，老师找来麦克风和音箱。一次刚刚上课不久，老师突然打了一个饱嗝，声音通过麦克风传到教室的每个角落，同学们听到这个声音后，不由自主地捂住鼻子，佟小娅从书包中掏出一瓶昂贵的香水，在自己的周围喷洒了许多。

第一学期的课程就在这种情况下结束，当我翻开书本的时候，发现自己什么也不会，期末考试迫在眉睫。

13

我在小姑娘初潮般的恐惧中迎来如期而至的期末考试。我没有买卫生巾、洗内裤，而是慌乱中放下吉他，背起书包直奔教室。

在去教室的路上，杨阳问我：“你打算先学什么？”

“先看高数吧,后天就考了。”

“高数是谁教的?”杨阳上了一个学期的课,居然不知道谁是老师。

“好像是一个小老头。”被杨阳突然一问,我也犹豫起来。

“噢,我想起来了,就是那个鸡巴出来了的老头。”杨阳有点兴奋。

“对,就是他。”我忧心忡忡,没有杨阳似的快乐。

我们转遍整座教学楼,居然找不到一个可供上自习的地方。齐思新和佟小娅正坐在一间教室的角落里腻腻歪歪，桌上摊开一堆吃的,脚下放了一个巨大的暖壶,也不知道他俩是来学习还是度蜜月。张超凡等人也占据了某间教室的一角,趴在桌上兢兢业业,孜孜不倦。

我对杨阳说:“连个座儿也没有,回去吧!”

杨阳说:“先别走,你跟我来。”

我跟在杨阳的后面,不知道他如何找到座位。

杨阳趴在一间教室的门口观察一番后把书包扔给我,说:“帮我拿着,他们一会儿就给咱们让座位。”然后便大摇大摆地走进教室,拿起粉笔在黑板上写了几个字:“本教室晚 8:00 有班会,谢谢合作。”

教室内学生纷纷看表,嘴里一边小声嘀咕着骂杨阳的话,一边收拾书包,片刻后,教室里已空无一人。

杨阳得意地说:“牛逼吧!”

我说:“一会儿人家回来非得打你丫的。”

尽管有了学习的地方,我们却没有了学习的状态,在坐下不到三十分钟的时间里,杨阳抽了四根烟,我去了三趟厕所,后来好不容易看了几眼书,却被楼道里的吵闹声弄得没了。

外面一堆人在议论着高数,有人说这次考试出题偏难,有人说无外乎就书本上那些东西,还有人说不考了,去办个缓考。杨阳听到后面这句话后茅塞顿开,决定放弃高数考试,去办缓考。

杨阳问我:“你还考吗?”

我说:“甭管怎么着,我都想试试。”

“好吧，那我先回宿舍了。”杨阳收拾好书包，步履轻盈地走出教室。

办理缓考是需要证明的,可以是校医院开出的病假条或家里的事假条,教学科的老师只有看到白纸黑字的证明,才会给学生办理缓考。

杨阳现在的身体状况异常优秀,医院不可能给一个健康人开病假条,杨阳问我怎么办,我说:“让你妈给老师打个电话,说家里有急事,不能参加考试。”

杨阳说:“不想让我妈知道我不去考试。”

“那就跟老师说你姥爷病了,需要你照顾。”

杨阳突然拍着自己的大腿说:“反正我姥爷已经死了好几年了,我就说我姥爷昨天刚刚去世,我要去参加葬礼。”

“这儿招行,老师也是有感情的。”

不知道杨阳从哪里弄来一个黑纱,套在胳膊上,问我:“怎么样?”

“不错,就是你还不够悲伤。”

杨阳又用凉水洗过脸,没用毛巾擦,而是等着风干,然后照着镜子将整齐的头发胡撸了一把,悲痛欲绝地出门了。

14

我躺在床上继续看着高数书,杨阳满心欢喜地走进来。一看便知,他成功办下缓考。

“办了?”我问。

“办了。”杨阳坐在床上点了根烟,将事情的全过程向我娓娓道来:

“我刚出宿舍楼,眼睛里就进了沙子,揉了半天,沙子没出来,倒是把眼睛揉红了。我进了老师的办公室,一个女老师见我戴着黑纱,眼睛红肿,就语气平缓地问我有什么事。我没有哭但还是泣不成声地告诉她,我姥爷去世了,他生前最疼爱的人就是我,甚至超过了我姥姥,所以我明天要去给他老人家送葬,不能参加考试了。这个女老师也是性情中人，她劝告我节哀顺变，不要过于悲哀。我感谢了老师对我无微不至的关怀，老师说都是社会主义大家庭的一分子，出了这种事情，谁的心里都不好受，然后拿起教学科的印章，在我的缓考证明上深深地盖下去。接过证明，我几乎是夺门而出，女老师冲我喊道：'同学想开点儿，一切都会好起来的！'。"

杨阳手舞足蹈地向我描述了事情的经过后，兴高采烈地去图书馆借小说了，我却不得不继续忍受高数的煎熬。

到了这个时候，学校居然没有开设通宵教室，无论我的学习欲望多么强烈，都不能如愿以偿。我坐在教室里刚刚把高数书的前三章看完，看楼的大爷就开始逐间教室哄人，已经十点半了，到了教室的锁门时间。我翻了翻高数书，还剩四章没有看，但只能收拾好书包，心情沮丧地回到宿舍。

走进宿舍，见除了杨阳已经躺到床上外，其余四个人正围坐一圈，在有说有笑地洗着脚。我艰难地穿越过那些泡着脚和袜子的脸盆坐到自己床上，马杰问我："复习得怎么样？"

我说："明天悬了，看了还没一半。"

马杰安慰我说："没事儿，我看得也不好，明天上午还要接着看。"看他轻松的神态没有流露出半点儿焦急的意思。

我掏出高数书继续复习，他们谈笑风生地擦脚、洗袜子、倒水，然后陆续上床。

宿舍楼在考试期间不掐电，马杰上床前看也没看我一眼，随手关了灯。

"操！"我喊了一声。

"怎么了？"马杰说。

"你没看见我正在看书吗！"

"都挺晚了，明天还考试呢！"

"想睡觉你就睡，我看书也碍不着你。"

"开着灯太亮了，我睡不着。"

“谁也没让你睁着眼睛睡，你把眼睛闭上，再说了，我还净看你白天睡觉呢！”

我走到门口打开灯，听见马杰小声嘀咕：“早干嘛来着！”

“废他妈什么话呢，你管得着我干什么嘛，我愿意！”我冲到马杰床前。

马杰这人就是特孙子，他本来睡在下铺，怕被人坐脏床单，就换到张超凡的上铺，美其名曰张超凡身体太胖，上下床行动不方便，简直就是扯淡！我睡觉的时候，他从来没替我考虑过，要么趿拉着一双木底拖鞋跟个日本鸡似地走来走去，要么就是玩 PS 游戏，引来一大帮比他还傻的傻逼，不仅大声喧哗还要评头论足。现在他想睡觉纯粹就是为了不让我看书，也不知道他能从我的不及格中获得什么利益。

马杰见我来势汹汹，把脸转向墙壁，一声不吭了。

杨阳穿着一条小裤衩，拿着两根烟从床上下来，给了我一根，把我揪到楼道。

“甭理丫挺的，该看就看。”杨阳打着火机伸到我面前。

“我知道，”我迎着杨阳的手，低头点着烟，“刚才特想抽那傻逼。”

“还是考试重要，先好好复习。”杨阳安慰我，“看得怎么样了？”

“特滥，估计这门得折了。”

“没事儿，晚上多看会儿，明天能抄多少就抄多少。”

“走一步说一步吧！”

我回到宿舍，见齐思新正捧着书在灯下看，张超凡也趴在床上做题，看来我是打抱不平了一回，替人民道出心声，当家做了主人。

马杰躺在床上辗转反侧，我一边看着高数一边想：傻逼，你丫难受去吧！

第二天早晨，杨阳起床上厕所的时候把我叫醒，另外四人正穿戴整齐坐在各自的床上看书，马杰怏怏不乐地看我一眼，可能是我没有一觉睡到考试结束让他失望了。

杨阳穿着小裤衩从厕所回来，敏捷地爬上床睡回笼觉，还打起了呼噜。我突然感觉杨阳的选择是正确的，像我这样费了半天劲、劳了半天神，其结果很可能与他的放弃并无差异，想到这里，我不免也产生了放弃的念头，可是我已经为高数做出了牺牲，不能因为一时的松懈而功亏一篑，只得硬着头皮翻开高数书，再看两章就算把这学期学的内容浏览一遍了。

由于时间紧迫，中午杨阳去食堂吃饭的时候我让他给我带包子上来，他问："几个？"

我说："两个。"

考试带来的压力和烦躁使得我的一切需求少之又少，我从昨天早晨到现在一直没有洗脸，只刷了一次牙，特别是与日俱来的大便却在今天戛然而止。

我强迫自己吃了两个包子，以防在考场上看了试卷面无血色，因腹中匮乏食物和头脑匮乏知识而晕倒。

考试铃声响过，监考老师发下试卷后便双手交叉置于胸前，一前一后守在两个门口。我把试卷浏览了一遍，发现有一道试题与我上午刚刚看过的例题完全一样，于是迫不及待地将答案写下来，满心欢喜。

余下试题对我却是困难重重，我竭力回忆书中所有内容，试图找到解题的入手点，但它们杂乱无章地装在我的脑袋里，我无法将它们与题目有机地结合在一起，我开始东张西望，除了杨阳的座位空缺外，其余同学都在埋头苦想或下笔有神。我又把目光移回到试卷上，尽自己所能，一步步地向下推算，直到推不动再也写不出什么为止，最后我又把所有与题目相关的公式写到卷子上，期待以此获得一些分数。

走出考场，我拖着沉重的身体深一脚浅一脚地回到宿舍，杨阳问我："考得怎么样？"

"稀里糊涂地写了一大堆，也不知道对不对。"

"嗨，能及格就行了。"

"但愿如此吧！"我怀着美好的憧憬说。

马杰等人陆续回到宿舍，口口声声说考砸了，却仍不忘相约去食堂吃小炒。

15

我简单地吃过晚饭后,匆忙收拾好书包准备去教室应付三天后的化学考试。

我问杨阳:“你去复习吗?”

杨阳琢磨了一下,问我:“你说我要是跟老师说,我姥姥因为姥爷抛下她独自去了另一个世界而悲痛欲绝,在姥爷与世长辞后的七十二个小时里,她老人家也跟着过去了,老师会相信吗?”

“老师又不是傻子,你家再背也不至于天天死人呀,你还是去考试吧,化学也不难,再说了,你姥姥是真的死了吗?”

“没有,我姥爷去世后的这么多年,她一个人顽强地坚持下来,吃嘛嘛香,身体倍儿棒,就是牙口不太好。”

“你这么说不是咒你姥姥吗,考试去吧!”

“行,等会儿我。”杨阳从抽屉深处翻出化学书,我们出了门。

在去教室的路上,我们各买了一包烟,到了教室后,杨阳翻了翻他那本崭新的化学书,说:“我操,三百多页呢!”于是又去买了一包烟。

尽管化学书有三百多页,我们又对其中内容一无所知,但当我们坐下来把书中内容粗略浏览一遍后才发现,原来所学内容仅仅是高中化学的一个延伸,无外乎就是那些知识。意识到这一点后,我和杨阳如获至宝,不等把烟抽完,就背着书包离开教室。

考化学的头天晚上,我和杨阳又去了趟教室,把化学书从头到尾看了一遍,将考试用得到的方程式和一些晦涩的概念记在纸上,准备在明天考试前抄到桌子上。这些东西只有在考试的时候才会变得价值连城,平日里记住它们毫无用处,所以我不会愚蠢得让它们占去我本来就不很丰富的忆忆的一部分。

第二天,我早早地来到教室,准备在课桌上抄公式,却发现桌面不知道被谁已经用铅笔抄了许多公式,估计是某个学生昨天在此间教室考试后留下的遗作,考完试也不知道把那些东西擦掉,将桌面留给后人使用，也真是的。

我用像皮将那些公式一一擦去，重新抄上我所需要的东西，当它们被我从纸上搬到桌上的时候，我感觉自己离六十分已越来越近。

考试过程中，我答题出奇地顺手，遇到没有把握的问题，就掀开试卷的一角，露出桌上的“葵花宝典”，困难便迎刃而解，杨阳也做得得心应手，我们很快就交了试卷。

走出考场，我为自己点上一根“中南海”。我从没有想到，“中南海”竟会如此好抽又不贵。

16

因为化学考得不错，我突然感到生活中充满妙不可言，关键在于挖掘。化学考试让我知道了解决问题的关键所在，我决定在下一门马哲的考试中再次小试牛刀，抓住主要矛盾的主要方面。

马哲的内容无非是在高中思想政治的基础上，添枝加叶了一些看似道貌岸然、深不可测的方针、政策。考试前老师已经为我们划过重点，只要把那些内容背下来，再笨的人也不会不及格，除非他笨到不愿意及格的地步。这类课程的主要性质就是服务大众，让每个人都顺利通过考试，帮助那些已经对学习丧失兴趣的学生重新树立起对自己的信心和对学校以及人民教师的热爱。

马哲考试被安排在下午，我早晨起床后，精神饱满地拿着铅笔、橡皮和马哲书去教室抄桌子。我把老师划过的重点中被我认为更是重点的内容抄在桌子上，由于内容较多，当我抄到一半的时候突然发现桌面快没地儿了，桌上已被我写得黑鸦鸦的一片，我想算了，差不多就行了，也不指望考一百分。

此时已近中午，我没敢去吃饭，怕哪个孙子手欠，把我一个上午的心血付之一擦，所以只好一边强忍着饥饿安慰自己——考完试吃顿好的，一边守候在课桌旁。

在我抄桌子的时候，一个外班学生始终在另一张课桌上默默耕耘，我估计他也抄了不少东西。临考前，同学相继来到教室讨论马哲问题，那个学生看着身旁的一群人，诧异地问我："你们一会儿也在这间教室考试？"我说是，你也在这里考试？他把自己的考试安排表拿出来一看，傻了。原来他在第二教学楼427教室考试，而这里是第一教学楼427。好在他没有被眼前的困难吓倒，抬起那张凝结着他的汗水与分数的桌子踉踉跄跄地跑向第二教学楼。如果不计两个四层楼的高度，那么第一、二教学楼之间的直线距离至少有半站地。

功夫不负有心人，看着这个执着的哥们儿搬着课桌远去的背影，我真挚地祝愿他在这次考试中取得好成绩。

17

就像我们顽强的人民军队在一次次击退敌人的进攻后，弹尽粮绝一样，我们在经过多门考试的轮番轰炸后，不免产生了匮乏情绪。这种情绪严重影响到我对待考试的态度，在日常生活中具体表现为困倦、食欲不振、内火攻心、大小便次数明显减少。

还剩下一门画法几何的考试，我对这门考试已经丧失信心。首先，我不具备空间解析的能力，我只有通过仔细思考，才能够做出一个圆的三视图投影依然是一个半径等同于该圆的圆的判断，我所擅长的是透过现象看本质，当一位女子从我面前走过时，我便可透过此女子衣服的表面现象深入到她身体的本质，最后得出结论：该女子腰部略粗。其二，我为自己计算过，即使这门考试不过，我也不会沦落"试读"。再次，我已经着手寒假生活的美好构想，无心留恋这门考试，与其为它付出几天的艰苦努力换得一个不及格，不如将它彻底放弃，提前开始我的寒假生活。

杨阳对待这门考试和我的态度截然不同。他拥有杰出的画法几何头脑，能够一边抠鼻孔，一边想像各种零件在不同平面的投影，在挖出鼻屎后得出正确结论。尽管这个学期杨阳没有听过一次课，但他还是以满分的成绩获得我的啧啧称赞。

我说："你丫天生就是画图的命。"

杨阳回敬说："你丫天生就是羡慕我画图的命。"

考试成绩公布后，我喜出望外，我的高数居然以60分的成绩占去了只有二分之一人数及格的一个宝贵名额。因为我没有参加画法几何的考试，获得了必然的零分，对此我毫无怨言。

杨阳除高数外，其余考试也顺利通过，宿舍的另外四人通过了所有考试，令我惊讶的是，佟小娅的总分居然在班里排名第一。

佟小娅其人令人匪夷所思，除了与齐思新来往甚密外，对班里其他同学的态度极其傲慢，仗着自己容颜娇美，走起路来也端着架子，理工院校最缺少的就是相貌美丽的女生，佟小娅处身于此自然会有一种不可言喻的优势，她的受关爱程度即使不至于大熊猫，但也绝不亚于丹顶鹤。追求她的男生趋之若鹜，她对此本着来者不拒，多多益善的态度。我曾多次看到她和不同男生出入食堂、礼堂、图书馆等场所，关系看似暧昧。

我问过齐思新对此事的看法，齐思新说他给予佟小娅自由发展的空间，而且只有这样佟小娅才不会限制他另寻新欢，对此我颇为不解。齐思新说其实自开学以来，他和佟小娅的关系始终就这样模棱两可，他屡次向佟小娅表示爱恋，佟小娅虽然对此避而不提，但并不拒绝齐思新的各种约会和与他简单的亲热。齐思新因为看到佟小娅和其他男生在一起备感痛苦，佟小娅却视而不见，她对齐思新说，我们都还年轻，思想不成熟也不够稳定，不要把自己局限在一个特定的狭小圈子里，这样有碍于我们向更广阔的空间发展。佟小娅还告诉齐思新，他也可以在不同女孩之间做出选择，不要死缠住她不放。齐思新百思不得其解地对我说："也不知道丫是怎么想的，走一步算一步吧！"我感觉日后齐思新要为佟小娅付出许多，她的人生观是我们任何人无法理解的。

佟小娅在这次期末考试中总分第一足以证明这样一件事情：与男生的频繁接触并没有影响到她的学习。这又说明了一个问题：佟小娅具备极高的智商，齐思新为此炫耀不已："如果将来佟小娅嫁给我，那我就有了一个聪明的媳妇。"我们劝他："媳妇聪明固然是件好事，但你就要多费心机了。"齐思新并不引以为然，我们也不好多说，很有可能哪天齐思新为了证明自己对佟小娅的一片诚心，会把我们对他的忠告转告给佟小娅的。

大学的第一个学期便以这种方式结束。

18

寒假的第一天我是这样度过的：躺在床上睡了很久，直到阳光照射进来使我感觉微微热意才醒来，下床喝了口水，屋内空空如也，父母已经去上班。这才使我意识到寒假开始了，看了一眼挂在墙上的表：十一点四十。

我坐在沙发上，脑袋里想着究竟做点儿什么事情才能使寒假过得有意义。想了好半天，还是不知道做什么好。

我环顾四周，认为目前最应该做的事情是把被子叠起来。叠好被子，我去洗漱，然后给自己做了一顿饭。饭的内容并不复杂，煮了一袋"康师傅"，卧了四个鸡蛋。吃四个鸡蛋绝非我的本意，况且鸡蛋也不便宜，我又没坐月子，无奈家中只剩下一袋方便面，为了吃饱，我只好如此。吃完饭刷过碗，感觉实在无事可做了，不如接着睡觉，但我已多次劝告自己，过一个健康向上的寒假，总睡觉怎么可以。

我决定给杨阳打个电话，问问他正在干什么。

"喂！"我一听就是杨阳躺在被窝里的慵懒声音。

"你还睡觉呢吧！"

“噢，你呀，这才几点！”杨阳睡意仍浓。

“再睡就快到明天了！”

“没事儿，反正明天也得睡，一块儿都给睡了吧。”杨阳打了个哈欠。

“你除了睡觉不干别的呀？”我问。

“不干，有什么事儿可干！”

“好吧，你接着睡吧！”

“嗯。”杨阳挂下电话。

我又给齐思新打了电话：“喂，干什么呢？”

“刚起，正刷牙呢。”齐思新嘴里满是牙膏沫子，含糊不清地说着，我隐约感觉一股牙膏味正顺着话筒飘过来。

“刷完牙干什么？”我问。

“一会儿去人大接佟小娅，她在那里报了一个托福班，五点钟下课。”

“哦，那你得刷干净点儿，别让她知道你有口臭的毛病。”

“你丫在这时候打电话来，我能刷干净吗！”

“我就不打扰你了，赶紧刷吧！”我挂下电话。

真没有想到佟小娅会有如此心计，放假的第一天就去上托福班，而我们却赖在被窝里，尤其是杨阳，大有冬眠到底的架势。

我又给几个高中同学打了电话，一问才知道，他们也无所事事到和我一样的程度：有在家里看电视的，有看漫画书的，有的在玩电脑游戏，还有人在我打来电话时正在大便，匆忙之中草草了事，擦了屁股尚未来得及冲水，就提上裤子跑出来接电话，一听是我便开始叹气，显得特别失望。

我说：“难道你对那泡屎的感情比对我还深吗，我们三年同窗，已有半年杳无音信，而你和你的屎却可以天天见面，哪天你吃了不干净的东西，一天能见它好几回呢！”

他急忙解释说：“我不是这个意思，其实我特想你，刚才以为是我女朋友打来的电话。”

“你丫找到女朋友了，哪儿的？”

“大学同学。”

“好看吗？”我兴趣盎然地问道。

“还行，没韩露好看，对了，你和韩露最近有联系吗？”

“没有，也不知道她回来没有。”

“好像是回来了。”

“你怎么知道的？”我急忙问道。

“前天我送女朋友回家，在北京站看见一个女生背着一个大包，特像她。”

“你怎么没和她说话？”

“当时我正和女朋友依依惜别，哪儿有工夫和她打招呼呀，而且她身边还跟着一个老爷们儿，好像是她爸。”

“哦，你女朋友是哪儿的人呀？”我问道。

“东北的。”

“把你累够呛吧。”

“别扯淡了，我连她的手都没碰过。”

“怎么可能，这不是你一贯大刀阔斧的风格呀！难道她是残疾人，没有手不成？”

“人家外地姑娘纯着呢，不像咱北京的，想怎样就怎样。”

“好吧，不耽误你俩打电话了。”

“行，改天聚聚。”

“好，拜拜！”我挂下电话。

墙上的钟表直指五点整，再过一会儿我的父母就要下班回到家里，我可以趁这会儿工夫抽根烟再发会儿呆，然后在晚饭后看两至三个小时的电视剧，最后洗漱上床睡觉。

这就是我寒假第一天的全部生活。

19

几天后，我百无聊赖地待在家中。电话突然响起，我拿起话筒，有气无力地说："喂。"

"邱飞！"一个女子的声音。

"谁呀？"我问。

"你没听出来吗？"女子嘻笑着问道。

我已听出是韩露，但故意说："没有，您是哪位？"

电话那边依然不肯透露自己："你再听听看。"我为韩露的童心未泯感到好笑。

我假装认真地说："你说两句话让我听听。"

她说："才分开没几天你连我的声音都听不出来了吗？"

我装作如梦初醒地说："噢，你是张芳吧。"我胡乱编了一个名字，想听听韩露的反应。

"不对，再猜。"韩露神秘地说。

"那你就是李梅，那天晚上我喝多了，真是不好意思。"我故意把话说成这样。

"讨厌，我是韩露。"她终于按捺不住。

"噢，原来是你呀，放假了吗？"

"放了，我现在回北京了。"

"回来就好，重新投入首都的怀抱，内心深处是否无比激动。"

"有什么可激动的，我打小就在这儿长大。"从韩露的语气中还真听不出她对北京有什么特殊的感情。

"难道你也没有强烈地想见到我的愿望吗？"反正我待在家中无所事事，不如去找韩露叙叙旧。

"没有，但是我能够满足你想见到我的强烈愿望。"韩露笑着说。

"你去了外地半年没有变傻。"

"废话！上海人比北京人精多了！"韩露感叹道。

"你没给首都人民丢脸吧，没被他人欺骗去纯真的感情吧！"我关怀地说。

“那还不至于，我毕竟是在皇城根下长大的。”韩露很自信。

“那就好。我今天没事儿，你呢？”

“我也没事儿。好久不见了，我们出去玩吧。”

“行，去哪儿？”我问。

“去看电影吧，正演《甲方乙方》呢。”

“好吧，我们哪儿见？”

“还是老地方吧。”

“好。”

所谓的老地方就是指西单路口的1路公共汽车站，韩露的家在朝阳，我的家在海淀，所以选择了这段距离的中心位置——西单，作为我们的约会地点。

我到1路车站的时候，看到韩露已经等候在那里。

我们先是相觑一笑，然后在我考虑是否有必要握一握手或拥抱一下时候，韩露先说话了：“你怎么还这样呀！”

我听不出这是她对我的现状不满还是对我风采依旧的喜出望外。“那我应该什么样呀！你倒是有点儿变化。”

“什么变化？是变好看了还是难看了？”韩露笑吟吟地期待着我的回答。

“别臭美了，你的变化是终于能比我先到了。”

“讨厌！”

“你比原来好看了那么一点儿，只是有限的一点儿，你可千万别为此骄傲。”韩露今天特意精心打扮一番，脸上化了淡淡的妆。

我抬头看了一眼电报大楼的钟，快十二点半了。“吃饭了吗？”我问。

“没有，挂了电话就来了。”

“那先去吃饭吧。”

“嗯。”

我们走进一家饭馆，点了一些东西，又要了一瓶啤酒和一罐可乐。菜上来后，韩露吃了一口感觉不错。

"上海饭吃得习惯吗？"我问韩露。

"还行，就是量小了点儿，有时候刚吃完就饿了。"韩露看着眼前的一大盘子菜说。

"吃那么多干什么，你得淑女点儿，哪怕是装的，否则找不到婆家，尤其是在上海那种地方。"

"你还别不信，我真就在学校找了一个上海的男朋友。"韩露说话的时候始终翘着脑袋。

"你就是说你找了一个伦敦的男朋友我也信。"

韩露不慌不忙地打开钱包，拿出里面的一张照片，说："你自己看看吧，眼见为实。"

这是一张韩露与一个身高不足一米七的男生在东方广场的合影，韩露的脸上印着灿烂的微笑和上海的阳光，那个男生把手搭在韩露的肩膀上，满脸狐疑地奸笑着。

看了这张照片，我不禁想像出那个男生用身体将韩露抵在夜色下的墙角，说"你的胸要是再大一点就好了"时的样子。虽然我与韩露已经分手，尚且没有与她重归于好之念，但我并不希望她这么快就找到男友，而且还是上海的。

"丫是你同学？"我问。

"你对人家尊重点儿，他也没招你。"韩露从来没有这么偏袒过我。

"我应该用上海话说，这个小瘪三是你的同学吗？"

"是又怎样？"韩露只顾低头吃菜，也不看我一眼。

"你们俩谁找的谁？"我对这件事颇感好奇。

"你觉得呢？"韩露反问我。

"王八看绿豆——对上眼儿了。"

"你还会说什么呀！"韩露瞪了我一眼。

我们陷入一段好半天的沉静。

韩露喝了一口可乐，打破僵局："是他先找的我。"

“那好呀，祝贺你的无限魅力使得上海小丫挺拜倒在你的石榴裙下。”我举起酒杯，韩露却不理我，我只好独自喝了一口，“说说这个上海小生是如何对你俯首贴耳的。”

“也没怎么，就是他找我一说，我就答应了。”韩露有些不好意思。

“你也不考虑考虑，哪怕有个磨合期呀！”我愤愤地说。

“当时我一个人远在他乡，天天想家，在那里也没什么特好的朋友。”

“那你就跟我联系，多交流感情。”

“我给你打电话，你着急挂，我给你写信，你回信又写得那么绝，你知道我看了你的信后有多失望吗！”韩露委屈地说。

“我这也是以咱们的学习为重。”

“可是我每天的心情坏到了极点，哪有什么心情学习，北京学生到了外地受排挤，我连个倾诉的对象都没有，不能总压抑自己的感情吧！”韩露好像饱受辛酸。

“那你就去找几个北京的老乡，开个老乡会什么的。”

“你不知道，北京的学生到了外地相互间根本不联系，就是见了面也不见得打声招呼，更别说开老乡会了。北京学生倒是也能聚齐，就是在补考的时候，满考场全是来自西城、东城、崇文、海淀的北京学生。外地学生看见补考就嘲笑说，北京学生又在开老乡会！”韩露凄惨地讲着。

我听后无奈地叹了一口气，摇了摇头说：“小姐，再拿一瓶啤酒。”

后来我们又聊了高中同学的近况，韩露从我这里得知，班上几名男同学相继在各自的学校找到了女朋友；我在她那里得知，某个女生在进入大学不到半年的时间里相继失身给两个高年级男生，终因被抛弃而痛苦万分。其实上高中的时候，我就感觉该女生已身处悬崖边了，她颠倒是非，不认为马克思主义是真理，每当我们上思想政治课的时候，她就在底下偷看芹凯伦、雪米莉等人的小说，受资产阶级腐朽没落思想的腐蚀（那时香港尚归英格兰所属，推行的依然是资本主义制度)。她今天的悲惨结局理所应当归咎为当初不及时悬崖勒马,非要等到马蹄踏空时,才想起勒紧缰绳,可马却由于惯性掉进了万丈深渊。

韩露说:“没想到半年里发生了这么多事情。”

我说:“是啊,将来指不定还有什么更出乎意料的事情发生呢!”

韩露说:“我挺怀念高中生活的。”

“我也是。”我说。

出了饭馆,韩露一看表,快四点了,问我:“还看电影吗?”

“当然看。”

韩露拉着我的羽绒服说:“那就快点儿走。”

“着什么急,我有点儿头晕。”这顿饭我喝了四瓶啤酒。

进了电影院,我们找了两个偏后的位子坐下。电影放映过程中,我偷偷瞟了一眼韩露,她看得挺专注。我在黑暗中摸索着拉到她的手,她看我一眼,没说什么,扭过头继续盯着银幕,并不时发出笑声。我头晕得厉害,努力看了会儿剧情却没能看懂,酒精在我的体内发挥着作用,使我产生了想亲吻韩露的欲望。

我把韩露揽入怀中,她挣脱出来,低声说:“别这样。”然后继续专注地看电影。过了一会儿,我再次将胳膊搭在韩露的肩上,嘴凑到她的脸旁,韩露一只手挡住我继续向前的嘴,另一只手把我的手从她的肩上摘掉,低着头说:“这样不好。”

两次努力都被回绝,我失去了再一次的兴趣。银幕上的画面在我眼前依次闪过,却在我僵硬的头脑中留不下任何印象,我在恍惚中渐渐睡着。

韩露叫醒我的时候电影已经结束,观众们在陆续退场,我睡眼惺忪地跟着韩露出了电影院。风吹在脸上,我清醒了许多。我说:“我送你回去吧!”

“不用了,我自己坐车走。”韩露说。

“那好,打电话联系。”

“好。”

“再见。”

“再见。”

从这天以后，韩露直到开学前准备动身去上海的时候才给我打过一个电话，我说去送她，韩露说不用，她马上就要下楼去车站了。

20

寒假里我和杨阳在钟风家里小聚了一次。这次聚会是因为杨阳提出组建一支乐队的想法，我们仨对音乐的热爱不言而喻，但在对待音乐风格的问题上却大有差距。当时有一种叫作“朋克”的音乐形式正在北京如火如荼地上演着，一时间无数地下乐队涌向大小酒吧，向人们展示这种音乐的魅力，钟风正是这种音乐的忠实爱好者，他想把乐队风格定位于此。我更偏爱非主流一些，想把音乐做得注重旋律和讲究音色，特别是在对效果器的使用上，然而我从没摸过电吉他，更何况对效果器音色的研究。杨阳喜爱的是另类音乐，这种音乐特别凭借个人的感觉和独特气质，我曾在杨阳那里听过几盘关于这种音乐的打口磁带，它给人一种空灵和虚无缥缈的感觉，像是清晨河面上漂浮的雾气，又像夜空中缓缓游动的浮云，给人感觉忽远忽近，近在眼前却无法企及，支离破碎又浑然一体，做这种音乐更需要乐器的考究。

我们仨在此问题上争论不休，竭力通过说明自己所喜爱的音乐如何之好而说服他人。忽然，我们意识到一个更为严重而且是最根本的问题——乐器和人员的不足。我们那三把木吉他难堪重任，这里还涉及到分工的问题：谁去当主唱，谁来弹吉他，谁去弹贝司，谁来打鼓。

一想到这些问题，我们不禁头痛不已。钟风拿出他爸从俄罗斯带回来的“伏特加”，被我们一饮而尽。在此过程中，他详细向我和杨阳讲述了他和女朋友何乐上床前后的每个细节，让我俩好生羡慕。钟风以过来人的口吻对我们说：“就那么回事儿！”我和杨阳谁也不信：“一定是你情绪酝酿得不对。”钟风的手在空中挥舞了一下说：“操，真的，我真没骗你们！”

之后，我们仨人分别醉倒在钟风家的沙发上、床上和地上，待我和杨阳醒来时，看到钟风父母在厨房忙碌的身影，而钟风依然鼾声震耳。我和杨阳相视一笑，又闭上了眼睛。

饭菜的香味已经飘进我们的鼻孔，沁人心脾。

21

终于开学了，救我于无所事事、穷极无聊的水深火热之中，我的乏味即将得以解脱。大学的假期没有作业，因此我没有了上中学时因为作业没能完成的惶恐不安，更不必为躲避交作业而在开学第一天找出各种借口躲在家里，现在我终于可以昂首挺胸、理直气壮地走进学校了。

开学前，我抱着重新改过的态度制定了一份作息表，把它贴在床边的显眼位置，以此激励自己奋发向上、自强不息，还特意用复印纸和签字笔制作，目的是让它不因时间的流逝、岁月的磨砺而面目全非，我要它永保清晰，时刻贴在床头焕发积极向上的光彩。

我在作息表的背面涂满胶水，贴在我认为最佳的位置。我想，今后的三年半内，它将每时每刻引导我沿着一条健康、勤勉的道路一如既往地走下去，所以又不厌其烦地找来透明胶条，将它与墙壁牢牢地粘在一起。

我结合自身情况，经深思熟虑拟订作息表如下：

6:00—6:20 起床、叠被、穿衣、洗漱

6:20—6:50 背英语单词 100 个，高声朗读英文课文两至三篇

6:50—7:20 去体育场慢跑 5 圈(400 米一圈)

7:20—7:50 吃早饭(至少 1 个鸡蛋，无论是煮、是煎、或是炸)

7:50—8:00 去教室做课前准备

8:00—11:30 认真听讲、做笔记，积极踊跃回答老师提出的问题。课间休息做眼保健操四节，眺望远方（尽量看远处绿色的草树，冬天可以看远处穿绿色羽绒服的女生），少抽烟，争取做到不抽烟

11:30—12:20 吃午饭（保证质量、热量）

12:20—13:30 睡午觉（不必全脱光）

13:30—17:00 上课（同上午内容）

17:00—18:00 晚饭（少吃，但要保证不会在睡觉前感觉饥饿），小憩片刻

18:00—22:00 去教室学习（除了复习、写作业外，还要预习明天的课程）

22:00 回宿舍看中央电视台的晚间新闻、体育新闻和天气预报

23:00 弹吉他陶冶情操，弹累为止（注意：不要影响他人休息）。上床睡觉前一定要洗脸、洗脚、洗袜子，保持内裤的宽松，以积极心态迎接崭新的一天。

齐思新看了我的作息表后嘲讽地说："没想到现在还有你这样的大学生，如果评选北京市本年度十佳杰出青年的话，非你莫属。"

我对齐思新的话嗤之以鼻，我要以实际行动证明给他看，我是怎样作为一名品学兼优的跨世纪的大学生。

我在作息表中略去一项重要计划，即从以上列举的诸多行动中抽空儿找个女朋友，这事儿不能再耽误了。

第二天当齐思新背着书包准备去上课的时候，已经是七点四十，我匆忙起床，穿衣、洗漱，抄起书包顾不上吃早饭就跑向教室。

晚上睡觉的时候，我从鼻孔中抠出许多秽物，一时间不知道抹在哪里，总不能粘在手上，举着胳膊睡一宿，于是就顺手抹在床头的作息表上。当时我心净如水，毫无杂念，只是感觉气息出入自由，鼻孔通畅了许多。

第三天早晨，我将那张粘满污秽的作息表从墙上撕下，团成一团儿，用力向簸箕抛去，顿感轻松了许多。

22

我们机械系开设了著名的“五大力学”，引得无数英雄竞折腰，足见其难度非同小可。它们是：理论力学，材料力学，弹塑性力学，流体力学和液压传动力学，其中理论力学和材料力学是这学期开设的专业基础课。为了期末考试的时候毫无惧色，我在开学初便尤为认真地听这两门课，详细的笔记和书上的勾勾画画、圈圈点点足以证明于此。同学们一度对我另眼看待，党支书甚至找我谈话，要把我作为先进分子的典型发展成为党员，我婉言谢绝了他的好意。

后来，我认为自己不能再如此虔诚地学下去了，否则我会对这些课产生浓厚的兴趣，陷入对它们的深深热爱中不能自拔，情不自禁地变成好学生，而这些并非我愿，我希望它们在我的生活中消失，永远。

培养对这些课程的兴趣实属不易，而摧毁对它们的热爱却易如反掌。就在五秒钟的时间里，我扔下手中的笔，合上摆在面前的书，趴在课桌上睡起觉来。这一幕被坐在我身后的党支书看到，他意味深长地自言自语道：“自甘堕落，可惜呀可惜！”

我听到了这句话，但没有理睬他。

23

我这学期的生活就是对上学期的克隆。课能不去上就不去，抄作业，睡懒觉，踢足球，晚上和杨阳喝完酒后去楼顶唱歌，再有就是找个女朋友的想法愈发强烈。

一天，我们踢完球去洗澡，学校澡堂的时间安排是女生一三五中午、二四六晚上洗，男生是一三五晚上、二四六中午洗。这天正好是星期三，我和杨阳、齐思新第一批走进澡堂，浴室的衣柜敞开着，不知道中午哪个女生洗完澡没穿内衣就走了，留下一个黑色胸罩陈列在衣柜中，齐思新用两根手指将它拈出，仔细观察了一番后得出结论："该女生的胸围至少在92以上。"

烟雾缭绕的浴室里，热水沐浴着我的劳累的肌体，舒适感传遍全身。几个学生在我身旁议论着有关电机系统设计的问题，一串串名词术语传入我的耳中，如同一滴滴冰水溅到身上，让我阵阵寒冷。他们赤裸的身体被蒸气浓浓包围着，只有凸起的臀部和头颅在气雾中隐约可见，他们将会是国家的栋梁，是国家的第一生产力。讨论还在继续，我匆匆冲去身上的泡沫离开了这里。

回宿舍的路上，大风乍起，女生楼一层垃圾池里的东西被刮出，其中绝大部分是卫生巾，漫天飞舞。齐思新怕卫生巾刮到脸上，就边跑边喊："快跑啊，天上掉卫生巾了！"

回到宿舍，齐思新一边照着镜子剪鼻毛，一边疑惑地说："你们说今天这是怎么了，又是乳罩又是卫生巾的。"

杨阳在一旁抠着脚皮说："今天是妇女节。"

齐思新恍然大悟："啊？今天都三月八号了，我以为才二月底呢！"

三月九日的清晨，天空晴朗，尚未变绿的草地被安静地躺在上面的卫生巾装点得五彩缤纷，婀娜多姿。

24

三月八日这天夜晚，我在这个本该属于女性的节日里莫名地烦闷起来，待在宿舍抽着烟，像只无头苍蝇东撞西撞，挨屋流窜，发现大家尽管也无所事事，却不像我一样魂不附体，他们可以把打牌、玩游戏、发呆、嗑瓜子当作一件件有意义的事情专注完成。

我找到杨阳，他正趴在桌子上写歌词，纸上写了两个字，“年华”。杨阳把笔扔在一旁，身体向后一仰，躺在我的床上冥思苦想起来。半天后，杨阳坐起身，拿起笔在纸上写了一句歌词，还没写完，又划掉，笔尖在纸上“嚓嚓”作响。

“怎么了？”我问。

“操，突然就没感觉了。”杨阳把纸揉成一团，随手向墙角扔去。

“喝酒去吧。”我觉得这是目前惟一做得下去的事情。

“好吧！”杨阳披上军大衣，欣然同我前往。

我们走进一家开在校内的饭馆，要了几个凉菜和啤酒，边喝边聊天。

“没想到大学生活这么无聊！”我一口喝掉杯中的啤酒。

“的确如此。”

“也不知道这种暗无天日的生活到什么时候才能结束。”一想到自己刚刚混过大学旅程的1/8，我不免感慨万千。

“总有结束的那一天。”

“可是我们现在怎么办。这种日子真让人提不起精神。”

“我也对现在的生活感到失望，满不是自己憧憬的那样。”

“你认为大学应该是什么样子？”

“没有压力，没有苦恼，无拘无束，风花雪月。”

“跟我一样。我万万没有想到，刚逃离出高中的苦海，又身陷大学的沼泽。”

我和杨阳有种天涯沦落人的患难之感，碰了几次杯，两瓶啤酒眨眼就喝完了。我们又叫小姐拎来两瓶，杨阳一边喝酒，一边给我讲述了他的爱情故事。

25

杨阳高中的时候极不喜欢学习，但他凭借天资聪颖，看三天书便能达到他人看三个月也无法企及的程度，总是在期末考试中名列榜首。所以，对他平日里的不学无术，老师和家长想管又管不了，杨阳天生就是一副吊儿郎当的德性。他上身穿一件满是金属铆钉的皮夹克，下身穿着一条千疮百孔的牛仔裤，教务主任语重心长地同他讲了半天五讲四美三热爱，可他第二天依旧是这般打扮，晃晃悠悠地走进学校。校长和老师拿他也没有办法，虽然穿成这个样子，但不能强行扒掉他的衣裤，光着身子会更有失大雅，况且杨阳又是学习成绩优秀的好学生，他们还要靠杨阳给学校增光添彩。但杨阳最后考入这所大学却让他们大失所望，他们把原因归结为杨阳平日里的自由散漫和对自己要求过于松懈，其实满不是这么回事。

杨阳始终盼望着自己在学校里找到一个心爱的女孩，但他的另类装束(同穿校服的男生相比)和满脸的青春痘，却给了女生一种不安全感。她们认为杨阳是地痞小流氓一类的人物，不愿接近，因此杨阳始终单身。

一天下过晚自习，杨阳走出校门，见一个外校男生拦住本校的一名女生，正提着各种非分要求，女生已被吓得面色苍白。杨阳走上前去，推开那个男生，说："哥们儿，你丫想干什么？"

男生嘻皮笑脸地对杨阳说："没事儿，她是我妹。"

"是吗？"杨阳转身问那个女生，女生畏惧地摇了摇头。

杨阳痛斥那个男生道："在学校门口你丫就敢干这事儿，还不赶紧滚蛋。"男生一扭头，一溜烟地跑了。杨阳认为是自己的这身装束起到了威慑作用。

女生对杨阳表示了感谢，要请他吃糖葫芦(中学门口只卖这类中学生消费得起的食品)杨阳说不用谢，但还是毫不客气地接过女生递给他的糖葫芦。女生说害怕那个男生明天再来找麻烦。杨阳说："没事儿，有我呢！"然后就以一口一个山楂的速度在一分钟内吃完了糖葫芦，看得女生目瞪口呆，她刚刚平静的心再起波澜，担心自己逃出狼窝又入虎口。

以后的几天里，杨阳一直陪伴女孩放学回家。通过几天的接触，女孩懂得了人不可貌相的道理，杨阳本人与他在别人眼中的印象有着天壤之别。就这样，每天送女孩回家成了杨阳必不可少的事情，他们在回家的路上拉起了手。

女孩同杨阳一个年级，是个品学兼优的好孩子，同学们对她和杨阳的结合传起流言蜚语，女孩并不介意。不久后，这件事情被女孩的父母知道（毫无疑问，是女孩班主任打电话通知的）。

一天，杨阳在送完女孩返回自己家的路上，被一对中年夫妇叫住，他们是女孩的父母，把杨阳带到一家环境优雅的餐厅，要请杨阳吃饭。杨阳说叔叔、阿姨不用了，你们有话就直说吧。于是，女孩的父母开门见山地说出他们不同意自己的女儿同杨阳交往，其原因归纳为以下几点：第一，杨阳和女孩都还小，现在不是谈恋爱的年龄，要以学业为重。第二，他们认为杨阳不是心目中的女婿形象，不能接受杨阳。第三，他们已经为女儿物色到理想伴侣，他是女孩父母的领导的儿子，现在自费留学英国，待时机成熟之际，即刻成亲。鉴于以上三点原因，女孩的父母带着强迫和恳求的口吻要求杨阳与他们的女儿断绝来往。杨阳听后没有说话。女孩的父母以为杨阳迫于无奈接受了他们的要求，便坚决要请杨阳吃晚饭，以示感谢。杨阳说：“别麻烦了，我妈已经在家熬好了粥等我回去喝。”于是便起身告辞。

第二天，杨阳找到女孩，告知昨天发生的事情。女孩义愤填膺地责备平日光明垒落的父母怎么能够这样做，并表示自己不会丧失阶级立场，要同杨阳坚守阵地到底。

就在杨阳感到进退两难的时候，女孩的父母得知自己的女儿仍旧在主动同杨阳交往，便使出浑身解术，将女孩调至另一所学校并限制她的生活起居。杨阳觉得长痛不如短痛，断绝了同女孩的交往。女孩备感心痛，回到家中闭门痛哭，父母安慰她：那个小子给不了你幸福！

为了防止藕断丝连的事情发生，女孩的父母在高考前夕为她办理了留学英国的手续，然后又马不停蹄地把女孩送往英国，从此两人便彻底失去联系。这也是杨阳高考失利的原因所在，没能使校长和老师们满意。

在杨阳讲述故事的过程中，我们又喝掉四瓶啤酒，当再次叫小姐拿啤酒的时候，她用冰冷的眼神瞟着我们，把啤酒重重戳在饭桌上。此时已是凌晨一点整，事已至此，我们也不必在乎太多，索性一醉方休，来个畅快淋漓。

饭馆老板接到一个要他去打麻将的电话后匆匆离去，出门前叮嘱服务员不要让我和杨阳赖账，更不要让我们吐在饭馆的地上。

我们在服务员的白眼、抱怨与厨师的低声咒骂中，不断地添菜加酒，直至尽兴。这一夜，我和杨阳在小饭馆里待到凌晨四点半，如果不是因为我们兜里已经没有了能够再买一瓶啤酒的钱，还会待得更久。结账时，我们因为差八毛钱翻遍了全身。

服务员说："没事儿，有多少就给多少吧！"她好像迫不及待地要撵我们走。

杨阳说："大姐，不好意思，耽误你休息了，趁天还没亮赶紧睡会儿吧！"

女服务员面带不悦说："没关系，早就习惯了，我也睡不成了，一会儿还要熬豆浆、炸油条，准备卖早点。"

我说："那你可够辛苦的。"

"我没你俩辛苦，喝了一宿的酒，一定挺累的吧！"服务员一边和面一边说。

我说："用……用不用我……我们帮你和面呀？"

服务员笑着说："不用了，你连话都说不利索了，和出来的面炸不了油条，只能汆疙瘩汤。"

杨阳说："要不咱俩多待会儿，吃完早点再回宿舍睡觉？"

我说："行，那就再待会儿吧，我喝碗豆腐脑儿。"

服务员说:“你们刚才还差着八毛钱呢。我们这儿吃饭不赊账。”

杨阳说:“那就算了,改日再说吧!”

临出门前,我们对服务员说:“大姐回见!”她极不情愿地回了我们一句:“回见!”

我和杨阳从宿舍楼一层的窗户翻进宿舍,值班大爷鼾声如雷,居然没有听到我们跌跌撞撞发出的巨大声响,看来此岗位形同虚设,掌握了这一点,有利于日后夜间出行。

我们踉踉跄跄地走进宿舍,屋里充斥着人体器官分泌出的综合气味,甚是难闻。我本想立即躺下睡觉的愿望被这股气味熏得烟消云散,杨阳从书架的一条“都宝”中拿出一盒,我俩蹲在宿舍门口抽了起来。

抽了几口烟,我感觉膀胱肿胀,想上厕所,可厕所门口不知被谁吐得一片狼藉,我隐约从中看到尚未被消化的绿色的黄瓜和淡黄色的腐竹,还有些黑色带状物,我想那可能是海带丝。

实在不愿踏着秽物经过,我只好来到楼道尽头的墙角小便,杨阳也尾随而至。我俩仰起脑袋,随着一股液体的排出,顿感腹内轻松许多。片刻后,从楼下传来“嘀哒”的水声,我们的尿已经渗透五层地板,滴到四层的地板上。由此看来,这座始建于六十年代的宿舍楼依然无法逃脱是一项豆腐渣工程的命运。

撒完尿,我和杨阳坐在楼道的窗台上继续抽烟。天蒙蒙亮的时候,我对杨阳说:“咱们去楼顶看日出吧。”

杨阳说:“好主意,走。”

我们在楼顶上静静地等待太阳升起。

“你冷吗?”杨阳问我。

“不太冷,就是有点着急。你知道几点钟出来吗?”

“不知道,快了吧。”杨阳蜷缩在军大衣里,瑟瑟地说。

“你是不是冷呀?”我问。

“不是冷,我是尿憋的。”杨阳喝酒走肾异常严重。

寂静中，我听到杨阳宽衣解带和水流如注的声音。我看着对面的女生楼对杨阳说："我什么时候能有一个女朋友啊！"

"该有的时候自然就会有了。"杨阳挺直上身，不停地摇晃着脑袋，尚未将东西放回，便指着远处大喊："快看！"

眼前一抹红光，彤红的太阳正在城市寂静的清晨中冉冉升起。"漂亮！"杨阳自我陶醉着点上一根烟。

26

事情正如杨阳所说，该来的自然会来到。周舟就是那个注定此时此刻出现在我生活中的女孩，她像一片花瓣飘然而至，落在我的肩膀上。

那天下午，我们班和(2)班进行足球比赛。我们叫(2)班队员为"老二"。(2)班有一个姓朱的同学速度快踢前锋，一个姓吴的同学组织进攻，一个姓单的同学负责阻截我们的进攻，还有一个姓麦的同学把守球门。这样他们班就由朱老二、吴老二、单老二和麦老二组成一条能攻能守的战线，与我们球队抗衡。那天吴老二因为肚子疼没能上场，导致(2)班 3:1 败北，惟一的一粒入球是朱老二打进的，当时我们班队员全体压上进攻，我的一脚射门被麦老二没收，他快速将球抛至前场，朱老二接球后无人防守，单刀直入禁区，在距球门 10 米的地方，单老二高呼"射了，快射！"朱老二腿一哆嗦，将球射入大门，而我们班的三个进球全部由我包办。

那天我的脚感极好，射门欲望特别强烈。回宿舍的路上，我指着远处的一棵大树问杨阳："你信吗，我能一脚踢中那棵树。"杨阳说他信，可我还是轮起一脚，皮球从我脚下飞出，划出一条上升的弧线向前蹿去，距离那棵树越来越近，在它马上就要撞到的时候，却突然鬼使神差般地改变了运动轨迹，擦着树皮滑过，向旁边一个拎着暖壶款款走过的女生飞去。皮球开始下降，不偏不正，正好撞到那个女生拎着的暖壶上。

“哎呀!”一声惊叫,壶胆粉碎如屑,热水冒着白色蒸气在地面扩散开。女生拎着一个空荡荡的蓝色镂空铁皮暖壶壳,向我这边愤怒地看过来,小嘴撅起,大眼怒瞪,娇美的身体一动不动地站着,甚是美丽。

杨阳踢了我屁股一脚,说:“快过去,机会来了。”

我急忙跑过去,连声赔礼道歉说对不起,体贴地问:“同学,烫着了吗?”

“踢球怎么不看着点呀!”看来她是没有被烫到。

“就是看见你才踢的,他的脚法特准。你可千万别绕了他,他是故意的。”杨阳此刻已经走到我们面前。

“是吗?”女生严肃地问我。

“不是!是!是也不是!不是也是!”我一时不知所措。

女生被我的尴尬逗乐了,显示出无所谓的样子。

“你的裤子全湿了。”我还是有点儿过意不去。

“没事儿,回去换一条就行了。”女生说。

“你的暖壶碎了,要不然先用我的吧!”我说。

“不用了,我下礼拜回家再拿一个就行了。”

“别!那你好几天没有热水用,我多过意不去。你在这等我,我去给你拿我的暖壶。”我兴奋地跑向宿舍,听见杨阳在身后对那个女生说:“我这哥们儿就是心地善良,乐于助人。”

我跑回宿舍,抄起暖壶就往楼下跑,跑到四层时忽然想起一件事情,于是又返回宿舍,找了一块抹布把暖壶擦了又擦,经过一番精雕细琢,才再次冲出宿舍。

我把暖壶硬塞给那个女生,她说:“这多不好意思,你用什么呀?”

我说:“我什么都不用……”

杨阳插话说:“他不洗脸不洗脚还喝生水,你就放心地用吧!”

女生抿着嘴想笑又未笑出。

我指着杨阳对女生说:“他洗脸洗脚和饮用水根本就不分开。”

女生终于按捺不住,笑了出来,问我:“怎么把暖壶还你?”

我说:“我住540。”

“好吧,回头见。”女生说完便转身向水房走去。

我还想再跟她说点什么,可是人家已经说了回头见,我不便再死死纠缠。

回宿舍的路上,我想起一件至关重要的事情,又返回头去找那个女生。

女生已经打完开水,正准备进楼,我叫住她。她回头一看是我,便退回来问我什么事?

我问她:“你住哪儿?”

“137。”女生用嘴朝一层的某个窗口呶了一下说:“就这儿。”

“你叫什么名字?”

“周舟。”

“噢,行了,你进去吧。”

周舟走上台阶,进楼前不忘对我回眸一笑,我也咧开嘴傻笑了一下,感觉自己的暖壶拎在周舟的手里竟然那么生动。

晚上,就在我正准备脱衣睡觉之际,宿舍的传呼器响起看门大爷的粗暴声音:“540那个没暖壶的下来,有人找!”

杨阳问我:“是不是说你呢?”

我又一听,老大爷还在说:“540谁没暖壶谁就快点儿下来,有人找!”

“是说我呢,我下去看看。”我重新穿上鞋。

我跑到一层,问老头:“大爷,我就是540那个没暖壶的,谁找我?”

老头把眼睛一斜说:“人家等半天了。”

我看见周舟正拎着我的暖壶站在男生楼门口,我走了过去。

周舟说:“还没洗吧?”

我说:“我不用,还是你拿回去用吧!”

周舟说:“我已经洗完了,给你留下半壶水。”这时我才发现周舟的脚上穿着一双毛绒绒的卡通拖鞋,头发披散在肩上,样子颇为可爱。

我接过暖壶说:“谢谢。”

周舟说:“快熄灯了,我得回去。”

跟周舟道别的时候,我没忘对她说:“其实我不像杨阳说的那样不讲卫生,只是偶尔不洗。”

“谁是杨阳?”

“就是今天和我在一起的那哥们儿,他都快一个月没洗脚了。”

“那你可惨了。”

“我早就习惯了。”

“你叫什么?”

“邱飞。”

“哦。好吧,拜拜。”

“拜拜。”

当我把脚泡进周舟送来的开水里的时候,一种幸福感从脚趾传递到身体各个部位并顺毛孔扩散出去,洋溢在我的周围。

那晚我睡了一个特别舒服的觉。

杨阳说第二天早上他起床的时候,看到我的嘴角挂着一丝微笑,他不忍叫醒我,兀自去上课了,而我却在睡眠中体会着幸福的时候又一次被老师记以旷课。

27

我发现自己喜欢上了周舟,她不仅带给我每晚洗脚时的温馨感受,还让我变得兴奋不安,找到了生活的新方向。

我寻思向周舟表白的方法,可不是太唐突,就是肉麻得一塌糊涂,或是矫揉造作得使人发笑。我在校园里溜达来溜达去,期待着突发奇想,但每种想法尚未具体化便被我彻底否定。我总觉得这是至关重要的第一步,不仅要迈出去,还要迈得姿势优美,距离不大不小,更要为迈出第二步奠定坚实基础。总之,事情必须做得不温不火,一切刚刚好。

一个邮筒突然出现在我的眼前，我想是否可以写一封信给周舟，这样既含蓄又委婉，一切尽在文字中，但我又感觉写信的方式不太符合我直来直去的性格，而且如果周舟除了想让我坚持每天洗脚外，并无他意的话，那么这封信必会造成我们日后见面时的尴尬。

为了这件事情，我冥思苦想了一个上午，又魂不守舍了一个下午。夜里，我躺在床上辗转反侧，左思右想却不得其解，我让他们帮我想个好主意，可他们却借题发挥，古今中外、旁征博引，泛泛而谈根本不在本质上面，但积极踊跃为我出谋划策的态度，还是让我感激不已。

我仰天长啸："操得了，我他妈该怎么跟周舟说呀！"

"别……别说了，睡吧！"张超凡为了保证明天能够准时起床去上课制止了我们的交谈。

听了张超凡的话，杨阳躺在床上大笑不止。

28

经过一宿理性与感性的斗争，第二天黎明时分，我决定豁出去了，直接向周舟倾诉，但是现在，我极需要补充睡眠。

当天傍晚，我精心梳洗打扮后出现在女生楼前，冲周舟宿舍的窗口喊道："周舟！"

窗户打开，一张陌生面孔出现，她对我说："周舟去图书馆借书了，你有什么事吗？"

"没事儿，我在外面等会儿她吧。"于是，我站在女生楼前的花园长廊里等待周舟回来。

月光洒下来，遍地银白，我浑身上下不由自主地哆嗦起来，不知是出于天气冷还是紧张的缘故。一个男生也正在此等待着这栋楼里的某个女生，片刻后那个女生出来了，两个人手挽手不知去了哪里。

这时,一个身影走来,我凭借对周舟走路姿势的印象,感觉来者就是周舟。

果然如此,周舟背着一个双肩背的书包回来了。我叫了一声,她寻声一看,是我,便微笑着走过来。

"借书去了?"

"嗯,你怎么知道的?"

"听你们宿舍女生说的。你吃饭了吗?"

"没吃,怎么,想请客吗?"周舟露出甜甜的微笑。

"我也没吃呢。一块去吧!"

"好啊。"

"走吧!"

"等会儿,我先把书包放回去。"

"我在这儿等你。"

"我马上就出来。"周舟扭头跑回宿舍。

片刻后,周舟出来了,身后跟着刚才那个女生。"这是我同学,沈丽。"周舟向我介绍道,"他叫邱飞,就是用足球把我暖壶踢碎的那个男生。"

"你好!"

"你好!"我和沈丽互相问候。

"去哪儿吃?"我问。

"随便。"

"那就跟我走吧!"

我们来到我和杨阳经常喝酒的小饭馆,挑了一张邻窗的桌子坐下,服务员拿来菜单问我们吃什么,我亲切地称呼了她一声:大姐。

服务员定睛一瞧,是我,说道:"又来了,你那个哥们儿怎么没来?"

"他今天难受。"我随口说道。

我们点完菜,服务员临拿走菜单时说:"你替我给他带个好。"我知道她说的是杨阳。

我说："放心吧，一定带到。大姐，上菜快点儿，我们都饿了。"

服务员说："好。"然后离去。

周舟问我："你怎么跟服务员这么熟？"

"我和杨阳经常来这里喝酒，有一次我俩在这儿待了一宿。"

"你们男生为什么都喜欢喝酒呀？"沈丽问。

"说不上喜欢，就是有时候心烦，想喝点儿。"

"你烦什么呀，是不是觉得功课沉重？"周舟向我。

"不光是学习上的困惑，有很多事都让我心烦。"

"没想到你还有点儿多愁善感。"周舟抿嘴笑道。

"嗨，可能吧，高中的时候我可不是这个样子。"

"那时候你什么样儿？"周舟又问。

"那是一段阳光灿烂的日子，我整个就是一个阳光少年，每天无忧无虑地生活，吃、睡、玩、学习都不耽误。"我神采飞扬地讲述着自己的高中生活，讲着讲着，斜眼向窗外看去，见杨阳进了马路对面的一家小商店。我想他也许还没有吃饭，把他叫来正好二对二。我说："杨阳在外面呢，我把他叫进来，咱们一块吃吧。"

周舟说："好呀！"

杨阳进来的时候手里拿着一包还没拆开的"都宝"，我给他们作了介绍，杨阳在我身旁的空座坐下，拆开烟，递给我一根，我顺手就接了过来，看见周舟正盯着看。

服务员端菜上来，看见杨阳，问道："好点儿了吗？"

我赶紧接过话："大姐，多亏你刚才惦记，他现在已经康复了。"

"那就好！"服务员又去端菜。

杨阳双眼扑朔迷离地看着我们，不知怎么回事。我解释道："刚才她问你怎么没来，我说你病了。"

"还能有人想起我，真让我感动。"杨阳又说，"今天喝酒吗？"

我说："算了吧，咱俩改日单独喝。"

"你们要是想喝就喝吧！"周舟说。

“好吧，大姐拿两瓶啤酒。”我向服务员招呼。“对了，你俩喝什么？”我问周舟和沈丽。

周舟说：“什么都不喝。”

杨阳说：“要不你俩也来点儿啤酒？”

周舟和沈丽相互一视，说：“好吧。”

杨阳给她们各自倒了一杯说：“先喝着，不够还有。”

菜上得差不多了，杨阳建议我们举杯碰一下，还让我讲两句。我端起酒杯说：“大家吃好喝好，巾帼勿让须眉。”

杨阳说：“你是须眉吗？”

“打你丫的，少废话。”我本想展示一下自己的胡须，可伸手摸到的却是一片光秃秃的下巴，出来前我特意刮了胡子。

我吃了一口菜问周舟：“刚才去图书馆借什么书了？”

周舟说：“本想借本小说看，可图书馆的书实在是太多了，我不知道借什么好，结果就空手回来了。”

杨阳说：“没关系，下回叫邱飞和你一起去，他看的书多，让他给你推荐几本好的。”

“你看过《挪威的森林》吗？”周舟问我。

“太小儿科了，高二历史课上我就看完了。”

“你喜爱看谁的书？”周舟又问道。

“村上春树的看了不少，但后来越看越想吐；川端康成的书也看过几本，当时把它当成黄书，配合生理卫生课本一起使用的；王朔的小说我都看了，它是打架前的兴奋剂，泡妞前的指导丛书，当然，这是在于别人看来，我本人认为他把小说写透了；余华的书我也看过，震撼不小。”

“余华写的一本小说叫《活着》，你有吗？”周舟问我。

“有，回头我借给你看。”我和周舟已经进入了钱钟书先生所说的借书是爱情开始的阶段。

两瓶啤酒已经喝完，我又叫服务员再拿两瓶，她端来啤酒时不忘说：“你们少喝点儿。”

我发现服务员的眼眶有些发黑，可能是好几宿没睡觉的缘故，她不想因为我和杨阳而今夜仍然无法入睡。我说："大姐，你就放心吧，不会耽误你睡觉的。"

服务员冲我抱以了理解万岁的一笑后离去。杨阳看了一眼表，说："没事儿，早着呢，才七点一刻！"

结完账，出了饭馆，我看了一眼表，快十点了，我问周舟和沈丽："你们去哪儿？"

沈丽说："我得回去写作业，明天还要交呢。"

周舟没有什么表示，我问她："你不着急回去吧？"

周舟说："我作业写完了。"

杨阳非常知趣地拍了拍我的肩膀，说："我先回宿舍了。"

教学楼的灯已经熄灭，月光和路灯照亮甬路，我和周舟并肩漫步其上，心照不宣地对视了一下，她微微一笑，我问："你笑什么？"

"没什么。"周舟的回答让我不知所措。

这时我们已经走到路口，我说："去操场溜达吧。"

"嗯。"周舟点头同意。我们没有拐弯，直接向操场方向走去。

我们围绕操场的跑道一圈圈地走着，谈论着各自身边发生的奇闻轶事，周舟被我讲的故事逗得笑个不停。

也不知道走了多少圈，后来周舟想坐下来休息，我问："累了？"

"有点儿。"周舟从兜里掏出两张纸巾，垫在看台的石阶上。

周舟说："我都饿了，你呢？"

我本来就没吃主食，只喝了几瓶啤酒，经周舟这么一提醒，也感觉到饥饿。我说："去吃羊肉串吧，我们宿舍楼下的那家烤得特好吃。"

"干净吗？"

"干净，我吃过好几次了，始终没出现不良反应，惟一的后遗症就是越吃越爱吃。"

"那走吧。"我和周舟离开操场。

在去吃羊肉串的路上，当我们途经女生楼时，它在瞬间由灯火通明变成漆黑一片。周舟"哎呀"一声:坏了。然后就一边对我说再见,一边趁值班大爷锁门前跨进楼门。进楼后,周舟透过窗户向我招手,我走过去也听不清她在窗户那边说什么,根据嘴型判断,她好像是在说:没吃上羊肉串挺遗憾的,明天再去。

我点头同意,周舟微笑着跟我招手再见,我也张嘴说了一声再见,看着她消失在楼厅的拐弯处。

晚上,杨阳有意和我聊起周舟,又自然而然地直奔主题——沈丽,说他想和沈丽好,问我有戏没戏。我说只要我和周舟好了,你和沈丽绝对有戏,回头我让周舟给你俩一撮合,这事儿保准成。

29

第二天,有一门课的作业需要在上课前交给老师,我早早地拿了张超凡的作业去教室抄。入学以来,我一直在复制张超凡的作业,可能是出于我的字迹比他工整的原因,每回作业本发下来,张超凡都是5减,我的成绩却始终是5分。

张超凡其人身上存在着无数优点,他的身材体现出社会主义制度的优越性,他学习成绩之好使我在抄他作业的时候可以绝对放心,但人无完人,张超凡亦存在美中不足之处,有些口吃。这个毛病让他痛苦万分,他曾经尝试过各种科学疗法和民间的祖传偏方,试图治好此病,然而均不见效,为此他苦恼不已。一次上物理课的时候,老师点名,当点到张超凡的时候,他坐在座位上费劲地说:"到……到……到……!"物理老师疑惑地将头从花名册上抬起,问道:"你们系有三个叫张超凡的?"张超凡面红耳赤地从座位上站起,解释道:"就……就我一个叫……叫张超凡。"老师这才真相大白,张超凡在同学们的哄笑中尴尬地坐下。以后凡是老师点到张超凡名字的时候,都会给张超凡留出3至5秒的答到时间,然后抱以会心的微笑,继续点下面的同学。张超凡因为这个毛病付出过惨重代价，别人在电话里三分钟可以说完的事情，他偏偏要用上七八分钟，所以我总是看他隔三差五地去买电话卡，现在张超凡积攒下的电话卡的厚度已有啤酒瓶那么高了。

就在我疾笔如飞抄得起劲之时，有人拍了我肩膀一下，我回头一看是周舟，她背着书包，手里拎着一个塑料袋。

我说："哎呀，你吓死我了。"

"你干什么坏事呢，做贼心虚。"

"没有，就是抄抄作业。"

"噢，抄吧。吃早点了吗？"周舟问。

"没有，来不及了。"我翻了翻张超凡的作业本，还有一页多没有抄。

"你还挺敬业。"

"我一个礼拜就敬业这一次。"

"行了，不打扰你了，给你吃我这份早点吧。"周舟将塑料袋放在桌上。

"别，我都吃了你吃什么？"

"谁让你都吃了！"周舟打开塑料袋，拿出一个鸡蛋，说："剩下的给你，我走了。"然后拿着鸡蛋去了另一间教室。

待周舟进了那间教室，我打开塑料袋一看，里面还有一个鸡蛋、一块蛋糕和一袋酸奶，我合上张超凡的作业本，心想，抄个屁作业，不能总是得五分，也要适当地得一次2分，总比张超凡做得好，他以后还能再给我抄吗。于是，我磕开鸡蛋，剥去暗红的蛋皮，雪白的蛋清呈现在眼前，趁着还有些烫手，我急不可耐地将它放进嘴里。

上课前，我把作业交给课代表，不等老师讲课，便从后门溜出教室。我跑到周舟所在的教室，趴在后门看她如何上课。周舟正坐在第二排，身体挺直地抄着笔记，旁边坐的好像是沈丽，她俩是这个课堂上为数不多的没有趴在桌上的几个人之一、二。

出了教学楼，我懒洋洋地走在校园里，早晨的阳光透过已经抽芽的柳条照在路上，几个环卫工人清扫完校园的垃圾正准备收工，几个迟到的学生一边用手梳理着头发，一边慌慌张张地向教学楼跑去，泥土中钻出星星点点的绿色，三月的校园萌发出盎然生机。

我回到宿舍，见杨阳正慵懒地躺在床上，捧着一本《海子诗集》拜读，书的封面印着一张海子的一寸免冠未刮胡子带着眼镜的侧面照。杨阳昨晚已把作业抄完，不必再为此早早起床，只需让别人将作业带去交给课代表即可。

杨阳见我回来了，说："作业抄完了？"

"写一半就交了，碰见周舟了，懒得再抄了。"

"你现在可是有点儿心花怒放了。"

"没有，仅仅是含苞待放，还没到盛开的季节。"

"那你施点儿肥，加速它的茁壮成长。庄稼一枝花，全靠粪当家嘛。"

"还是让它在阳光普照中自由成长吧，你也知道，一年收三回的米叫箕米，没有泰国香米好吃；最甜的西瓜是不加催熟剂的。"

"它要是不开花怎么办呀！"

"那就是无花果，一样可以结出甜美的果实。"

"等收获的时候，你把品尝过的滋味告诉我，我也好知道是甜是酸。"

"没问题，我估计是酸甜儿。"我问杨阳，"还有书吗，给我一本看？"

杨阳从书架上拿了一本徐志摩的诗集给我。我一翻，正好翻到《再别康桥》那页：悄悄地我走了，正如我悄悄地来，我挥一挥衣袖，不带走一片云彩。我念完后说："这首诗描写的是小偷潜入一个生活困难的家庭时的所见、所闻、所感。"

杨阳一琢磨，说："还真有点儿这意思。"

我说："诗人不是小偷就是流氓，要不怎么管他们叫'湿人'呢！"

"海子是不是有恋母癖呀，怎么把什么都能当乳房呀！"

"他都把什么当作乳房了？"

"月亮。"

“月亮又圆又亮，乳房也又圆又白，挺合适的。”

“可是女人有两个乳房，而月亮只有一个！”

“这是诗人寄托了他的美好梦想，他渴望世界有两个月亮驱散黑暗，给人类带来光明。”

“我前两天听说在丹麦北部某山村里发现一个长着三个乳房的女人。”

“那可以把她比喻作太阳了。”

我问杨阳为什么看这么多诗集，他用两个字做出简明扼要的回答:空虚。

杨阳所说的空虚也时常在我的体内产生，它像一层无法驱散的乌云，积压在我的心头，久久不愿离去。

我和杨阳终于挨到午饭时间。在我想是和杨阳一起去食堂吃，还是去找周舟吃饭的时候，杨阳主动提出请我去食堂吃小炒，回报我昨日请他喝啤酒之恩。其实，我昨天的主要目的是和周舟一起吃饭，只是正好撞见杨阳去买烟而已。

我们先于下课的学生赶到食堂，杨阳去买小炒，我坐在椅子上等他。不一会儿，杨阳端着一份宫保鸡丁和一份溜肉片回来。

大批背着书包的学生和夹着讲义的教授正从教室方向源源不断地涌入食堂，一时间，食堂的空座位全部被书包、作业本、几根钢笔或一卷手纸等物占据。食堂的座位始终供不应求，教授们为了使自己占有一席之地，而不沦为惟一站着吃饭穿西服的人，经常会提前几分钟下课，但是教授们相互竞争，如果有一个教授提前 2 分钟下课，第二个教授就敢提前 3 分钟下课，第三个教授便不得不提前 4 分钟，以致出现过某个教授在上课没过多久便对同学们说:“今天的课就先上到这里，下课！都早点吃饭去。”学生听后一片沸腾。日后，不知是谁走漏了风声，此事被教学处知道，他们扣掉该教授当天的伙食补助——20 元钱。学校并不敢重罚，因为该教授身兼中科院院士身份，学校因为他的存在而焕发光彩。此事发生后，凡是再有老师提前下课，他们就会对学生说："咱们下课了，你们出去的时候都小点儿声，如果这次没被教学处听到，下次我们还提前下课。"这班同学大喜，正当他们悄悄地打开教室的门，准备神不知鬼不觉地离去时，发现另几间教室的学生已经在悄无声息地撤离，正蹑手蹑脚地赶往食堂。下课后，老师绝不会被学生纠缠着答疑，这正是他求之不得的，而学生最大的困惑就是到了食堂没有座位。其实这一切努力仅仅是为了能坐着吃口饭，这种最基本的生活需求在大学校园里居然成了全体师生共同为之努力的方向，难怪我爸总是批评我："都这么大了，还没有树立起崇高远大的理想！"

当我和杨阳快吃完饭的时候，见周舟夹在人群中挤进食堂。我站起身叫她，她微笑着走过来："你们吃饭了吗？"

"这不正吃着呢。"我用脑袋示意桌上的饭菜，"你吃了吗？"

"还没，我得先找个地儿。"

"你坐我这儿，我吃完了。"杨阳把碗里的饭粒扒拉干净说，"你俩慢慢吃，我先走了。"然后胡撸了一下嘴，跟周舟说了声再见。

"再见。"周舟回应了一声，把书包放到刚才杨阳坐过的座位上说："我先去买点儿吃的。"

"嗯，去吧。"

"你还吃什么吗？"周舟看了看被我们吃得一干二净的盘子说。

"我吃饱了，你去买自己的吧。"

"好吧。"周舟掏出饭卡，挤进排队买饭的人群。

在周舟去买饭的短暂时间里，有好几个学生指着周舟的座位问我："同学，这儿有人吗？"

"有人。"我斩钉截铁地回答。

他们看了一眼摆在我面前的空盘空碗后悻悻离开，去他处寻找座位，这一眼的含义是："你丫怎么占着茅坑不拉屎！"我心想，我偏就不拉，我一会儿还要和周舟一边占着茅坑不拉屎一边聊天呢！

周舟端回来一份热气腾腾的牛肉面，坐在我对面。

"你吃得了这么一大碗吗？"我问。

"我早就饿了，老师本来讲完课了，因为没打下课铃非要点完名才让我们走。你看就是那个老师。”周舟指着远处一个正端着饭碗,四处寻找座位的中年妇女说。

我一看,此人正是那个教我们化学的戴假发的女老师,她是学校为数不多遵守规章制度的老师,这种遵纪守法只能归结于胆量小,没魄力,怕扣工资。

“你们刚才是不是上的化学课?”我问周舟。

“对,你怎么知道的?”

于是我便将那个女老师教过我们以及她在课堂上出现的尴尬场面讲给周舟听,周舟边吃边前俯后仰地笑。

当周舟说她吃饱了的时候,我低头一看,盛牛肉面的碗里除了汤就是漂浮着的几片香菜叶,我都不知道周舟是怎么把面吃进肚子的,看来我刚才一定眉飞色舞,神采飞扬了半天。

周舟问我:“下午有课吗?”

“没有。”我撒了一个谎,机械系的课程是全校最多的,“你有课吗?”

“也没有,一起去上自习吧。”周舟说。

“行!”我一口答应下来,尽管这是我最不喜欢做的事情。

我背着书包跟在周舟后面进了一间没有课的教室,在靠近后门的两个座位坐下。周舟从书包中掏出英语书、铅笔盒和一包话梅,然后看了我一眼,见我正注视她,就说:“发什么呆,还不赶紧学习!”

我急忙打开书包,发现里面除了一根钢笔、两盘打口磁带、一些吉他乐谱和一本张超凡的作业外,还有一本《梅里美短篇小说集》,这本小说是我用来打发迫不得已坐在教室里的无聊时光的。上课时候不适合看长篇小说,因为有课间休息,我还要放下书去厕所找人蹭烟抽,那里聚集着全校的学生烟民。

周舟见我对着书包发愣,问道:“想什么呢?”

“没带学习的书。”

“你带什么了?”

我把书包给周舟看,她看过后说:“你的生活还挺丰富的。”

“我也是勉强直面惨淡的人生。”

“你怎么这么不喜欢学习？”

“其实我特喜欢，就看学什么了。”

“你想学什么？”

“想学有用的东西。”

“什么东西有用？”

“凡是不没用的东西都有用。”

“那什么东西没用？”

“我们现在学的东西。”

结果这个下午被我和周舟用来讨论学什么有用，学什么没有用。最后周舟得出结论：她也不愿意学习学校讲的内容，但又不得不去学，所以周舟翻开了笔记本。我却没有失去信念，把书包扔向一旁，毫不客气地帮周舟撕开那包话梅，拿出一颗含在嘴里。

下午过得出奇快，不待我把那包话梅吃完，就到了晚饭时间，我和周舟又收拾好书包去食堂吃饭。

吃过晚饭，我问周舟：“你晚上有什么打算？”

“还没想好呢，你干什么？”周舟反问我。

“我也不知道，明天也没有需要抄的作业。”

“你每天除了抄作业、吃饭、睡觉，还干什么呀？”

“我还弹吉他、踢球、听歌等等等等，我的课余时间都快不够用了。”

“那我就听你弹吉他吧。”

“没问题。”

我回宿舍取来吉他，带着周舟来到礼堂前的草坪，刚要坐下，不知从何处蹦出两个外地保安，情绪激昂地用家乡话冲我们喊道：“青草依依，踏之何忍！”我和周舟赶紧跑了出去，我心想：青个屁，才他妈发芽！

我们又来到操场，坐在昨天坐过的地方，我问周舟想听什么歌，她说听罗大佑的，我便给她唱起《野百合也有春天》。唱到一半的时候，我停了下来，周舟问：“怎么不唱了，挺好听的。”

“琴不准，调调音。”我拧着琴头旋扭说，“你喜欢听老狼的歌吗？”

“喜欢。”

于是我就给周舟从《同桌的你》唱到《流浪歌手的情人》，唱了老狼的大部分歌曲。

月亮高挂夜空，两个在减肥的女生正绕着操场跑圈，肥硕的身体在夜幕下宛如两座黑黝黝的小山包在缓缓移动，其中一个女生停下来对另一个说：“不行了，我没劲儿了。”另一女生喘着粗气说：“才跑了一圈半，你还想掉肉吗！”前者听后只好颤颤巍巍地跟跑在后面，沉重的喘气声传遍操场的每个角落。

周舟和我相视一笑，她娇美的样子在月光下愈发动人。

周舟看着我说：“我有点儿冷。”

我知道下面该做什么了。我应该把手放在周舟的肩上，揽她入怀，但如果周舟仅仅是说说而已，我这么做岂不是有些不妥，可万一周舟的想法的确如此，而我没有做，岂不有损我的男子汉形象。经过转瞬间激烈的思想斗争，我在该出手时就出手和一步一个脚印之间选择了前者，于是我抬起微微颤抖的胳膊，向身旁的周舟伸去，搂住了她的肩膀。周舟顺势将头倚靠在我的肩上，我闻到周舟秀发散发的芳香。我已有些情不自禁。

正是我伸的那只手，及时揽住了飘至我身边的幸福，后来我吻了周舟。

那两个减肥的女生离开操场后，我和周舟头抵头依偎着，周围安静异常，我们听得到彼此的呼吸。我萌发了跃跃欲试的冲动，感觉自己的心脏在“扑通、扑通”地跳动，下意识地咽了一口唾沫，将声音降至最低程度，尽力抑制身体的随之颠动，心脏已经跳至嗓子眼儿，口干舌燥得想喝水，我的最大努力被用来抑制自己的不安，以免尴尬显露。汗正源源不断地从我的手心渗出，脚裹在鞋里焦躁地蠕动着，我克制住身体的发抖，屏住呼吸将嘴向周舟微微开启的双唇靠拢，周舟低下了头……

时间凝固在这一刻。

第二章

我被撞一跟头

1

此后,我便每日与周舟一同吃饭,一同去教室学习,一同去学校礼堂看电影,一同去图书馆借小说,整日形影不离。看到周舟与我在一起时开心的样子,我忘掉了一切烦恼,将它们纷纷抛至脑后,快快乐乐地度过与周舟在一起的每一天。

尽管和周舟认识的时间不长,但我们经常回忆走到一起的过程中的每个细节,我问周舟为什么喜欢和我在一起,她说她能够在我身上看到诸多优点,我问她我有什么优点,我自己都不知道从我的身上还能找到优点。周舟说她不能说,怕我骄傲。我说我惟一的优点就是不骄傲,因为我确实没有什么值得去骄傲的地方。周舟说我这个人简单又有思想,真诚中流露着狡猾,看似玩世不恭,实则含蓄深沉,我问这些是否是对我的客观分析,周舟点头说是,我听后偷着乐了好半天。

事实上,我给周舟留下的第一印象是那次我们一起吃饭,她看到我接过杨阳递来的一根烟时心想:这主儿怎么还有抽烟的恶习呀!

这是后来周舟在我们的关系发展到如胶似漆的程度时告诉我的。

2

时间到了五月份，校园被花草树木装点得一片繁荣，天气逐渐热起来，一些身着漂亮裙子的女生出现在校园，周舟便是其中一人。

一个周三的中午，我去女生楼找周舟吃午饭，她穿着裙子出现在我面前，胸前显示出两个小凸起，小腿线条匀称，光脚穿着一双凉鞋，款款向我走来。我上前搂住周舟肩膀，骄傲地与她穿梭于来往的学生中间。

吃饭的时候，我问周舟："下午干什么？"每个星期三的下午是全校师生休息的时间。

"没事儿，作业都写完了，你打算干什么呀？"周舟总是能够按时完成作业。

"我想去游泳，你去吗？"我为一睹周舟的娇美身材制造着机会。

"好啊！几点去？"周舟爽快答应。

"就游一点半的那场吧，游完了睡会儿觉，正好吃晚饭。"

"行，吃完饭我去收拾东西，然后你来找我。"周舟加快了吃饭的速度。

"慢点儿吃，早着呢，才 12 点 20。"我看了一眼表说。

我和周舟来到学校游泳池，体育老师在门口摆起小摊，专门贩卖泳衣、泳裤、救生圈等商品，周舟停在这些东西前徘徊不止，说想换一件泳衣，问我哪个样式的好看。对待这个问题，我犹豫不决，如果周舟不是我的女朋友，我当然希望她穿得越暴露越好，首屈一指那件三点式泳装，可周舟是我的女朋友，我不能让她满足其他男生的私欲，我希望她在把自己包裹得尽量严密的同时展现出动人的身材和一点点风情，这样我也好在与周舟畅游的时候将头抬出水面，不致愧于面对大众而把头潜在水下，憋坏身体。在我踌躇再三之时，周舟自己做出决定，买了一套分体露肚脐但不能划为三点式的泳衣，正合我意。

我和周舟买了门票，在分别走进男女更衣室的时候，我转身向走进女更衣室的周舟张望了一眼。

我很快换好泳裤，坐在池边的跳台上等待周舟出来。

刚入夏季，泳池里的人并不多，几个男生正蹲在池边往身上撩着水，嘴里不停地喊着："真他妈凉，真他妈凉。"周舟的出现顿时吸引了众人目光，他们停止了适应水温的准备活动，将目光投向从女更衣室出来的周舟身上，我也为之一振。

周舟穿着刚刚买来的泳衣向我走来，脖颈白晰，胸部微微隆起，小腹平坦，腰肢纤细，双腿颀美，这些构成周舟身上那条完美的曲线，泳衣衬托着周舟的美，周舟展示出泳衣的魅力，两者结合得天衣无缝，无与伦比。

周舟在我身边坐下，见我正用奇特的眼光打量她，问道："怎么了？"

"没什么！"我依然盯着周舟。

"我知道你在想什么，告诉你，不许图谋不轨。"周舟把脚伸进水里，因为水温太低的缘故又缩了回来，说："怎么这么凉呀！"

"适应了就好了。"我搂住周舟的肩膀，我们赤裸的皮肤贴在一起很温暖。

周舟指着泳池问道："你能游几个来回？"

"不知道，我一般是进场后就开始游，一次不歇地游到退场。"

"吹牛，我才不信呢！"周舟用脚打起水花，溅在我们身上，"你游的是什么泳？"

"什么都有，要不是时间到了，我还能游一个小时。"我开始做下水前的准备活动。

"游那么长时间不累呀！"

"不累，套着救生圈累什么呀！"

"讨厌吧你！"周舟把我推入水中。

我顺势潜入水底，一口气游到对岸，当我浮出水面时，见周舟正站在岸边做喊人救命状，她看到我出现在对岸，脸上露出惊喜。

我向周舟招手，示意她游过来，周舟沿着梯子缓慢步入水中。池水一点点淹没她的身体，水面上只留下一张美丽的面孔，微笑着向我靠近。

我在水中抓住周舟的手，将她抱在怀里，周舟搂着我的脖子，双腿慢慢浮于水面之上，脚尖露出，像是水中竖起两座突兀的山峰。

这时，一个巨大的浪花在我们身边掀起，我和周舟下意识地闭上眼睛，待睁眼看时，杨阳笑嘻嘻着出现在我们面前，他伸手向远处一指，齐思新和佟小娅正不约而同地从男女更衣室走出来。

齐思新本想在佟小娅面前一展身手，却不知道池中水的深浅，在他跃跃欲试一个猛子扎入水中后，展开的身体突然在水下蜷缩成一团，他迫不及待地钻出水面，额头上鼓起一个大包，我们所在的是浅水区。

受伤病困扰的齐思新只好一个人坐在岸边眼睁睁地看着我们畅游到退场。

3

在我和周舟的爱情故事刚刚拉开帷幕，正待进一步发展剧情之时，期末考试却奏响序曲，使我再次陷入茫然。

这学期开设的课程理论性、逻辑性较强，难度较之以往有所增强，我分析了这些课程的特点后得出结论，如果平日里没有上课认真听讲、课后独立完成作业，只想在考前突击成功，简直就是异想天开。

所以，当周舟拉着我去教室复习的时候，我以发烧为借口，待在宿舍与杨阳思索对付考试的良策妙计，与其正面交锋后溃败而逃，不如独辟蹊径，另寻他法。

周舟与我的情况不一样，尽管她参加的是理工类高考，但所学专业更偏近文科，以概念、常识为主，并不需要逻辑推理和复杂计算，考试前稍背即过，因而周舟这学期并没有用功学习，她在某些方面已深受我的影响。但周舟仍然能够无须尽力表现就给老师留下她是班里为数不多的几个好学生之一的印象，对此我深感愤愤，因为我无论如何竭力把自己好的方面表现给老师看，他们都会斩钉截铁、理所当然地把我划分为学习态度不端正的学生行列之内，我不知原因何在，周舟一语道破天机：这是个人气质问题。

不知道气质这东西是与生俱来，还是需要后天的不懈努力，如若可以改变，我一定要对它精雕细琢、打磨抛光、抹油上蜡，条件允许下，我还要将它置于真空中，以防被空气中的粉尘颗粒和有害气体沾染，否则我将被混淆是非、不辨真伪的人以貌取了人，无论我怎样申辩，“我是无辜的”，也不能避免他们不问青红皂白，就将我一闷棍打死的悲惨结局。

我和杨阳对待考试问题可谓英雄所见略同，我们一致认为，只有缓考两门方可获得一线生机，否则必将全军覆没。

我们把缓考的科目初定为理论力学和材料力学，其他科目只需通过一半即可免遭“试读”危险，我们可以将时间集中扑在有通过可能的科目上，做到有的放矢，不打无准备之仗。

办理缓考是件让人头疼的事情，我们要殚精竭虑地想办法开出假条，杨阳已经让他故去的姥爷又告别了一次人世，这回我们想不到更好的办法开出事假条，校医院大夫在考试前接到教务处通知：警惕学生为逃避考试而假装生病，试图非法获得医院允许其卧床休息的特权。所以，凡是头疼感冒、食欲不振、咳嗽痛经、低于 37.5 度的发烧，无论真假，均不在给予开假条的范畴之列。此消息一经传出，便引得怨声载道，叫苦漫骂声不绝于耳。

道高一尺，魔高一丈，无论学校怎么猛烈地围剿，我们还是能够突出重围，险象环生。我和杨阳各披上一件军大衣，装出发烧严重，一副失魂落魄的样子（为此我们多日没有洗脸），去校医院就诊。

大夫发给我们人手一支温度计，叫我们坐到门口量体温，我们趁她给另一病人量血压的时候，将温度计放在早已被我们藏于怀中的热袋奶上，我的头脑中立即出现了水银汞柱由于温度骤增而加速上升的画面。

几分钟后，大夫叫我们进去，我在把温度计交给大夫之前自己先看了一眼：我操，42度，到头了，这怎么可能！我轻轻甩动手腕，水银汞柱停留在40.2度的位置，这还差不多。

我表现出无精打采的样子，将温度计交到大夫手中，她接过后看了说："病得不轻，好好养病，别考试了。"

我遗憾地说："只好如此了。"

就这样，我和杨阳开到了可以办理缓考的第一张假条。

4

当同学们正废寝忘食地为理论力学考试做准备的时候，我和杨阳开始着手办理材料力学的缓考假条。

上次已经使用过发烧的伎俩，如果我们再将热袋奶夹在胳膊下面去看内科的话，大夫定会认为我们的高烧不退是由肺炎引起的，她会先用听诊器沿着我的前胸后背一阵胡乱翻腾，然后给我开一打儿青霉素和六瓶葡萄糖，叫我早晚各一次到医院输液，并叮嘱我不要迟到。

打针是我深感恐惧的事情。我认为打针的治疗方式对人体异常残酷，在正式进行之前，大夫会让你褪去裤子的一角，露出碗口大的一块屁股肉，这个尺寸一定要把握得当，否则的话，褪少了大夫会一针扎在你的腰上，使得你一个星期无法走路，褪多了女大夫会骂你是臭流氓，男大夫会说你有同性恋倾向。当你褪下裤子，伏在床上等待大夫对你下手之际，大夫却有条不紊地将药水吸入针管，用酒精和碘酒在你裸露的皮肤上面擦拭，这种凉飕飕的感觉让你不寒而栗，擦拭时间越长，越感到恐怖，甚至会不由自主地尿出来。我通常在酒精棉球触及皮肤的一刹那身体紧绷，屁股上的肉收缩成一小团，仔细观察的话还会发现，这里的肉正在微微跳跃，也就是痉挛，大夫看到我的反应后会说："放松，我还没扎呢！"她越是让我放松，我就越是紧张，以至于经常是被扎了两下仍没能进去。

大夫将针扎入身体之前，我们最好回头看看她是否将针管中的空气推出，否则后果不堪设想。当大夫将那根锋利的金属不锈钢小棒扎入肉体时，我总会为之一震地闭上眼睛，咬紧牙关，双手死死揪住医院的床单或攥住自己的裤腰带。那根金属小棒在一层层皮下脂肪和各种组织中间挤出一条缝隙，得以进一步深入，随着大夫大拇指向下压迫活塞的运动，一股液体顺着那根小棒流出，汇入身体，向四面八方流去，随之而来的便是阵痛，大夫为了不让疼痛只发生在一个方向，她会甩动手腕调整针头方向。我曾在等候打针的时候亲眼目睹大夫将针头在一名男子的屁股上面锄来锄去，像是农民在翻地，结束前，大夫一抬手腕，那根银光闪闪的利器便从那人屁股中一拔而出，闪动着幽亮的光泽。看过后，我迈开颤颤巍巍的双腿，在大夫叫我脱去裤子趴在床上之前逃离了医院。

所以，曾有的不快乐记忆使我在面临打针时的态度总是退避三舍。

内科已不再属于我和杨阳就诊范畴之内；我们尚未到去肛门科看病的年纪；牙科和皮肤科显然开不出能够办理缓考的假条；我们即使缠着绷带、打上石膏、架起双拐去看骨科，也会在 X 光前将真相暴露无遗；耳鼻喉科不会因为耳屎过多、鼻子不通气或嗓子卡了鱼刺而开出假条；去妇科看病更不可能。既然如此，我们只好将焦点对准肠胃科。

第二天，当同学们坐在教室里考理论力学的时候，我和杨阳捂着肚子去看肠胃门诊。

大夫问怎么了，我们说昨晚吃了羊肉串后就开始拉肚子，大夫从抽屉里拿出两个小药盒和两根小木棍，让我们去厕所将自己的大便装进少许，准备化验。

我和杨阳走出门诊室，商量着怎么办，如果化验自己的大便，其结果无疑是健康状况良好、内火旺盛，但我们必须让大夫在化验过小药盒内的大便后，深信我们的肠胃在饱受疾病之苦，看来只有借花献佛了。

我走进厕所,打开第一个蹲坑的挡门,便池内空空如也,我又打开第二个蹲坑的挡门,除了光滑如玉的便池外,仍无它物,于是我打开最后一个挡门,这个便池内留有一堆不知何人何时留下的身体弃物,我屏住呼吸,扭过脸,用小木棍在那堆不堪入目的东西中挑出一块儿,装进药盒。我眯着眼睛看了看,觉得数量略少了些,便又捏着小木棍挑出一块儿,装于药盒内,盖好盖儿。

我深信这样做能够让大夫化验出毛病,因为在肠胃科门前厕所大便的人一定是肚子有毛病,否则谁会在这种地方解决生理需要。

我见杨阳没有动手,便问:"你怎么不下手,是不是嫌恶心,要不然我帮你弄?"我伸手要他的药盒。

杨阳说:"我倒不是嫌恶心,我是怕咱俩挑一个人的屎会被大夫查出来。"

"那你不会兑点儿水,弄稀点儿吗。"

"不在于稀稠,关键问题是成分一样。"

"那你怎么办?"

"我再等等,看看还有没有人来拉屎,你先化验去吧,一会儿屎就干了,你看它已经开始变黑了。"杨阳指着便池内的那堆东西说。

"好吧,我先去了。"

"嗯。"

我把小药盒交给大夫,坐在椅子上等候,大夫拿着那个寄托了我的希望的小药盒走进化验室,我听到化验室中传来大夫的抱怨声:"怎么盛这么多呀!"

我心想,不多盛点儿能化验出病来吗!

片刻后,大夫带着化验结果走出来,将化验单摆在我面前说:"再不抓紧吃药就转成肠炎了!"

我看到化验单上面写满病症,心想:这泡屎的主人真够倒霉的,一下子得了这么多病。

大夫给我开出一大堆药物，并鉴于病情的严重，给我开了三天的病假条，三天后正好是材料力学考试。

大功告成后，我揣起假条走出诊室，见杨阳还在苦苦等待，便走上前说："要不然想别的辙吧！"

杨阳语气坚决地说"没事儿，我再等会儿，我就不信在咱们学校食堂吃饭没有不拉肚子的！"

"都快十一点了。"我看了一眼表说，"先吃午饭吧！"

"好吧，吃完饭再来！"杨阳的信念没有丝毫动摇。

5

吃过午饭，杨阳违背了睡午觉的习惯，擦了擦嘴，买了一瓶矿泉水去校医院等别人拉屎了，目的仅是盛一小块儿而已。

晚饭前，杨阳心情沮丧地空手而归，这是一个一无所获的下午。

杨阳一头倒在我的床上说："明天我一早就去！"

第二天，杨阳早早地起了床，睡眼惺忪地拿着小药盒前往校医院继续昨日没有完成的事业。我想，若杨阳将这种精神用在材料力学的复习上，及格一定不成问题。

中午，杨阳再次空手而归，他决定不再去盛别人的屎，自己要真的吃坏肚子，于是向我借了 50 块钱，去找一个脏乱差的饭馆吃饭。

下午，杨阳神情憔悴却流露出成功的喜悦，拿着假条从校医院蹒跚而回，连鞋都不脱，就一头倒在我的床上，气息微弱地说："好汉经不住三泡稀，我都五次了。"

正当我准备说一些祝贺杨阳成功的话时，他突然从床上跃起，抄起我床头的手纸直奔厕所，边跑边说："我去做第二次英雄！"

6

周舟得知我办了缓考后气愤异常，指责我为什么不求上进，放任自流。我把具体情况向她做出说明，如果参加理力和材力的考试，那么我的不及格科目便会徒然增加两门，很可能我会因此而试读。

周舟说："你为什么不能好好复习，把这两门考过呢！"

我说："复习也没有用。"

"怎么没用？"周舟不解地问道。

"复习了也一点儿不会。"

"这怎么可能呢？"周舟问。

"我复习时虽然把眼睛盯在书上，但心里却充满对书中内容的排斥。"

"为什么？"

"因为我觉得学这些东西对我没有意义。"

"那你也应该去考一下，万一及格了呢？"

"没有万一，只有考一万次，一万次不及格。"

"你连去参加考试的勇气都没有！"周舟很是生气。

"不是没有勇气，是没有匹夫之勇，我走的是勇气同智慧相结合的道路，用句成语说，这叫作'有勇有谋'。"

"可是你不可能永远不去考试。"

"学校不可能永远使学生对考试敬而远之，老师会想办法把学生引进考场的。"

"什么意思？"周舟一脸的疑惑。

"开学初有一次补考，在此之前有补习班，卷子上考什么老师就讲什么。"

"你为什么不早点儿说，白让我替你着急了。"

"我怕你知道了也不好好复习。"

"我才不会跟你同流合污，我得去教室复习了，明天还要考'统计学'，你呢？"周舟自从认识我后虽然平时学习不再刻苦，却没有丢掉临阵磨枪的传统，而且颇有成效。

“当然是跟你学习了。”尽管办了两门缓考，但还有四门考试在等待着我。

7

虽然每位任课老师都要把一本极厚的教科书在 5 个月内讲完，但这些内容最终落实到期末试卷上不过是 100 分的试题，薄薄的几张卷子而已，所以我没有把一本书全部搞懂的必要，只需掌握试卷上 100 分中的 60 分即可，也就是取其精华弃其糟粕。

究竟何为精华呢，这个答案可以在往年的试卷中轻易找到。书中的重点内容对于每届学生来讲都是一样的，怎样才能突出这些重点内容，当然是在期末考试中予以考察，把重点内容转化成试题。老师除了对分房、评职称等切身事件表现出积极态度外，在出考试题上采用的是拿来主义，也就是把往届试卷在今年再用一遍，只是把已知变成求解内容，把求解变成已知条件，或是改改数据而已，有时甚至连数也不改，干脆照搬原题。所以，我只要将往年的试题一一搞懂，便可顺利通过考试。

老师为了限制及格率（总要有一些学生不及格才合情合理），不会将往年的试卷作为复习资料发放给学生，但每次考试期间，总会有各科目的往年试卷在同学中间流传，颇令老师们头痛。他们之中一些不懒惰的人会把试题稍作改动，但大多数老师还是出于睁一只眼闭一只眼的态度。

我之所以缓考理力和材力就是因为这两门课的老师出奇地勤快，我分析了以往三年的试卷，发现内容均不一样，这就是他们的勤快所致。

没有被我放弃的四门考试是高等数学、普通物理、计算机绘图和毛泽东思想概论。

高数是基础课，全校学生都要学习，所以考高数前我时刻与周舟待在一起，遇到不懂的问题，总会有周舟给我讲解。如果周舟讲后我依然不明白，我就决定去教室外抽根烟，周舟会在这个时候拽住我的衣服死死不放，说："坐下，我再给你讲一遍。"我只好身不由己地坐下，直到周舟颇费口舌地将问题给我讲明白。问题搞懂后，我也就不再有抽烟的想法，这正是周舟不厌其烦地给我讲题的目的所在。

周舟在我面前总是很谦虚地表现出我们的学习水平并驾齐驱，其实则不然，如果以成绩将学生划分为好中差三等的话，那周舟毫无疑问地属于学习好的那类，而我会很有自知之明地走进差生行列，周舟之所以甘为底层，是出于体谅我的原因，怕我心有成见。其实周舟大可不必这样去做，我不像有些男生因为自己的学习成绩不如女朋友而无地自容，尽管我不去上课，经常抄作业，学习成绩一败涂地，但依然能够昂首挺胸地去女生楼找周舟并把她搂入怀中，我并不以学习成绩好为光荣，不好为可耻。学习成绩能证明什么呢，什么也证明不了，它仅仅是一个与你被现行教育制度压迫、同化的程度成正比的参数而已。

通过周舟煞费苦心的督促和微薄进取心的驱使，我居然鬼使神差般地在三天内除了吃饭、睡觉就是复习高数，并信心十足地走进考场，又胸有成竹地走出考场，没有随近一半人成绩不及格的波逐流。

另外三门考试也被我的努力和考前在各方面做出的充分准备共同作用，一一通过。

8

期末考试过后，大家商量在宿舍内置办一台电脑，价钱平摊，每人一千块钱。

马杰对此事始终持热衷态度，他打着学习的旗号向他妈要了一千块钱，实则却是为了玩游戏、看VCD（多数是毛片儿）、上网泡姑娘。

经过无数次的讨价还价、软磨硬泡、摆事实讲道理后，我们最终以五千七百元的价格攒了一台配置在当时还算领导潮流的机器，剩下的三百块钱雇了一辆黑车将电脑拉到学校，又在一外地男子手中购得WIN98盗版盘一张，此外，还去搓了一顿。

尽管我们在吃得已至饱和，喝得已不清醒的情况下仍在不断地加菜，让服务员一瓶瓶地上啤酒，但还是剩下二十七块钱无论如何也花不出去。

张超凡建议用这些钱买软件盘，马杰说买游戏盘，赵迪说买两盆花净化空气，我和杨阳一致同意买CD，齐思新说去买毛片儿，不一而足，各抒己见。

当时居然谁也没有想到将这二十七块钱分了，每人四块五。

几天后，为了花掉这二十七块钱，我们又一同去吃羊肉串，吃得甚为尽兴。结账时，我们给了老板二十七块钱，他揪住我们死死不放，说："差他妈远了！"我们只得又凑出两个二十七块钱，才算了事。

9

暑假来临，大家并没有因为放假而离开学校。

张超凡为了学习留在学校，当我问到他还有什么可学的时候，他说要学的东西简直太多了，学习是没有止境的。马杰没有回家是为了可以不分昼夜地守在电脑前玩游戏、看毛片儿，在家里他妈每天都要让他用电脑帮着算账。赵迪留在学校是为了过小资生活，用电火锅煮面还卧鸡蛋，看得我一个劲儿地流口水，第二天我就去早市儿买了两斤鸡蛋，让赵迪下次煮面的时候捎带手给我卧两个。

宿舍用电有限制，每当赵迪煮面与马杰看毛片儿同步进行时，必会跳闸，导致电火锅和电脑同时停止了工作，其结果是赵迪皱着眉头吞下半生不熟的面条，马杰看到兴起时画面突然变成黑屏。为此，他俩争执不休，经过多方调节，两人最终达成这样一项协议：马杰在每日早、中、晚的吃饭时间里停止使用电脑，以便保证赵迪能够用电火锅将面煮熟，但赵迪必须为此付出每次煮完面让马杰先吃一口的惨重代价。

齐思新留在学校一是为了能有更多时间与佟小娅厮混在一起，佟小娅在学校报了一个英语口语班；二是因为我们的乐队成立了，齐思新作为鼓手加入乐队。据齐思新自己讲，他小学时曾在学校鼓号队敲过小军鼓，算作有些基础，至少比我们强。

杨阳在乐队中担任主唱和贝司，我负责节奏吉他，钟风也放假了，作为主音吉他加入乐队，我们就这样一拍即合。

为了找到一个可供排练的场地，我们几经询问，四方打探，最终在一栋十八层高的商品楼里租得地下室一间，房租 250 元，四个人均摊。我们本想在学校附近租一间民房，但那些房主在得知房子将被我们用于乐队排练时，无不摇头摆手，连声说“NO!”(久居大学周边，耳闻目染，当然会说些英语)，因为以前曾有学生乐队租过这里的民房排练，搞得四周鸡飞狗跳，老人又哭又叫，妇女月经不调，小孩大便干燥，所以房主们对我们表现出坚决不可以的态度。

我们又从一支本校乐队手中购得二手乐器，价格低廉又适宜我们使用。这支乐队曾经在学校里声名显赫，如今成员们已经毕业，即将各奔东西，走向各自的道路。他们的主唱接过我们买乐器的钱，语重心长地说：“你们趁现在能怎么玩就怎么玩吧！”

于是我们四人每天凑在一起反复排练，查缺补漏，不断磨合。几周下来，颇见成效，周舟已经能够做到不堵耳朵走进我们的排练室了。

这期间，我完成了生命中的重要体验——我和周舟将爱情彻底进行到了底。

10

这段时间，周舟每天都要来排练室目睹乐队的成长，还可以帮我们收拾狼狈不堪的房间。我们的排练室脏乱差得惨不忍睹，墙角堆积着无数个烟头,电吉他与贝司的音频线混乱地交织在一起,食品袋、烟盒、打火机满目皆是,各种乐谱肆意出现在乱得不能再乱的房间的每个角落。周舟对我们处于这样的环境中能否排练出好的音乐表示怀疑,所以每次排练后,都要帮我们清理杂乱的房间。

有时候,周舟会坐在小板凳上,双手托着下巴,用纸堵住耳朵听我们演奏。周舟能够起到音乐监制的作用,每当我们演奏完一曲,大家便会将目光转向周舟,问她感觉如何。周舟在这个时候只说两个词,一个是"一般",一个是"还行"。起初,我们并没有发觉这两个词语之间有何差别,但日久天长,我们从周舟的面部表情中发现了这两个词语间的微妙关系。每当周舟说"一般"的时候,都是犹犹豫豫,吞吞吐吐,并伴以眉头微蹙;而周舟每次说"还行"的时候都是脱口而出,面带轻松的微笑,如果周舟的脚或身体在我们的某次演奏中随着节奏打拍子或晃动的话,那么她对这次演奏的评论一定是"还行",也就是说,"还行"和"一般"在此处分别代表着"及格"和"不及格"。所以,每当周舟对我们上一次演奏的评价是"一般"的时候,我们都会重练一次,直至周舟说"还行"为止。

只是我们从始至终就没有听到过周舟说"不错"的时候。

一次,钟风带何乐来排练室玩,大家买了些食物和啤酒,边吃边唱歌,一直玩到很晚。喝酒的时候谁也没有注意时间,直到啤酒被喝光,何乐才想起自己还要回学校睡觉,可早已过了末班车时间。就在我们正不知所措的时候,钟风放下手中的吉他,走出屋子。

稍后,门开了,钟风吃力地抬着一张行军床进来,说:"我从物业那儿找了一张床,一天一块钱。"就这样,我们在原本拥挤的排练室里又摆下一张床。

我们隔壁宿舍的一个同学因无法忍受学业压力,远走他乡,去了英国留学。他离开祖国的心情过于急迫,尚未搬走自己的行李,就乘着飞机消失了。钟风将此人的被褥搬到排练室,铺在行军床上,一屁股坐上去说:"真他妈舒服,今晚我和何乐就睡这儿了,你们都走吧!"

何乐的脸上浮起一片红晕。

第二天中午吃过饭，我们背着吉他来到排练室，门还在里面紧锁着。我们手脚并用地敲门，钟风在里面喊道："轻点儿，门都踢坏了！"

"我们就是要把门踢开，看你丫在里面干什么呢！"

片刻后，钟风打开门，我们蜂拥而入。被褥已收拾整齐摆放在床头，何乐披头散发不好意思地坐在床边，钟风坐下搂住她说："没事儿，都是自己人。"

此后，钟风一有机会便带何乐来排练室玩，而且故意玩到很晚——过了末班车的时间。我们也会故意拖到很晚还不回宿舍睡觉，直到钟风面带不悦，何乐面露倦意的时候，我们才会嬉笑着离去。有时我们也会知趣地早早离开，并跟钟风道别："早点儿休息吧，不耽误你们了。"

"滚蛋，别瞎说啊！"我们刚走出去，钟风便把门紧紧撞上，还听到何乐的声音："把门插好了。"

钟风的行为深深地影响到我。

11

一日排练结束后，众人纷纷收拾东西，我放下手中的吉他倒在床上，杨阳问我"怎么了？"

"没什么，有点儿累，你们先回去吧，我躺会儿。"

"那我们先走了。"他们收拾完东西纷纷离去。

"你睡觉吧，我在这儿看书。"周舟从书包里掏出一本小说。

"周舟。"我躺在床上叫道。

"嗯？"周舟将眼睛从书上抬起，盯着我看。

"给我拿根烟抽。"我也盯着她看。

周舟放下手里的书，很勉强地从椅子上的烟盒中抽出一支，塞进我已经张开的嘴里。

“点上。”我嘴里叼着烟，发出含糊的声音。

周舟用打火机点燃了我嘴中的烟。

“坐下。”我拍着床说。

周舟坐下来，看着我。

我深吸一口烟后，觉得还是不抽为妙，于是将烟头捩灭。

“怎么不抽了？”周舟问我。

“不想抽了。”我抓住周舟的手，她的身体倒下来，我们的胸口贴在一起，“上来，把鞋脱了。”

周舟两只脚相互一蹭，脱掉了鞋，躺到我的身旁。

我们肩并肩，脸对脸。我开始了对周舟的亲吻，她闭上了眼睛……

事后，我们赤裸的身体紧紧地搂在一起，我不断亲吻着周舟的眼睛、鼻子、嘴，她乌黑的头发冰凉地贴在我的胸前。

我腾出一只手，拿过床边的吉他，说：“我给你唱首歌。”

周舟双手抱紧我，头依偎在我怀中，听着我唱歌。

一个避孕套正安静地躺在角落里。

避孕套让我重温了十八岁的感受。那一年，我正上高三，学校为我们举办了“十八岁成人仪式”。那一天，所有男同学无一例外地穿着父亲的、哥哥的或临时借来的西服，像个大人似的举起拳头，在团支部老师的带领下，站在国旗下面庄严宣誓：“我今天正式加入成人的行列，我要为社会主义建设鞠躬尽瘁；从今天起，我们就能够明目张胆地看成人录相、讲成人笑话。”当然，后半句话是我当时自己想出来的，并在心中反复叨念了许久。

今天，我再次经历了当年穿西服时的感觉。在我带上避孕套的那一瞬间，我感觉自己此时俨然成为一个真正的男人，也就是说，我的生理成人仪式是在这一刻才开始的。

西服和避孕套,完成了我的两次意义深远的仪式。

高三"成人仪式"的那天晚上,我和韩露手拉手,沿着马路慢慢地走。当时,我们在讨论一个问题:既然我们之间的关系已经确立,那么我们应该在什么时候做那件事情,是趁热打铁,把生米煮成熟饭,还是拖泥带水地继续加强彼此间的了解,直至双方情投意合,等待问题的迎刃而解,或者是继续坚守本方阵地,直至抵挡不住对方的诱惑再献出城池。

我对此持一种无所谓的观点，我对韩露说:"我随时可以因为你的需要而毫不在乎地牺牲自己。"

韩露"哼"了一声后便不再理我了。

我说:"刚才我说的是真的,不相信你可以在任意时间验证。"

韩露说:"算了吧,我现在不想这事儿,还是等考完试再说吧！"她所谓的考完试是指参加完高考,很有可能就是指考完最后一门刚走出考场的那一刻。在面临诸多问题进行选择的时候,韩露总是能够抛开集体与个人的利益,将高考毫不犹豫地放到首要位置,这的确令我五体佩服，但她最后的成绩不尽如人意却使我感觉到一些遗憾和内疚。韩露选择我做男朋友的初衷本是为高考服务,可事实并非如此。

我对韩露说:"你认为自己开始有那种想法的时候就跟我说一声。"

"为什么你就不能主动一回？"韩露扭头盯着我说。

"我怕你不愿意,强扭的瓜不甜。"

"这么说你就是想了？"

"我已经说过了,这件事情取决于你。"

韩露不再说话。半天后她才又说:"你知道吗，郑勇和吕梅已经……"

我说:"我早就听郑勇给我讲过了，要不要我给你讲讲他们的细节,以供咱们学习效仿？"

"我才不听呢!我觉得吕梅他们不会这么快吧!"韩露对此事感到

惊讶。

“哼，冯凯和季悦早就这样了。”我不以为然地说。

“啊！”韩露瞪大眼睛，仿佛听到的是天方夜谭，“你怎么知道的？”

“我当然是听冯凯自己说的。”冯凯、郑勇是我高中时期亲密无间的好朋友，我们无话不说，只是他们对我考入北×大稍感愤慨，因为他俩和他们的女朋友都考进了海淀区的一所走读大学。

我的话刺激到韩露，她又一句话不说了，只顾低头走路。

“怎么了？”我问她。

“没事儿。”她从自己的思考中醒悟，抬起头说，“我们怎么办。”

“你想怎么办就怎么办，和他们一样也行，不想同流合污也可以。”

“我是怕……”

“怕什么？”

“算了，不说了，你赶紧送我回家吧！”韩露拉着我快速向公共汽车站走去。

我明白韩露所说的“怕”指的是什么——我们对明天没有把握，不能把握自己，更不能把握别人。

12

第一次和周舟做爱的时候，出现一个有趣的插曲。当时，我脱去裤子，把它扔向一旁的架子鼓，钥匙从裤兜里跌落出来，正好砸到吊镲上，发出“嚓”的一声，像是为我们准备进行的事情打奏出开场序曲。

第二次和周舟做爱的时候，我们在床上并肩而坐，拥抱着亲吻，我的手慢慢伸到周舟衣服的里层，抚摸她冰凉的肌肤。我慢慢倾倒身体，将周舟压于身下。

突然，我想起一件事情，便站起身，走到架子鼓前，敲了两下镲片。

“你这是干什么？”周舟问我。

“我们第一次的时候，钥匙砸在上面，响了一声，现在我们是第二次，我要让它响两下，以此类推，看它究竟能响到多少下。”我扔下鼓锤，又回到周舟身边。

这件事情做得真是多此一举，一年以后，当我和周舟来到这里行事之前，我都要拿着鼓锤敲上好半天，周舟自己坐在床上，用手捂住耳朵，说：“吵死了！”再后来，事情发展到更为严重的地步，我用一只手已经无法应付那么多下了，只好两只手轮番上阵，直到敲出的声响符合我们这次的数目。

敲完相应下镲后，我垂下双手，完全没有了力气和兴趣，周舟坐在一旁匪夷所思地瞧着我说：“白敲了吧！”

13

这个暑假，我完全沉浸在自己的理想世界，忘记自己的身份，忘记自己身负跨时代的大学生、首都未来建设者的重任，将一切不合实际的和被强加于身的称谓统统抛至九霄云外，沉浸在自己的喜怒哀乐中。

暑假结束的前几天，乐队暂时停止排练，大家稍作休息，准备迎接下一个苦闷学期的开始。

我和杨阳决定利用这几天出去转转，听说某地有批发打口带的商贩，价格合理，于是第二天一早，我们便坐上开往那里的火车。

我所说的这个地方距离北京并不远，只有二百公里左右，归河北省所属，是一个以贩卖廉价商品著称的小镇，这里聚集了全国各地的假冒伪劣商品，其市场混乱程度吸引了无数不法商贩来此经营，打口带属于非法音像制品，在这里得以盛行亦在情理之中。

火车上的人并不多，杨阳上了车倒头便睡，我也本想睡一会儿，无奈杨阳在睡觉前嘱咐我说：“第一，看好咱们的东西；第二，盯着点儿，别坐过站。”既然杨阳率先使用了两人中只有一个人可以睡觉的权利，我只好履行两个人中必有一个人时刻保持头脑清醒的义务，看着杨阳坐在对面悠然地闭上眼睛。

我身旁坐着一名四十多岁的男子，他一上车便主动跟我搭话，我本以为可以此消磨旅途的乏味，但同他聊天实在乏味，他始终在吹嘘自己去过很多地方，北至承德，南到保定(瞧这几个地方，始终没出河北)，于是我便将目光转向窗外，不再理他。但这并没有结束他做出让我更加厌烦的事情，他在受到我的冷落后，竟然自己唱起歌来，毫不顾及我的感受，几乎唱遍八十年代末和九十年代初的所有流行歌曲，让我身心备受摧残，这绝对是对我意志力的一个大考验。从他嘴中唱出的歌曲全是一个调儿，音高在他嘴里仅体现在声音的大小上，而且还略带港台腔地把“东方之珠，我的爱人”唱成“东方滋珠，我爹爱淫”，给我感觉他吃过鸟屎，糊了一嘴。最后，此人在一曲《亚洲雄风》后结束义演，不知是出于弹尽粮绝还是因为我这个惟一的听众在忍无可忍下，不再在乎他的自尊，说了一句：“真恶心。”

火车到站，我叫醒杨阳。下了火车，我们询问了车站的工作人员，返回北京的火车将于下午5点钟从此经过，仅此一趟。

我们走出车站，眼前一小片空旷地带停着几辆“摩的”，我们走上前去，问其中一位司机去那座交易市场怎么走，这位师傅伸出胳膊指着远处比划了半天，我们还是不明白，索性坐上他的车，随他前往。

司机问来此做什么，我们告诉他此行的目的，他说批发打口磁带的人不在交易市场，买卖全部在村中民房进行，我们说那就进村子，于是司机调转车头，带着我们向另一个方向驶去。

“摩的”停在村中的一片民房前，一条黄色大狼狗拴在树上狂吠不止，我们给了司机三块钱，他开着车子扬长而去，“摩的”尾部“嘟嘟”地冒出黑烟。

进了村子，我们走进一个敞开大门的院子，一个中年男子正光着膀子捧着一大碗面条“唏哩吐噜”地吃着，他看见我们，问道：“找谁儿？”

我们问：“你知道哪儿有批发打口带的吗？”

中年男子摇摇头说:“不知道。”

我和杨阳欲转身离去,他叫住我们:“哎！要大黄吗?

“大黄？”我以为他指的是那条拴在树上的大黄狗。

“就是黄片儿,特清楚。”

“不要。”

我们出了院子,沿着狭窄的土路继续前行,全村的院门紧闭着,里面仿佛发生着不可告人的秘密。拐过土路,迎面走来一个五六十岁的大娘,她问我们:“你们是干啥的？”

“我们想买点儿打口磁带。”

“你俩跟我来。”大娘在前面引路,我们跟在后面。

大娘把我们带到另一座院门前，弯腰从石头底下摸出一把钥匙，打开门,“你们是不是要这些东西?”她指着院落墙角的那堆纸箱子说。

我和杨阳走过去,掀开纸箱一看,成百上千盘封面各异的打口磁带推积在里面,我说:“没错,就是它！”

大娘说一个外地人租她的房子没给钱就跑了，这些东西是那个人仓促逃跑遗落下来的。我们问大娘打算怎么处理,大娘说:“俺啥玩艺儿也不懂,这些破烂也不值几个钱,你俩想要就搬走吧！”我们听后分外高兴,当即掏出 50 块钱给大妈,以示感谢。

大妈接过钱说:“这多不好意思,要不你俩拿点葡萄走吧,俺家自个种的,可甜了。”说完,大妈走进屋子,拎出两大塑料袋葡萄。

我和杨阳雇了一辆“摩的”,将那一箱打口带拉到火车站,办了托运手续,然后又坐着“摩的”去逛那座闻名遐迩的交易市场。我们一边看着千奇百怪的商品,一边吃着大娘送给的葡萄,吃完两袋葡萄已是四点半,于是赶往火车站。

由于我和杨阳吃葡萄采用的是吃葡萄不吐葡萄皮儿的方法,所以当我们上了火车后,便感觉肚子隐隐作痛,我俩轮番上阵,在回到北京的这段时间里,强行霸占了我们那节车厢的厕所。

14

买回打口带后，我和杨阳又投入到开学前的补考准备中，报名参加了理力和材力的补课班。如果一个人脑子没有致命问题的话，他应该在参加过补课班的三天学习后，轻而易举地通过补考，当然，这种便宜事不会无缘发生，老师更不会出于为学生着想而放弃在家休息，提前好几天来学校上课，这一切都发生在我们交了80元报名费的基础上，用80元钱可以买到一个及格，可以让乖戾的老师柔情似水。

不过仅一个80元钱无法具备如此能量，所以，每次期末考试阅卷的时候，老师都不会表现出宽宏大量、高抬贵手，而是扼杀掉一些同学有及格可能的希望，无情将他们拒之于及格的门外，只有这样，才会有更多的学生掏出80元钱参加补课班。

补考成绩公布后，我异常高兴，两科全部通过，理力成绩居然比张超凡还高出许多，88分。对此张超凡甚是气愤，他感到不平衡是有情可原的，因为他对这门功课掌握的程度要比我好之又好。尽管我的分数高于他，可我现在对理论力学究竟是一门怎样的学科依然一无所知，只是记住了补课班上老师抄在黑板的笔记，然后再将它们不经思考、原封不动地照搬到补考试卷上，便由此获得88分。

我劝张超凡不必为此斤斤计较，大伤脑筋，免得耽误他日后的学习。世界本来是有一个天平的，但它的指针经常偏离平衡位置，久而久之，这架天平就失去精确，所以，现在这个世界已无平衡可言，感到不平衡是常有的事情。我也有不平衡的事情，同样的补考，杨阳却考了92分，就是因为当初交报名费的时候，老师以没有零钱为借口，在接到杨阳交来的100元钱后，就没再找他钱，老师知道杨阳学习不好，他没有勇气要回属于自己的那20元钱。所以，对待这些事情我们要习以为常，见怪不怪。

张超凡听后不解地摇了摇头，背上书包去了教室学习。对他而言，学习才是日后在社会上的惟一生存之道。

15

学校发生了可喜的变化，宿舍安装了电话，方便我们随心所欲地同外界交往，此前，为了打一个电话，我们不得不在楼下的公用电话亭苦苦等待。

一次，我下楼打电话，电话正被一个女生霸占着。女生比男生感情细腻，拿起话筒聊起来就没完没了，无论后面有多少人比热锅上的蚂蚁还要着急，她们依然能够做到有条不紊，稳如泰山。所以，一部电话在女生楼更显得供不应求，女生会不请自到，来使用男生楼这部本来就炙手可热的电话。此时，我面前的这位女生正眉飞色舞地同电话那边交流着什么。

我站在外面等待了片刻，觉得如果不为自己的利益做出些表示的话，那么这个女生将会得过且过地毫无休止地讲下去。

我走上前去，敲了一下玻璃，女生回头看我一眼，我指了指手表，示意她快些结束，她却瞪了我一眼，我还听到她说："讨厌……我没说你，旁边有人催我快点儿……好吧，改日再聊。……嗯，那我挂了……是吗，我没听说呀……真的……怎么回事儿……够惨！……行，先这样……哦，对了，忘告诉你一件事儿……当然是好事儿……生活方面的……要不见面再说吧……好，一言为定……我不知道呀……去了好几个月了……去哪儿了……哦……不错，改天再联系吧……还有，小楠那怎么样呀……是吗……真背……她一直就这样……好吧，拜拜！"

伴随我心情的时起时落，女生终于放下话筒，但她立即再次拿起话筒，又拨了一个号码。

"我操！"我仰天长啸，故意让她听见。

可能是对方占线，女生放下话筒，走出电话亭，态度极其恶劣地说："催催催，催什么催！"

"我这是为你省电话费。"

"用不着！"女生背起挎包，扬长而去。

很显然，这是一位高年级女生，根本不拿我们低年级的男生当男人看。可她是怎么知道我是低年级男生的？

16

开学后的第一件事情是金工实习，期限五周，我们要陆续熟悉车、钳、铣、刨、磨、锻、铸、热处理、焊接等工种。

在“车”这个工种的实习中，师傅发给每人一根满是锈迹的铁棒，让我们车一个锤子把儿出来，杨阳对这件工作尤为认真，每当我和齐思新抽烟休息的时候，杨阳的车床依然转个不停，我们看到他弯着腰，仔细观察铁棒在车刀下铁屑飞舞，时而会停下车床，带着工作手套攥一下那根铁棒，然后再进刀、给刀，开动车床，任铁屑乱飞。经过三天的艰苦工作，杨阳终于关闭车床，退刀取下工件。

这是一件无与伦比的工艺品，英姿勃发，在阳光下焕发出金属光泽。杨阳说这是他的男根，比例为1:1，我们终于理解杨阳为何要在车它的过程中不时地攥一下——怕车小了被人耻笑。杨阳还说，当他老矣的时候，要将它摆在他和老伴的床前，让她对它顶礼膜拜，因为他曾经年轻过，曾经让她幸福过，虽然人已经老去，但不要忘记那段灿烂的青春。

这东西敲在墙上“铮铮”作响，我们很难把它现在的精美绝伦与当初的锈迹斑斑结合起来。

铸工实习就是体会如何将沙子堆成一个模具，注入铁水冷却后形成工件，齐思新对此项工作别出心裁，用沙子堆塑了一个女性生殖器的图腾，佟小娅正好从此经过，问他做的是什么。

齐思新说：“你觉得它应该是什么？”

佟小娅说：“窑洞吧！”

齐思新微微一笑，面带一丝神秘说：“不对，再猜，充分展开你的想像力。”

佟小娅说:“不知道,我看什么都不像。”

齐思新说:“你不觉得它就是生命开始的地方吗?”

“你真流氓!”佟小娅把它跺得稀烂。

齐思新说:“你这是对母性的不尊重。”

佟小娅气愤地说:“你这是下流!”

齐思新和佟小娅的关系好比中美的建交,表面上还说得过去,可一到玩真格的时候就满不是那么回事儿。当然,在这里佟小娅扮演的是美国的角色。

从齐思新口出狂言要将佟小娅搞定,时间已经过去几个月,他们建立友好往来整整一年了,在社会飞速发展的今天,建交一年还在做着试探性的工作不免让人心生疑问,难道他们真的愿意停滞不前,隔河观望吗?

此事的蹊跷之处一定出在佟小娅那里,因为齐思新早已磨刀霍霍、跃跃欲试了。可能是佟小娅想把清白之身在这个世界上保留更长久些,可这是早晚都要发生的事情,再长久也会在瞬间化为乌有,而且据我观测,佟小娅也绝非此类性格的女孩,一定是他们之间存在更为隐蔽的鸿沟。

“是不是佟小娅性冷淡呀?”杨阳猜疑地问我。

这个时候,在周舟的穿针引线下,杨阳和沈丽好上了。

17

那些被我和杨阳从千里之外运回的打口带成为乐队的精神慰藉品,大家从中挑出自己喜爱的唱片,我聚敛了其中 U2、REM、Pearl Jam 的唱片,还给周舟挑了几盘恩雅和艾尔顿·约翰的磁带。

周舟看着这些千疮百孔的磁带问我:“这还能听吗?”

“当然能，这么一盘磁带在美国要卖十美元呢！”我边修理磁带边说，“接好了就能听，效果特棒，绝对正版，把改锥递给我。”

周舟递给我改锥，专注地看我如何把打断的磁带接好，又用502胶将两片磁带盒紧紧地粘在一起。

“没想到你还有这一手。”周舟不无羡慕地说。

“劳动人民的双手要创造财富，不能仅用于拿筷子和擦屁股。修好了，你听听。”我把磁带放进单放机，按下PLAY键。

周舟带上耳机，脸上露出微笑说：“不错，你还真有两把刷子！”

另有一部分挑剩下的磁带，弃之可惜，我们决定将其转化成财富，帮助这些商品实现物有所值。于是每天中午，我和齐思新的身影准时出现在食堂门口，我俩蹲在地上，面前摆着几盒打口带。学生下课后纷纷涌向食堂，其中对音乐感兴趣的人看到我们在卖打口带，会涌上前精心挑选，人头攒动的场面屡有发生。

有的学生拿着饭盒来食堂买饭，看见打口带就停下脚步，挑出自己喜爱的磁带，付过钱后并无失落地拿着空饭盒返回宿舍或只买两个馒头；有的学生打着饱嗝走出食堂，从我们摆在地上的磁带上堂而皇之地迈过，一副不屑一顾的神情；也有学生趁人多手杂之际，将磁带悄悄塞进自己的书包。

杨阳和钟风作为搭档，在医大摆起小摊儿，情况大致相同。我们将卖打口带挣来的钱用于乐队日常生活的改进，先是买了一箱“燕京”，因为排练时经常遇到口渴找不到水喝的情况；我们又买了一条“都宝”，以免某个兜里装着烟的人因为另外三人没烟抽而不敢把自己的烟拿出来的情况再次出现；我们又趁手里有钱，预交了下个月的房租。

18

杨阳告诉我他和沈丽之间发生的一切，如果不是他在讲述时表现出分外严肃的神情，我简直不敢相信这件事情千真万确地发生了。

杨阳和沈丽去开了房，我并不为这件事情感到诧异，使我震惊的是，事后沈丽穿好衣服，在杨阳面前伸出手说："钱！"

杨阳被沈丽的这个举动吓得目瞪口呆，说"什么钱？"

"我的劳动所得，你做这种事情要花钱的。"

杨阳明白了沈丽的意思，他没有想到沈丽居然能够做出这种事情，"多少钱？"

"二百！"

"怎么这么贵呀！"

"这种事情我一向收二百。"

"你也配二百！"杨阳嘲讽道。

"少废话，赶紧掏钱！"

杨阳赤裸着身体从裤中掏出两张一百元的人民币，拍在床上说："原来是辆公共汽车。"

沈丽没有理会杨阳，抄起床上的两张钞票转身就走。

"慢走，不送了！"杨阳躺在床上注视着沈丽扬长而去。门被紧紧地撞上，杨阳蜷缩在被窝里，陷入巨大的空虚与失落之中。

此刻，杨阳很想抽根烟，然而当他伸手摸到的只是空空如也的烟盒时，无奈地把它团成一团，打开宾馆的窗户，甩手扔向空中，看着它加速坠落直至消失在视线中。

杨阳又躺回到床上，再次陷入恐慌之中。他感觉世上的一切都是虚伪的、残酷的，这是他始料未及的事实，而等待他的，或许是更不可思议的事情。

杨阳是在饭馆里向我讲述事情经过的，当时他一根接一根地抽着烟，好像蒙受了巨大耻辱，我们面前摆放着七八个空啤酒瓶，杨阳不时地拿起一个空瓶将里面残余的一两滴液体勉强倒入杯中，然后喊小姐道："再来一瓶啤酒！"

我知道此时只有啤酒才能安慰杨阳，也许他酩酊大醉后睡个觉，会把这一切忘得一干二净。

我把此事告诉了周舟，周舟并未表现出我想像中的惊讶，说宿舍同学早就对沈丽的生活充满疑问：寒暑假既不回家（沈丽是外地学生），也不在宿舍住，偏偏要去离学校很远的地方租房子，而且经常会将一些个体户、土老板的名片随手乱丢。从这学期开始，即使在有课的时候，沈丽也很少住在宿舍，说是去姨妈家，白天上课时沈丽倒是能够出现在课堂上，但面色憔悴，神情失落。

此后的日子，我早晨被周舟强迫拉起跑步的时候，经常在学校门口看到沈丽蓬头垢面地从不同轿车里走出，匆匆跑进校园。

我想沈丽已不再是单纯的学生身份，她匆匆跑去教室一定是去抄一会儿要交的作业。

19

周舟因大一的考试成绩优异，获得学校颁发的600元奖学金，请杨阳吃了一顿自助烧烤。本来我和周舟是要单独去的，但杨阳自从经历了沈丽事件，就一蹶不振，据我观察，他至少三天没刷牙洗脸了，目光呆滞得让人胆寒，整天躺在床上抽烟，仰望天花板，也不知道在胡思乱想些什么。为了安慰一下杨阳，我只是随口问了一句："周舟拿奖学金了，请你吃饭，去吗？"

杨阳"嚯"地一下从上铺蹦下来说："去！我都三天没吃饭了。"然后便开始大张旗鼓地梳洗打扮，宿舍的空气也因为杨阳洗过脸、刷过牙而清新了许多。

杨阳对着镜子刮掉杂草丛生的胡子，反反复复地梳头，其惊天动地之举让我们为杨阳这番重新做人的行为感到高兴，杨阳终于又活了过来。

在自助烧烤店，杨阳丝毫没有在意取餐处摆着"杜绝铺张浪费，牢记艰苦朴素"的牌子，将一盘盘肉类、水果、蔬菜、糕点端向自己的桌子，看得服务员目不暇接，她上前问道："请问先生那里几位？"

杨阳指着我和周舟说："三位。"

我看出小姐想劝阻杨阳不要这样无休止地取食品但又不好意思说出口，便对杨阳说："行了，量力而为吧！"

杨阳说："你不了解我的实际情况，这才到哪儿呀！"然后又转身取了一屉小笼包子回来。

杨阳坐下后说："周舟，你放心，我一定能把这38块钱吃回来。"自助餐每位38元。

周舟吃着冰淇淋说："你把我的那份也吃回来。"

"没问题。"杨阳开始向锅里放肉，"你别总吃冰淇淋，吃多了就不想吃别的东西了，多亏呀，冰淇淋才多少钱！"

周舟说："你多吃就行了，赶紧夹吧，肉熟了。"红色的肉片颜色渐深，在平底烤锅中"嗞嗞"作响，油星四溅。

"我不仅要把你那份吃回来，邱飞那份我也要吃回来。"杨阳嘴里嚼着肉对周舟说。

"我那份不用你吃，我自己解决。"我也不甘示弱地绾起衣袖，拿起筷子。

"自助饭馆一定在你们身上挣不到钱。"周舟说。

"哼，还想挣钱，不赔钱就是好事儿。"杨阳又给嘴里塞了一个包子，旁边的服务员听了我们的话目瞪口呆，满脸愤怒却又无可奈何。

其实，自助餐馆有一套对付大肚汉的方法——可以在酒水饮料上榨取利润，但这种方法对付别人行之有效，用在我们身上就显得捉襟见肘了。

刚坐下的时候，服务员向我和杨阳推荐酒水，她罗列出一系列中外啤酒、白酒，但都被我们毫不犹豫地谢绝了，我们知道价格一定不菲。服务员以为会在周舟身上获得利润，就问："小姐需要什么饮料？"

周舟含笑回答说："谢谢！不用了，我吃冰淇淋。"

服务小姐失望地走开。

杨阳将盘里的肉全部夹到锅中，说："这是日本和德国烤肉，我再去取点儿奥地利和土耳其烤肉来，周舟，你吃沙拉吗，我端一盘来。"

周舟说："吃，不管身材了。"

"这就对了，不能白来一回，哪怕回去饿几天呢！"杨阳又去取食物。

我对周舟说："我看杨阳面色红润，不像受过什么打击。"

周舟说："没想到恢复得这么快，他是不是化悲痛为饭量了！"

"有可能！"我边低头吃肉边说。

"那你为什么也这么能吃？"周舟问我。

"我这是为生活幸福、婚姻美满感到高兴，所以胃口大开。"

"你俩说什么呢？"杨阳端着盘子满载而归。

"说你呢。"

"说我什么？"

"说你缓过来了。"

"为这点儿事不至于，丫沈丽还没到我为她茶饭不思的程度，不就是一'鸡'嘛！"

"不想再找一个了？"我问杨阳。

"有机会就找，没有就算了。"

"让周舟给你介绍一个。"

"这世界上还有良家女子吗？"

"怎么说话呢你！"周舟笑着质问杨阳。

"你当然是了，我是说别的女孩。"杨阳立即改口。

"除了我还有一个良家女子，想不想认识呀？"

"想！特想！"杨阳说话时仍不忘吃块儿肉，"有照片吗？"

"没有，不过我可以帮你认识，你可不许欺负人家。"周舟说。

"放心吧！我只有被人欺负的份儿。"

到了后来，我们无论怎样努力也吃不下一点东西了，尤其是杨阳，肉已经填到了嗓子眼儿，而我们的饭桌上却还由于杨阳的好高骛远和占便宜没够的小农意识剩下许多食物，餐馆的墙上清楚地写着："盘中剩余食物,折价打包带走",也就是说我们要自食苦果。

为了避免自讨苦吃,杨阳将盘中食物全部倒入沸腾的火锅,趁它们浮出水面之前溜之大吉。

吃完这顿饭,杨阳三天内没有吃肉的欲望,只是一个劲儿地猛灌茶水。

20

周舟给杨阳介绍的女孩与她住同一个宿舍,叫郝艾佳。郝艾佳因在外校的男友另寻他欢,置她于不顾,正处于悲观无助阶段,杨阳正好乘虚而入,安慰郝艾佳的失落情绪。

不多几日，我已见郝艾佳挽住杨阳的胳膊信步于校园的每个角落,看到杨阳又找到幸福,我也由衷地为他感到高兴,这其中的主要原因在于,杨阳是通过周舟认识郝艾佳的,而周舟又是我的女朋友,也就是说,如果没有我的话,杨阳和郝艾佳的这段姻缘便无从谈起,所以,现在我可以堂而皇之地向杨阳要烟抽，而他碍于我们之间的这种关系,也不再遮遮掩掩,只得有求必应,因为我在一定程度上扮演着杨阳娘家人的角色,他好像应该叫我姐夫什么的。

杨阳认识了郝艾佳后,每日早出晚归。每当夜晚时分,我已躺在床上熟睡的时候，杨阳和郝艾佳却还在校园的某个漆黑角落里缠绵;清晨,当我还沉睡在意犹未尽的梦境中时,杨阳早已穿戴整齐,去找郝艾佳吃早饭了。尽管我和杨阳睡上下铺,但每天与忙碌的他还是难得一见。

我和杨阳为数不多的几次见面均是发生在女生楼门口，恰巧都在等各自的女朋友。

这段时期，乐队暂停排练，听房东说公安机关正对租住于此的人口进行普查，凡身份可疑者必被严肃处理。为了避免不必要的麻烦，我们只好暂时偃旗息鼓，准备风声过后，再操旧业。现在我们有了足够的时间和女朋友待在一起。

一天，我与周舟去教学楼上自习，见杨阳背着书包和郝艾佳正手拉手地找座位，在我印象中，杨阳至少半年没有碰过这个书包了。以前上课的时候，杨阳总是拿着一枝笔和一个本去教室，但那个本并非笔记本，只是摆在课桌上装装样子而已，给老师看的。记得杨阳上次用这个书包的时候还是我们一起去楼下饭馆拎了满满一书包啤酒上来喝。

杨阳跟郝艾佳好上以后，真是转变不少，我又何尝不是这样。

自从认识了周舟，我突然勤奋起来，连张超凡都说我对待生活的态度积极了许多，显而易见的变化就是，我已经把洗脚的周期由五天减少到三天，而且去教室学习这件事情以前对我来说，就如同月经与我——扯不上关系，除非是考试前夕，然而现在这件事情却成为我日常生活中不可缺少的一部分，如同吃饭一样重要。

教室里，周舟正在写当天的作业，我来教室的主要目的是陪周舟学习，但我不能无所事事地坐一个晚上，所以我会将张超凡写完的作业带来抄。

我在课桌上摊开张超凡的作业本，拿起笔，开始一字不差地抄袭。

“又抄张超凡的作业吧！”周舟用余光都能知道，凡是我在教室写字，必是在抄作业。

“你怎么知道我是在抄作业呀？”我边抄边说。

我抄作业只是单纯的抄，张超凡写什么我就写什么，他写错了我就跟着错，从不去考虑答案的究竟，基本属于纯体力劳动，根本不用过脑子。

“我就没见你自己写过作业！”

“我还真写过作业。”

“什么时候？”

“高中。”

“你还好意思说！”

“为什么不好意思说，那时候还有好几个人抄我的作业呢！”

“瞧他们抄的这个人！”

“抄我的作业怎么啦，只有抄我的作业他们才放心，没有错。”

“那你现在怎么变成这样？”

“我这是被逼无奈！”

“你不会改过自新吗？”

“已经被逼良为娼了，再弃娼从良就难了！”我边感叹边把张超凡的作业翻过一页。

“既然这样，你就自暴自弃吧，可别说在你陷入泥潭的时候我没有拉你一把，是你自己不想上来的，甘愿堕落！”周舟转过脸，继续写作业。

周舟面前摆着一包“洽洽”瓜子，她有边学习边吃东西的习惯，为此我曾批评过她无数回，现在我不得不再批评她一次：“做事情不要三心二意，你看我的效率多高，立竿见影。”我合上张超凡的作业本，“我已经抄完作业了。”

“你的效率真高，考完试还要补考！”周舟并不虚心接受我的批评。

“补考是另一回事儿，我现在说的是做一件事情所持的态度，比如说我，两分钟能抄完的作业，我绝不会一边嗑瓜子一边抄 10 分钟才完成，哪怕抄完作业后单独嗑 8 分钟的瓜子。”我总爱拿自己打比方，起到以身作则的警示作用。

“好吧！不嗑了。”我还是很欣赏周舟的知错就改。

“现在该我嗑 8 分钟的瓜子了。”我一边嗑瓜子一边看着周舟委屈的样子。

出于良心发现，我剥好一个瓜子仁送到周舟嘴边，她看了一眼，吃下。

我又剥了第二个瓜子仁，送到周舟嘴边，她看也没看地吃下。

周舟又一低头，吃下了我第三次剥的瓜子仁。

第四次，我又剥了一个瓜子，而且特别强调了瓜子皮破裂时的声响，但这次我却把瓜子皮送到周舟嘴边，周舟又随意地一低头，一张嘴，将它吃进嘴里。

“啊！讨厌！”周舟急忙吐出被嚼碎的瓜子皮，拳头雨点般砸在我的身上。

21

我问周舟：“高考报志愿的时候你为什么选择这个专业？”

周舟说：“我的第一志愿是北大，分数不够，就考到这里来了。”

“这里是你的第二志愿？”

“对！也挺好的，因祸得福地认识了你。”周舟挽住我的胳膊，将头靠在我的肩膀上。

其实真正因祸得福的是我，我阴错阳差地考到这所学校，结束了与韩露荒诞的感情生活，正当生活如一潭死水的时候，周舟如期而至，给我带来新生活的希望，让我惊喜万分。我紧紧抓住周舟这个从我眼前走过的女孩，就像抓住从未有过的幸福，她的出现宛如一阵春风，吹化了我心间的冰雪，复苏了我饱经风霜的感情，给我带来一片欣欣向荣，让我深刻体会到春天般的温暖。面对这样一个天使般的女孩，我该如何使她感到快乐，该如何精心呵护我们的感情，又该如何把她紧紧拥抱在自己身边，让她感觉安全？

我也不知道。

有一度，我和周舟为如何称呼对方而大伤脑筋。我们觉得以姓名相称显得过于严肃，无法显示出我们的天真活泼与生气勃勃。

周舟起初称呼我“老公”，可我觉得这个称呼有碍于我的男子汉形象的树立，总给人一种类似李莲英的感觉。周舟又改口称我“掌柜的”,但是我既不开茶馆、卖大碗茶又不给人家钉马掌、打洋铁壶,我只是一名生在新中国长在红旗下的大学生,这个称呼与我的身份极不相符,所以周舟又改口叫我“爷们儿”,我对这个称呼很满意,可是没过几天,周舟便不再如此称呼我,我问原因何在,她说这个称呼太粗俗,没有文化,她还说她不是虎妞那样的人,她是淑女。

我开始管周舟叫“孩儿他妈”,但是我觉得这种叫法太不吉利,万一哪天周舟真成了孩儿他妈的话,那就为时晚矣。我又叫周舟“母儿”,可是周舟不喜欢我这样称呼她,她说我们是直立行走的人类,不要与飞禽走兽混为一谈。我又改口叫周舟“内人”,可她总以为我在说别人,每当我亲切地称呼她“内人”的时候,她便疑惑地问我“哪个人?”

所以,我们放弃了一切与人物身份纠缠不清的叫法,我叫周舟“嘿”,周舟叫我“A”。倒是我的同学为周舟起了一些好听的称呼,譬如他们想对我说周舟怎么怎么样的时候就会说:“你媳妇怎么怎么……”或者是“你老婆,你婆姨怎么怎么……”如果他们在校园中遇到周舟单独一人的时候,就会嘻皮笑脸地叫道:“邱夫人好。”周舟嫣然一笑,道:“讨厌!”

22

那天,我和周舟在食堂吃午饭,周舟说想去看电影,当时我正被一种不快乐的莫名情绪笼罩,没有一点儿娱乐的心情,就随口说了一句:“不去。”

可能是我的态度过于强硬,也可能是我的回答与周舟的期望形成巨大落差,她撅起嘴,显出闷闷不乐的样子,吃了两口饭便放下勺子。

我问:“怎么不吃了?”

周舟极生气地说:“饱了!”

我知道周舟并没有吃饱,她只是赌气。我开始主动同她聊天,试图驱散我们之间的不快，但她却始终低着头，不冷不热的态度使得我本来就烦躁不安的心情变得暴躁，我语气坚决地说："我已经说过不去了，你既然吃饱了就先回去吧，别耽误你看电影。"

周舟抬起头，狠狠地瞪了我一眼，想说什么，但我却低下头吃饭，装出感觉不到她的存在，并且陶醉于食物中的样子。我用余光看到周舟仇恨的眼光正盯在我面前的这碗馄饨上。

周舟始终盯着我，我故意不去迎合她的目光，不知此时她心中在想些什么，有一点可以肯定，她非常气愤。我颠起腿来，显示出毫不在乎的样子。

这顿饭我吃了很多食物，把属于周舟的那份也一扫而尽，尽管在吃到一半的时候我已经感觉胃部饱胀，但我还是坚持吃到盘干碗净。

此时周舟的脸上不见了平日的甜美柔情，取而代之的是眉头紧锁和由于愤怒导致的肌肉微微抽搐，而我居然有些幸灾乐祸。

出了食堂，我和周舟保持着一段距离，这让我很不自然，甚至感觉自己走路的姿势有些僵硬。

我们谁也没有说话，只是一直向前走。气氛让我很不舒服，但我不想主动讨好周舟，我说："我去图书馆借书。"

我希望得到的回答是："我也去。"可是周舟只说了一句："去吧。"

我听了扭头便走，直奔图书馆，不知道周舟是否会跟在后面，我希望如此。

我放慢脚步，以为如果周舟在我身后的话，定会跟上来，但是没有。我又仔细聆听身后是否有周舟的脚步声，可传来的却是一片错综复杂的皮鞋、旅游鞋、自行车和鸟叫的声音。

我走到路口，企图借助那面为汽车设置的反光镜来观察身后的情况，可尚未找对方向，就从镜前匆匆走过。

我来到图书馆，漫无目的地进了一间阅览室，将架上的新书胡乱翻来翻去。

忽然有人拍我一下，我心中顿时涌出一股甜蜜，但在我转过头后立即消失了，刚才拍我的人是陈铭，她问我："干什么来了？"

"给女朋友借本书。"我不知道自己为什么要这样回答。

陈铭嘲讽地说："你对她还挺关心。"

我苦笑了一下，想叫她滚蛋，却没有说出。

陈铭看到我的脸色后知趣地走开。

我又翻了几页书，难耐烦躁，便离开阅览室。

图书馆的门由两扇铝合金的玻璃门组成，平日只有一扇是敞开的，仅能容纳一个人的出入。一个男生正抱着一摞书准备进来，如果在平时我肯定会让他先进来，可当时我满脑子是关于周舟的念头，看也没看就往外走，结果就在他即将通过这扇门，而我身体的一部分也进入这扇门的时候，我和他面对面地卡住了，直至此时我才看见这个人和他手里的书。

尽管我知道应该给他让路，但还是一使劲挤了出来，那人手中的书纷纷坠落。我没有说对不起，径直朝前走去，他弯下腰，一边捡书一边说："挤他妈什么呀！"

我转过头说："你妈逼！你丫说谁呢！"

那人低下了跃跃欲试的头，一声不响地捡着书。

回到宿舍，我躺在床上回想刚才发生的一切，究竟是哪个环节出现差错，使得我和周舟不欢而散。我希望周舟会打电话给我，忘记刚才的不快。

我一动不动地躺在床上，盼望电话铃声尽早响起。时间过去了一分钟，两分钟……五分钟，然而这短暂得曾经被我任意挥霍的五分钟，现在却让我受尽煎熬。

我还在等待周舟的电话，如果在这时响起，我会从床上一跃而起，一个箭步冲到电话旁，告诉周舟我愿意和她去看电影。

电话久久没有响起，宿舍安静得有些异常。

一阵清脆的铃声，我抓起电话，迫不及待又满怀希望地"喂"了一声。

从电话另一头传来的声音让我备感失望："你好，马杰在吗？"

“马杰上课去了。”我无奈地挂上电话。对方还想说些什么，但我不能让他占用线路，万一周舟在这个时候打来电话怎么办。

我重新躺到床上。

我等待的电话迟迟没有打来，我坐起身，注视着沉默的电话机。我突然想到，我会不会因为接了刚才的电话而没将话筒放好。我跑到电话前查看——话筒放得非常好，我又满怀希望地躺到床上，等待周舟的电话。

在苦苦等待的过程中，我几次想到是否应该先给周舟打个电话，但迟迟没有拿起话筒，作为男人的肤浅的虚容心使我放弃了这个念头，我在激烈的思想斗争和辛酸的等待中疲倦睡去。

我做了许多个支离破碎的梦，醒来后它们变得更加模糊不清。我一看表，四点四十——到了学校的晚饭时间，我决定装成什么也没发生过的样子去找周舟吃饭。

周舟从女生楼出来，上前挽住我的胳膊说：“讨厌，你怎么才来呀，我早就饿了！”

我本以为风波就此平息，但周舟吃完饭后严肃地说：“现在我吃饱了，咱们该好好谈谈了。”

我顿时目瞪口呆。

周舟又忽然转怒为喜说：“下次我们别这样了！”

我如释重负。

23

晚饭吃得咸了点儿，我泡了一大杯茶，和周舟去图书馆看杂志。脚下摆着暖壶，没完没了地喝着茶水。

几杯茶喝下去后，茶水颜色由深棕变浅黄，我也由想喝水变成想撒尿，借我撒尿的机会，周舟也跟着出来休息。

走出阅览室，我点上一根烟，在进男厕所之前，把烟交到周舟手里，因为我一会儿要用两只手宽衣解带掏东西，如果把烟叼在嘴里，我会为了避免烟雾熏到而闭上眼睛，这样就会造成我因看不到位置而将尿尿到池外的恶劣影响，所以，为了把尿留在池内，只好让周舟替我拿着烟。

我很惬意地撒完尿出来后，看到过往男生正用诧异的眼神看着手里夹着一根烟的周舟，在被一个带红箍的老头痛斥："一个女孩子家，学什么不好，偏偏要学抽烟，你知道什么样的女人才抽烟吗……"

我一看情况不妙，立即上前跟老头解释说这根烟是我的，否则老头指不定说出什么更难听的话。

老头拽了拽带在胳膊上的红箍，又将矛头对准我说："是你的烟也不行！你知不知道大学生不准吸烟？"

"知道。"

"知道为什么还抽？"

"身不由己。"

"什么叫身不由己，难道你被黑社会控制了不成？"

"没有，就是想抽。"

"那你可悬了，你已经吸烟成瘾了，你知不知道？"

"可能有点吧！"

"不是可能有点儿，是已成事实了！"

"那就是吧！"

"你知道在这里吸烟有多危险吗？"

"不知道！"

"好，那我就给你讲讲，咱们学校的图书馆始建于 1960 年，是当时北京市的五十大标志性建筑之一，距今已有 40 年的历史，藏书共计一百万册，容纳了古今中外所有的名著书籍和诗词书画，极具参考和收藏价值，你不觉得当踏进图书馆大门的时候香气扑鼻吗？这就是书香！"

"说实话，我还真没闻出来。"

“那是因为有太多像你一样的学生在这里吸烟,书香味已经被烟味冲走了,你闻闻,现在不是‘都宝’就是‘嘉得乐’的味!”

“老师傅,我抽的是‘中南海’!”

“我不管你刚才抽的是什么, 反正你在这里吸烟就是违反了校规,如果这里着了火,那损失得多严重,别的不说,我这一年的奖金全得被扣了,你知道吗?”

“老师傅,我错了,您说怎么惩罚吧!”我想尽快结束与他的纠缠。

“知错就改就是好学生,这样吧,把烟交给我,以防你日后再犯此类错误!”

“好。”我顺从地掏出烟交到老头手中。

老头接过烟说:“下不为例!”便转身离去。

我冲着老头的背影喊道:“老师傅,我这还有打火机呢,您要吗?”

“是 Zippo 吗?”

“不是,就是一次性的。”

“那不要了,这样的打火机我今天已经没收仨了。”

24

元旦前夕,我的一辆山地自行车不翼而飞,周舟知道这件事情后伤感了好几分钟,因为这辆自行车记载了我们的欢乐时光。我曾经骑着它带着周舟穿梭于校园之中; 我们曾经骑着它去新东安看电影,巧妙地躲过每个路口的警察; 我曾经骑着它飞奔于北京深夜的街道,周舟坐在车后将风筝放飞得老高老高……然而,它却在我们去吃“肯德基”把它停在门外的时候,不知道被那个出手迅速的家伙弄走了。

这辆自行车的行程已超过万里,从我上初三的时候起,它就每天伴我上下学。我曾经骑着它去过香山,到过密云,几次往返于朝阳和海淀,其破旧程度已无异于一堆废铁,然而还是被某个伯乐慧眼识中,替我继续挖掘它的潜力。

我想这个伯乐一定是在新年前夕手头紧，当他正在为从什么地方可以搞点儿年货的问题而大伤脑筋之时，我心爱的山地车突然闯进他的视线，他在一阵窃喜和忙碌之后，骑上这辆原本上了锁的山地车远走高飞，消失在茫茫人海之中。

自行车丢失后，我的痛苦很快就被强烈的复仇心理所替代，我决定采用同样手段弄回一辆。根据传递原理，如果有人偷了我的车，而我偷了A的车后A又去偷B，B再去偷C，C再去偷D，以此类推，那么总有一天偷我车的那个人会被z将车偷去，到这个时候，一个循环基本完成，最初有车的人还是有车，没有车的人还是没有，社会的正常交通秩序并不会因此受到严重影响。

于是，在一个月黑风高之夜，我和杨阳、齐思新先是潜入学校工厂，在黑暗中摸索到钳子、改锥等物，然后来到车棚，对一辆半新不旧的二六男车下了毒手。

杨阳和齐思新对做这种事情奋勇当先，容不得我出手，他们就对车锁乱砸不止，拳脚相加，我看情况尚已至此，只好替他们站岗放哨，他们在被我屡次警告动静小点儿声后仍大打出手，以至于车锁部位有火花在黑暗中迸射出来。

最后，杨阳拎着被砸得千疮百孔的车锁，跟在推着车的齐思新后面，两人满足地向我走来。

为表感谢，我请他二人吃了一顿饭，我们没有带上各自的女朋友，毕竟这次请客吃饭的动机并不光彩。

那顿饭花去六十八元，后来我在缸瓦市的黑车市场得知，与我偷得的这辆同一档次的自行车，在那里只需六十元。

从这件事情中我总结出一条经验教训，就是做事情不要太冲动，要三思而后行，多花八块钱不说，还做了件偷鸡摸狗的事情，并且搭上许多人情，说了一大堆感谢他们的话。

25

新千年在我偷车得逞后的几天滚滚而来，幸好偷车事件发生在二十世纪末，没有出现在新千年，否则当全世界人民大张旗鼓地发展经济，为新世纪做出种种构想、种种规划，穿新衣戴新帽敲大钟泡酒吧迎接新千年到来的时候，我却同杨阳、齐思新组成一个犯罪集团，目标仅是一辆价值六十块钱的自行车，该是多么与潮流不符。

我并未在新千年到来的时候体验到喜悦。1999 年 12 月 31 日这天晚上，我没有等到新世纪的钟声敲响就睡着了，此前我一直坐在沙发上看电视，里面正播放着中韩两国的中学生们摆放的多米诺骨牌倒下的全过程，数以百万块五颜六色的骨牌刹那间轰然倒下，看得我眼花缭乱。我本想合上眼皮休息一下眼睛，谁想竟然就这样睡着了。

第二天早晨，我醒后得知，昨晚电视中播放的多米诺骨牌推倒活动被载入吉尼斯世界纪录大全。听此消息后，我突感人类正沉浸在自我欺骗和无聊的情绪中而沾沾自喜。码放多米诺骨牌本是件劳民伤财的事情，而承担这项任务的却是中学生，让他们从百忙的学习中抽身出来，做这样一件毫无意义的事情令人愤慨，连秦始皇修长城都知道用民工。尽管长城在庶民的抱怨声中和劳工的尸体上越修越高，越修越长，在当时看来，这的确是件残酷的事情，但是长城作为文明古迹，不仅对研究中国历史文化具有贡献意义，其雄浑气魄和蜿蜒万里的壮观景象还吸引来大量中外游客，引发出“不到长城非好汉”的感慨，在这一点上，多米诺骨牌绝对不可与之媲美。秦始皇建好长城后，并没有将它推倒，而是用来抵御外敌入侵，保障国家安全，可那些多米诺骨牌却在费尽九牛二虎之力码好后，顷刻间墙橹灰飞烟灭，宛如一个人的拉稀，气势磅礴，不可阻挡。

由此看来，玩多米诺骨牌可以用这五个字形容——吃饱了撑的！

26

元旦过后，我没有带着新世纪的快乐情绪回到学校。

这天，我和周舟在教室上自习，我正在看左拉的小说《娜娜》，这是一本我于三个月前借的书，当时周舟在场。现在周舟看到我仍在看这本书便问道："怎么还没把书还了？"

"我又续借了一次。"

"那也不该在你这里这么久。"学校图书借阅期限为一个月，在此基础上可续借一次，限期仍是一个月，也就是说一本图书在学生手里至多保留两个月，超过此期限将按每天一毛钱交纳罚金。

"我还没看完，忘了应该哪天还。"

"不对吧，你以前对于哪天还书记得比我的生日还清楚，这次怎么会忘呢，到底怎么回事？"周舟坚持要把事情搞清楚。

"没骗你，真是忘还了。"

"瞎说，肯定另有原因。"周舟坚信事出有因。

"我把这本书买了。"面对周舟的明察秋毫我只好彻底坦白。

"买了？"周舟不相信图书馆会把书卖给我。

"我跟图书馆老师说我把书弄丢了，赔给图书馆这本书定价三倍的钱。"我如实道出。

"为什么？"

"什么为什么？"

"为什么这么做？"

"因为我想要这本书。"

"你可以去书店买一本新的，干嘛偏偏要花三倍的价钱买一本旧书？"

"不一样。"我把这本书的定价给周舟看，封底清晰的印着：1989年印刷，定价2.1元。

"这本书我只花了6块钱就买到手，而去书店买一本新书至少需要20块钱，20块钱我都可以在图书馆买3本书了。"

“你还买了什么书？”周舟问。

于是我从书包中掏出一本人民文学出版社的《莫里哀喜剧》，一本上海译文出版社的《香水》，一本译林出版社的《圣经故事》。

周舟瞪大了眼睛看着这些书说：“你这么做想没想过其他同学。”

“不用你替他们着急，我买的这些书都是无人问津的。”

“你怎么知道的？”

“你看。”我翻开一本书的封面，“这本书是85年出版的，距今已有十几年，可是它除了纸张有些发黄外，根本没有被人翻过的痕迹，我把它从书架上抽出的时候，上面还蒙着一层不薄的尘土，而且，你再看这儿。”我把书翻到封底，这页贴着一张借书单，凡是借此书的同学都要将自己的学号填在上面，“这张借书单洁净无痕，再次说明这本书被冷落程度。”

周舟似乎被我列举的证据说服。

“与其把这本书陈列在锈迹斑斑的书架上，让岁月和空气将它的纸张变黄，使它的字迹渐渐模糊，不如让它堆放在我凌乱的床头，为我对文学的热爱尽点微薄之力。英雄无用武之地就是这本书如果不被我慧眼识中一生所要承受的悲哀。”我继续阐述自己行为的不合法但合理之处，希望得到周舟理解。

“我还是觉得这样做不太好。”

“是不太好，可是即使我不这样做，这些书也会被他人据为已有。”

“被谁？”

“杨阳。他曾扬言说，争取在毕业前凑够一套百部世界名著，现在已经攒了二十多本了，图书馆老师已经开始怀疑了，说他是不是小脑麻痹，怎么总是把书弄丢，还要赔偿三倍的价钱。”

“你们怎么这样？”我仍旧没能得到周舟的理解。

“其实，图书馆的书早在被摆放到书架之前就已经有一部分流失到老师家中，被束之高阁装点房间，或是馈赠亲友。难道只许老师吃肉，却不许我们喝汤吗？我们喝一小口汤要蒙受心灵上强烈地自我抨击和严刑拷打，而老师们却在大口吃肉的同时，心安理得地大碗喝着酒。”

“既然这样，你喜欢什么书就买吧，但别买太多，只要不去偷书，我就放心了。”周舟终于不再指责我的行为。

“你放心吧。”

喜欢看书的人哪有不偷书的，对于视书如命的人，这不能算做偷，只能叫做窃。一个世纪前的读书人孔乙己就是这么说的。

学校图书馆装备了先进的防盗设备(防学生不防老师)，书库的进出口处装有警报器，凡是身带未过库图书的学生从此经过，必会引起警声长鸣，自投罗网。图书馆的窗户也被铁丝勒紧，使得那些想将图书顺窗口运出的学生希望落空。

尽管图书馆戒备森严，但我和杨阳还是成功地将自己想得到的书摆在我们的书架上。我们窃书纯属偶然。

有一次，我随手翻阅张超凡从图书馆借来的《电工学解题指导》，翻到了书中的某一页，发现这页书的装订缝深处粘有一根银白色金属条，我感觉它就是那根与报警器息息相关的磁条，如若将它从书中拆去，报警器便形同虚设，我将带着图书出入图书馆如履平地。我为自己的大胆设想激动不已。

我立即拆去这本书的磁条，将书掖在怀中，奔赴图书馆。果然如我所料，我带着这本书经过报警器时，除了听到自己心跳声外，报警器毫无反应，当我揣着这本书再次走出的时候，报警器仍如哑巴一般伫立在我身旁，对我的行为置若罔闻。我感觉自己发现了新大陆。

从此，我和杨阳默契配合，将各种书籍带出图书馆，开始了一发不可收拾的窃书运动。

我们的校纪中明确规定，偷盗图书一次者，给予留校查看处分，偷盗两次者，开除学籍。若以此尺度来衡量我和杨阳应受的处罚，我们早应该被学校清除出大门十次以上。我现在之所以敢于揭露自己的犯罪真相，第一是因为我的这种形为比之偷窃其他财产，从动机上说，高尚许多。第二是因为我已经从校长手中接过印有我名字的毕业证，学校已经没有了追究我刑事责任的权力,如果学校以此书中所述内容为证据,偏要翻出陈年旧账找我对质的话,我会死不认账的。到时候我就说:“这本小说的内容完全出于虚构，艺术作品并非真实生活的记录。我上大学的时候可是两袖清风,一身正气。”

下面我继续交待自己在学校的犯罪经过。我不仅窃取小说,还撕毁图书馆的画册。每期杂志凡经我手,就会体无完肤,面目全非,其受损程度取决于这期杂志制作水准的高低,如果主编们知道他们的杂志被我出于热爱以至于不择手段获得的时候,一定会坐在宽敞的办公桌前,喝着毛尖儿,没事偷着乐的。

27

时间过得奇快,在不经意间悄然流逝,留给我们欢笑、悲伤、爱恨和不可逃脱的考试。又到了学期末。我再一次因为考试的到来而惊恐不安。但不安只是暂时的,它是因我没有认真学习而又想考试及格,这件看似矛盾实则情理之中的事情导致的。这种不安作为一种必然现象仅出现在考试前夕,在面临短暂的不安和考前的胸有成竹时,我会义无反顾地选择前者,因为这种不安会随着考试的结束而消失得无影无踪,而后者却需要付出一个学期生活在学习重压下的代价。

为了避免不及格现象再次发生,我开始夜以继日地在通宵教室学习。学校为了拯救一批像我这样平时不学习,却不自暴自弃的学生,在考试期间开设了通宵教室,以便让我们临阵磨枪不快也光。利用好这几天,就会在几天里掌握一个学期所学的内容,但我还是会在走出考场后将它们忘得一干二净。

以往是我陪周舟在教室学习，现在却是周舟陪我通宵达旦地复习。我们身边放着饭盒、暖壶和若干袋方便面。每到深夜,我肚子饿了的时候,周舟就会放下手中的书本,给我泡一包方便面,在我吃完后她又会去水房刷饭盒。

周舟这样做是为了帮我节省时间，以便更高效地复习。她说：“你抓紧一切时间看书，多考一分是一分。”

的确如此，对周舟来说，她现在复习是争取减少扣除的分数，而我的复习(不能称之为复习，因为我根本就没有学习过)是在争取通过一分一分地累加，达到60分。

周舟没有必要像我一样全身心投入到紧张的复习之中，书中内容对她来讲，已经没有什么可看的了。所以，她会一边吃锅巴，一边捧着课本或小说若无其事地看上几眼。我在看书的过程中困难重重，心情极其烦躁，因此周舟吃锅巴时发出的清脆声音只会加重我的烦躁。周舟非常理解我的心情，她会把锅巴含在嘴里，等待它慢慢变软，再轻轻咀嚼。我有时会把注意力从书本转移到周舟吃锅巴的样子上，她趴在桌子上，小心翼翼地从食品袋里捏出一片黄澄澄的锅巴放进口中，片刻后，紧闭双唇将那片锅巴悄无声息地吃下，然后再将指尖放到嘴边舔一舔，看得我怦然心动，也想舔舔那根捏锅巴的手指，尝尝它究竟是什么味道。

28

材料力学考试前夕，我弄到了一份试题。这学期材力考试分成理论和实验两部分进行，那天我们去实验室进行实验部分的考试，屋内有一台电脑，我想这里面一定存有对我们有价值的东西，譬如说考试题。

实验过程中，老师离开实验室去楼道抽烟，趁此时机，杨阳守在门口观察风吹草动，我打开电脑，顺利找到期末考试题，并将它存入齐思新的软盘中，在老师返回前及时关闭了电脑。其余同学都在专注地做着实验，没有注意到我们的一举一动，此事只有我们三人知道。

尽管弄来考试题，却没有答案，面对陌生的试题，我们仨谁也不会做，试卷的价值没能得到体现。于是，我们找到张超凡，让他写出一份完整答案,然后我们只需稍费脑筋,把答案背下来即可顺利通过考试。但张超凡对这些试题也没有十足的把握,他又找来另一个成绩优秀的同学,两人取长补短,拟出了一份基本正确的答案。当我们把答案拿到手的时候,全系三个班的学生早已人手一份了,这份试题一传十,十传百,成为全系皆知的秘密。

有了这份试题,我们就可以随心所欲地想考多少分就考多少分。在全系同学均取得优异成绩后,我深感事态的严重性,因为此事的罪魁祸首是我。

果不出我所料,我不但没有得到知恩图报,反而被某个见义勇为的同学告诉了老师,被招至办公室审问。

我决定以坚决不承认来否认自己对此事负有不可推卸的责任,老师仅是道听途说而已。我若无其事地走进老师的办公室。

"知道我找你来什么事吗?"老师企图开门见山地让我承认犯罪事实。

"不知道。"

"真不知道?"

"真不知道!"

"你的材力考了多少?"

"68。"我早已料想到事情会演变如此,所以在答卷的时候有所保留。

"有人说你考试前找来一份试卷,有这回事吗?"

"试卷?没有。如果有卷子我能才考68分吗?"

"这次考试难度不小,可是居然没有不及格的。"

"这说明您教得好。"

"我教得再好也应该有不及格的呀!"他居然敢承认自己教得好。

"除了您教得好,还有我们自己的努力,我考前两天两夜都没怎么睡觉。"

"你应该知道欺骗老师和偷试卷的后果。"

"不论什么怎样,都与我没关系。"

老师对我的矢口否认无可奈何，说："既然这样你就先回去吧，如果让我查到，我不会轻饶这个人的。"

"你尽管重罚。"他的恐吓对我毫无作用。

后来这件事情就此不了了之了，老师根本没有把它纠察到底的愿望和能力。

29

材力考试就这么偶然地通过了。我和周舟依然在为后几门考试苦苦煎熬，我们占据教室的一角，旁边摆放着水壶和饭盆，还有一个枕头，无论谁学困了，就躺在后面的桌子上休息片刻。当还剩下最后一门《邓小平理论》(简称《邓论》)考试的时候，我们实在坚持不住了，便回到各自宿舍休身养性，准备精神饱满地将最后这门考试拿下。

我回到宿舍后的第一件事情就是睡觉，这门考试有三天的复习时间，足够我睡个痛快。

当我不知睡了多久醒来后，听见齐思新在对杨阳发牢骚："操，总说共同富裕，可有人早就开上了'宝马'，我却连'夏利'都没有！"齐思新在对书中提到的"共同富裕"大发感慨。

"你的标准也太低了吧，难道有了宝马就等于先富起来了吗，简直是鼠目寸光。"杨阳将书扣在桌子上，点上一根烟。

"那你说什么才叫富裕？"齐思新也合上了书。

"至少要有两辆宝马才叫富裕。为了这个目标的早日实现，我们从现在起就要好好学习，科学技术是第一生产力，只有生产力发展了，经济才能发展。到那个时候，我就不抽二块五一盒的'都宝'了。"

"那你抽什么？"

"我抽十块钱一盒的'都宝'。"

预料之中，邓论被我轻松过关。

期末考试终于过去，犹如一场激烈的战斗刚刚结束，尸体遍布山岗，鲜血染红大地，一想到复习期间那些不眠的夜晚，我便有如重温那心惊胆战的过程：每当夜幕降临时刻，我对第二天的考试科目还是一无所知，随着夜色的加深，我把课本一页页地翻过，在这个过程中，我要靠一根接一根地抽烟扛下来，否则就会崩溃。天快亮的时候，也是我困倦至极的时候，我会跑进厕所用凉水疯狂地冲击脑袋，再灌满一肚子凉水坐回到教室，继续将剩下的几页书看完。

这个时期，我每天都处于极度亢奋中，心脏跳动急剧加速，手在答题的过程中哆嗦不止。直至考试结束很久后，我身体的各器官才恢复到正常状态。

尽管在这次考试中我尽了自己的最大努力，仍没能获得一个称心如意的结局——依然有不及格科目。我难以逃脱补考的命运，虽然没有满载而归，但能活着考下来已实属不易。

刚走出考场，我便将那些为了应付考试而死记硬背住的知识忘得一干二净。我不知道学习这些东西究竟有何意义，它们不会伴我一生，更不能理解学校为何偏偏要让我们学习这些终将被遗忘的东西。

30

寒假前夕，我到图书馆借了一些书，希望以此度过漫漫寒假。面对琳琅满目的书架，我有些束手无策，不知究竟借哪些书好。

我在书架上看到一本十七岁少年写的小说，据说此书为该少年挣得百万元人民币，也不知书中写些什么，竟然如此利润不菲。摆在这本小说旁边的是一本名为《致××》（××就是那个出书的少年）的杂文集，我对其中内容颇感兴趣，便将全书粗略浏览了一番。原来是十几名道行颇深的老作家、老评论家和老教授，对该少年出书现象妄加点评，老学者们流露出社会对他们的不公平，其语调和目的可以归结如此：一个少年通过出书挣了那么多钱，怎么花？老学者们的迷惑简直就是脱了裤子放屁，这钱又不是他们的，何必煞费苦心，真是皇帝不急太监急。尽管他们把出书挣钱看作是一件并非崇高的事情，可他们却又为何推出这本《致××》呢，难道不是为了挣钱吗？或是真的为了警示后人？

最后，我只借了一套《平凡的世界》。在这个物欲横流，纷纷扰扰的新世界，我只有做出如此选择。

寒假里，周舟和她的父母回山东老家过年，我整日待在家中，靠看书打发无聊的时光。除此之外，我与韩露又联系上了。

31

高中同学的聚会上，韩露喝了许多酒，我看出她心中隐藏着苦闷。聚会结束后，我挽着韩露把她送回家。

韩露并没有醉得很严重，完全能够自己回家，但却提出要我送她回去。看着韩露神情憔悴的样子，我搂住她的肩头，在她不坐车的要求下，我们沿着街边踱步回到她家。

韩露的家里没有人，父母都已出差去了广东。进门后，韩露一头倒在沙发里哭了起来，我站在旁边不知所措，不知何事让她如此伤心。

我去卫生间拿了一条毛巾递给韩露，示意她擦去眼泪。韩露接过毛巾，一边擦着眼泪，一边泣不成声地向我哭诉这一年中发生在她身上的故事。

韩露被那个上海男生轻而易取地说服，与他上了床。正当韩露被那个家伙的花言巧语所蛊惑，以为能够毕业后同他天长地久的时候，他却主动提出分手，理由是性格不合与家庭所在地相距遥远，于是便无情地离韩露而去。韩露被这个意料不到的残酷事实折磨得痛不欲生，学习成绩急剧下降，老师在不了解事实真相的情况下，屡次找到韩露谈话，同学面对韩露的痛苦样子，不闻不问，置若罔闻，只管忙于自己的事。韩露感觉自己生活在一个冰冷的世界，对生活丧失了信心，于是萌发了自杀的念头。一天，趁宿舍同学都去上课的时候，韩露从枕头下面摸出准备已久的刀片，悄悄地割开自己左手的脉搏。顷刻间，殷红的鲜血涌出皮肤，沿着手腕向下流淌，染红了床单……

这时，一个跑回宿舍取作业的女生推门而入，被眼前的景象惊呆了。在她片刻清醒过来后，立即拨打了急救中心的电话，急骤的笛鸣声由远及近，驶入校园，韩露被送到医院得救了。

我挽起韩露左手的衣袖，看到一条长约 5 厘米的伤痕触目惊心地生长在那里，我的心里一阵刺痛。

想起高三放学后的每个傍晚，我的右手挽着韩露的左手，我们徘徊在华灯初上的北京街道，谈学习，谈生活，谈理想。如今，我们的手不再是当初的模样，它记忆了太多的悲欢离合与爱恨交加。岁月的流逝改变了每个人，我们无法再回到从前，只能任时光继续改变我们。

韩露说她累了，想到床上躺一会儿，我把她抱上床。躺下后，韩露闭上眼睛，看着她脸上清晰的泪痕，我不知该如何安慰她。

这时候，韩露睁开眼睛，指着床边对我说："坐这儿。"

我坐下来。

"抱抱我好吗？"韩露凄惨地说。

我不知如何是好。

韩露看出我的焦虑，说："听说你已经有女朋友了。"

我看出韩露的失望，心里实在过意不去，于是俯下身去，伸出胳膊搂住她。韩露双臂紧紧搂着我，头抵在我的肩膀，又一次委屈地哭了起来，泪水浸透了我的毛衣、衬衣，湿润了我肩膀的皮肤，凉凉的。我下意识地将手指穿过韩露的头发，抚慰着她。哭声渐渐小去，转为抽泣。最后一切声音全部消失，屋里死般的寂静。我以为韩露睡着了，便抬起搂着她的胳膊。

"别拿开。"韩露并没有睡着。

我只好把胳膊再次搭到韩露身上。

"搂紧点儿。"

我搂紧了些。

"再紧点儿。"

我把韩露搂得更紧。这时韩露抬起头，直视我的眼睛，我在她的眼中看到了忧伤。

我抚摸着韩露的脸颊，她再次闭上眼睛，一滴泪水从眼中滑落。

“我想让你吻我。”韩露闭上眼睛等待。

我贴近她的脸颊，感受到她的呼吸，然后将嘴轻轻贴在她的嘴上……

“今天别走了，陪我住一晚好吗？”韩露说。

“……”

“我一个人害怕！”韩露死死地抱紧我。

寒假里，我隔三差五地接到韩露要我去找她的电话，她的情绪正趋于稳定。我总会给她讲些有趣的故事，笑容也因此经常浮现在她的脸上。但当我抚摸她左手那条伤疤的时候，心里总有种说不出的滋味。

32

周舟始终不知道韩露的存在，她曾经多次问我，在她之前我和几个女孩好过，我当时斩钉截铁地说，一个也没有。周舟说她不相信，我说情况就是如此，她让我实话实说，并说自己不会计较前嫌的。我说既然你不计较前嫌为什么还要盘问，她说看来你还是有，快告诉我，你一共和几个女生好过，我依然一口否认说，真是一个都没有。周舟穷追不舍，继续发问，我死缠滥打，坚决否认。到了最后，我们都累了，便搂在一起倒头睡去。

一觉醒来后，周舟的第一句话就是：“跟我说实话，你到底和几个女孩好过？”

“一个也没有，真的！”

“我不信，你高中是怎么过来的？”

“混过来的。”

“你既没有好好学习，又没有好好恋爱，你是怎么能把高中三年混过来的？”

“瞎混呗，一眨眼就毕业了。”

“不许骗我，我已经告诉你了，你是我的第一个男朋友。”

“没骗你，你也是我的第一个女朋友。行了，别说了，接着睡吧！”为了避免周舟打破砂锅问到底，我在她醒来后哄她再次睡去。

33

开学前几天，韩露对我说：“明天我就要回上海了”。当时我正坐在沙发里抽着烟，听到这个消息感到很突然。

“什么时候的火车？”

“这次坐飞机回去，我忍受不了漫长旅途的煎熬。”

“自己走？”

“和爸爸一起走，他正好去上海出差。”

“用我送你吗？”

“不用了，我想一个人悄悄地走。”

“回去后有什么打算吗？”

“不知道。”

我抽完那根烟后，韩露说：“你走吧，一会儿我父母就回来了。”

我再次感到意外，这是韩露在这些天里第一次主动要我离去。我不解地看着她。

“我不想让他们知道你和我的关系。”韩露感觉到用词不当，立即补充，“其实我们并没有什么关系。”

的确如此，我和韩露只能称为同学，这些天里发生的事情不足以说明什么。我站起身，准备离去。

“我还没看过你女朋友的照片呢！”韩露坐在我身后说。

“没什么可看的。”

“可是我想看。”

“没带在身上。”

“没关系,等我下次回来再给我看。”

“好的。”我不知道是否该说些祝她再找个男朋友之类的话,只说了一句:“那我先走了。”

韩露站起来送我。当我正要打开门的时候,韩露从后面紧紧抱住我,脸贴在我的背后,那一刻,我即将伸出去开门的手缩了回来,我们定格在门口。我感到韩露的抽搐。

我转过身,左手揽住韩露的腰肢,右手抚摸着她的脸庞。片刻后,韩露擦去脸上的眼泪说:“好了,你走吧。”

我轻轻地吻了韩露的额头,转身走出房门。出了楼道,迎面扑来的冷空气并没有使我平静,不知韩露是否正站在窗前,看着我远去的背影。

我没有回头向窗口张望。

这个冬天北京很冷,即使在春节过后,行人们仍穿着厚重的羽绒服,鳞次栉比的建筑物静静耸立在道路两旁,车辆如水般穿梭不止,光秃秃的树木包裹着深褐色的树皮,道路旁的铁栅栏已经油漆斑驳,等待着焕然一新。

34

周舟回到北京恰与韩露离开北京是同一天,面对着满心欢喜向我走来的周舟,我思如潮涌。寒假发生的事情让我有种恍如隔世之感,这一切好像是一场梦,我对眼前的情景产生了幻觉。

“想什么呢?”周舟挽住我的胳膊问道。

“想你呢!”我随口应道。

“哪儿想?”周舟笑问

“哪儿都想。”

“真的?”

"真的！"

开学前，我再次坐到补考复习班的教室里，看到几张熟悉的面孔——杨阳、齐思新、赵迪和陈铭等人。这门课是机械原理，老师姓李，三十多岁的在读博士。他的脸庞可以用满面红光来形容，青春痘和酒糟鼻遍布在他那张并不幅员辽阔的脸上，此老师眯着一双未婚青年常有的色眯眯的眼睛，里面充满了对异性的欲望。

此老师属于典型收礼不办事的人，收了我们每人80元钱的报名费，却不肯透露一点考试题。补课的三天里，他只是将课本从头到尾简略地过了一遍，让我们这些把希望寄托在补课班的学生大失所望。这种感觉有点像老光棍花钱看脱衣舞表演，却没有想到，舞台上的艳丽小姐在扭动了半天腰肢后，脱下的竟是外衣。

李××在最后一堂课上说："同学们，还有什么疑问请提问。"

杨阳站起来说："老师，您能不能给我们讲一些紧扣考题的内容。"

"我已经说过了，考试范围不会超过我所讲过的内容。"

"这个范围太大了，复习不过来。"杨阳说。

"那你这两天就不要睡觉了，抓紧时间复习吧。我想你上80分有一定困难，但及格还是可以的。"

"我的目标就是及格，可我现在的水平连一分都拿不到。老师，我身体不好，不能缺觉。如果头天没睡好，第二天就会头晕耳鸣，恶心干呕，心跳加速，血压升高，这病我从小学就有了，一直没治好，大把大把地吃药，比饭吃得都多，就是找不着病根儿。"

"你不要强调这些客观因素，学习是你自己的事情，你们自己不学，我也没有办法。"

"老师您高抬贵手，给我们一个通过的机会。"

"机会已经给你们了，是你们自己不好好珍惜。为什么期末考试，全班那么多同学都及格了，偏偏就你们几个没过？"

"当时我们比较幼稚，思想不成熟，没有认真对待。"杨阳摆出一副忏悔的样子。

"我看你们现在也没有认真对待,后天就考试了,书还跟新的一样,你们整天干什么呀!"

"老师,我们想请您点中要害,考试题是您出的,您能不能告诉我们都考哪些内容?"

"试题是我出的,但现在一时想不起来。"

"您再好好回忆一下,当时您想考什么,不想考什么?"

"好像都想考。"

"啊?都考!这也太多了吧,这么厚一本书!老师,我帮您回忆回忆,譬如说这道题考不考?"杨阳指着书中的某道例题问。

"考试内容全在书里,你们把书看懂了就能过。"李××继续说着废话。

"老师,下次补考是什么时间?"我问道。

"下学期。干什么?"李××疑惑地问。

"我们现在就回去复习,为下次补考做准备,这次考试恐怕没戏了。"

"自暴自弃对你们没有好处!"

"如果我们现在还没有自知之明,那才是愚蠢。"我辩解道。

"你们可以复习嘛,毕竟时间还是有的。"

"可是我们能力有限,跟您实话实说了吧,对这门课我们现在还是一无所知。"

"你们为什么会这样,就是因为一些不负责任的老师对你们睁一只眼闭一只眼,再加上你们自己放任自流,不思进取,才造成现在这个样子。我这是对你们好,培养你们自身的能力,以便帮助你们顺利走上工作岗位。到那个时候,你们会感谢我的。不过我并不求得到你们的感谢,只要你们心中记得今天我说的这番话就可以了。十年树木,百年树人,这就是我所追求的。"

我不敢相信这番话竟会出自一个三十出头的青年教师之口。

"好了,你们自己看书吧!"李××看见陈铭举手提问,便快步走到她的身边,俯下身子,几乎是脸贴脸地绘声绘色地给陈铭讲题。

这门课考试的时候，我的脑中一片空白，无所事事地看着李××在考场内走来走去，并不时地站在陈铭身旁看她答题，还用手在她的卷子上指来指去，及时点出陈铭卷子上的错误。

最后，期末考试是43分的陈铭，居然在补考中获得86分的成绩。齐思新、赵迪等几名男生的名字颇为女性化，因而也受到李××的青睐，也顺利通过，而我和杨阳再次双双落马。

35

开学的第一天，我在改过自新的激励下于早7:00穿衣起床。洗漱之后，和周舟吃了一顿近半年来我在学校的第一顿早餐。为了保证课堂上的精力充沛，我特意在吃完一个鸡蛋后又买了一个。在我剥开第二个鸡蛋皮的时候，我想，如果今天不认真听老师讲课的话，我不仅对不起下这个蛋的老母鸡，也对不起这个尚未孵化出生命便被煮熟的鸡蛋，对不起饲养场的工人，对不起给我钱买鸡蛋吃的父母，对不起养育我父母的爷爷、奶奶和姥姥、姥爷，对不起共产党领导下的改革开放给人民带来的幸福生活和祖国的大好形势……

吃完鸡蛋，我和周舟在相互勉励新学期要有新气象后，背着书包奔赴各自教室。

我颇为欣赏大学的课程设置，每门课程只需学习一个学期，前面的功课学得再糟糕，也不意味着无法在日后的学习中取得优异成绩，有利于我随时可以在每学期初给自己树立本学期一定要把功课搞好的信心。今天早上，我睁开眼后，就不止一次地在心中反复念叨这句话。

第一节课是工程材料，老师是一个刚刚毕业的青年女性，年龄至多大我们五、六岁。我拿出笔记本全身心地投入于听讲中，跟随老师认真抄写笔记，一时间竟然忘了对这门课产生一见钟情式的厌恶。

专心听讲能够感觉不到时间的漫长，在我意犹未尽之时，下课的铃声已在耳边响起，我不情愿地放下手中的笔，匆匆忙忙地去厕所小便。早上我喝了一大碗粥，现在经过一节课的消化吸收，到达了它的最后位置——膀胱，造成内急。

小便完后，正巧碰见杨阳迎面走进来，他问我："带烟了吗？"

我在感慨杨阳新学期为何还是如此一副德行的同时，掏出烟，并且给自己点上一根。

杨阳说："我看你上课听讲挺认真的。"

"对，这学期我要努力学习。"

"你是不是受什么刺激了？"

"我这是发自内心的，你也赶紧迷途知返吧!"

"真正执迷不悟的人是你，老师抄的笔记在书上清清楚楚地印着，一字不差。"

"真的？"

"没骗你，不信你回去看书。"

抽完烟，我回到教室对照了笔记和书中内容，果然一模一样。我仰天长叹："我费他妈这么大劲干什么！"

第二节课，我便不再抄笔记。我注意到原来老师是先低头看一眼书，再将书中内容抄到黑板上，同时以朗读课本算作讲解，与其这样听讲不如自己回去看书。

我顿生一种上当受骗的感觉，刚刚树立起好好学习的愿望受到莫大讽刺。我看了一眼杨阳，他正望着窗外走神儿，也不知在遐想些什么。全班同学都意识到老师的讲课是毫无新意地对课本的复制，没有几个人在听她讲课，连张超凡都趴在桌子上自己看书。

我趁老师转身在黑板上抄课本之际，从后门悄悄溜出，没走几步就听见后面有人叫我，回头一看，原来是杨阳，腋下夹着书包。

"你丫走怎么也不叫我一声。"杨阳追上来说。

"我怎么知道你也要走。"

"我什么时候不想走过？听这个老师讲课真没劲。"

"你听哪个老师讲课有劲过？"

“目前没有！”

我和杨阳走在空荡荡的楼道，不时有教授的高谈阔论从某间教室传出，还有的教室传来学生在底下如蝇般嗡嗡的声音和老师站在讲台上声嘶力竭的喊声：“静一静，静一静！同学们，我们现在是在上课，请你们认真听讲，不要喧哗。”嗡嗡声立即消失，三秒钟后，嗡嗡声再次从这间教室传出。

这时，另一间教室传来一个让我熟悉又厌恶的声音，我和杨阳走到门口一看，原来是李××老师又在这里误人子弟。我们认为现在是报他使我们二度沉船之仇的时候了，我和杨阳经过一番商量，决定让他遗臭万年。我们站在这间教室门口，我高呼一声：“李××！”杨阳大喊一声：“傻逼！”我紧接着又喊一声；“李××！”杨阳再次呼应：“臭流氓！”

此刻，李××正在绘声绘色地给学生们讲课，由于今天是开学第一天，他第一次给这个班的学生上课，黑板中间位置突出地呈现着白粉笔写出的三个大字：李××。这一定是他在做自我介绍的时候写上去的。

显然，下面的学生一定会通过黑纸（黑板）白字得出结论：被我们骂作傻逼和臭流氓的那个人就是站在他们面前的这位人民教师。

李××听到我们的奋力喊叫后，先是身体一阵痉挛，脑袋似乎一下子憋大了许多，脸涨得通红，酒糟鼻和青春痘被底色衬托得不再鲜明。他把课本向身后一扔，怒发冲冠，一个箭步冲到门口，大有要将我和杨阳当场击毙的气势。但我们早在他开门之前，就已经消失在楼道的拐弯处。我们疯狂地蹿下楼梯，身后还有“有种的别跑，明人不做暗事！”的吼叫声传来。

逃出教学楼，心情异常舒畅，我们人手一支烟走在寂静无人的校园里，一个严重的问题出现在头脑中——我们还没有通过李××的课，如果让他知道是我们辱骂了他，他定会有仇必报，无论我们的试卷答得多好，他也会毫不犹豫地写上58或59这样的恶心分数，让我们遗憾终身。

这个念头在我们头脑中缠绕了近一年，好在一年后李××从学校的教师队伍中消失了，不知道是另觅高就，远走高飞了，还是他的恶劣品质被人揭穿，学校为民除了害。总之，李××的离去是件大快人心的事情，就像当年人民铲除了四人帮。我和杨阳受到莫大鼓舞，半年后，轻而易举地通过了此课的考试。

第三、四节课是体育，我选修的项目是健美，这主要出于周舟的意愿，她希望我通过一个学期在杠铃中的摸爬滚打，一改往日的弱不禁风。我曾多次开导周舟说："是不是爷们不体现在身体是否彪悍上，关键是要有一种精神，空有一番傻力气顶多算是一介莽夫。"但无论我如何劝说，周舟仍旧执意要我去练健美。她说，你如果真是一个老爷们，就不要为这么一点小事争来争去。事已至此，为了给周舟做出我的的确确是老爷们的表率，我只好硬着头皮去练健美。

健美老师是一个年近五十的小老头，他在课上向我们阐述了自己制定的一套行之有效的健身计划，其核心思想是，男人练健美就要练得肌肉发达，这个过程就好像是焊接铁管。首先，要高强度练习，这样容易造成肌肉撕裂，如同一根完整的铁管从中间断开；然后，在肌肉撕裂的当天，要多吃水果、蔬菜、鸡蛋和肉类，这样有利于为肌肉撕裂部位的组织再生提供足够的营养，此过程又如同将两截断开的水管焊接在一起。下面这个比喻就是该老师理论思想的精髓之处：水管的焊接处总是要比其他部位粗一些，也就是说，肌肉的撕裂处通过组织再生会变得强壮，这就是肌肉发达的奥秘所在。

听了这些不着边际的理论，我对自己未来的体型彻底失去了信心，如果周舟知道我将以何种方式训练肌肉的话，她一定会比孟姜女还痛苦的。我现在终于能够理解，为何此老师脖子比下巴还粗，说话吞吞吐吐，已经不能做到言达其意了，我们听他讲话需要充分展开想像力去尽量领会精神。这种现象证明他正在把自己往老年痴呆的方向训练。

此老师还说，期末考试内容中的一项就是，把衣服脱得只剩下一条内裤后站在全班同学面前，让大家评论你的肌肉是否发达，老师根据大家的评论打分。为此，我平日里经常赤裸裸地站在周舟面前，问她："你看我的肌肉还不错吧！"周舟捏着我的胳膊说："挺好的，全是疙瘩肉。"

考试还有一项内容是卧推杠铃，谁推的杠铃重谁的分就高。我没敢刻意训练，因为卧推杠铃煅炼的是胸大肌，我曾亲眼目睹与我一同上课的一名男同学把胸大肌练得在松弛状态下好似妇女的乳房。

此项考试前夕，我回家住了一个星期，让我妈炖了一大锅牛肉，足足吃了七天。这七天里，我尽量减少大便次数，以便充分积攒能量。考试的那一天，我不仅憋了一身力气，还憋了一肚子的屎。我推起55公斤的杠铃，坚持了5秒钟，勉强过关。老师在一旁激励我说："再多坚持一秒。"可我还是颇令老师失望地放下了杠铃。如果不是我担心继续用力，屎就会涌出身体的话，再多坚持2秒钟也是没有问题的。

36

下了体育课，和周舟吃过午饭，我回到宿舍倒在床上，将被子蒙住脑袋，昏沉地睡着了。

也不知道我怎么就这么困，估计是春困开始了。

一觉醒来时已是两点十分，我点了根烟，挎着书包去了教学楼。

我走进教室正好赶上第二节课，一个面黄肌瘦的老头正坐在讲台后面，拿着一把小木梳子梳理着他那几根油光发亮的头发。此老师的发型是典型的"地区支援中央"，脑袋顶已经光秃秃得像个屁股蛋子，而四周黑白相间的毛发却郁郁葱葱，长势良好。为了让四周力量足够强大地支援到中央，此人头顶周边的头发长了很长，他把头发分作两股，像环山公路一样分别沿脑前和脑后盘绕一周，将寸草不生的中央地带覆盖起来，做到了表面上的共同富裕。

每当此老师讲至情绪激昂时，那股头发便会从脑门脱落，垂在脑袋一侧，看起来很像一个匈奴人。

我从摆在同学课桌上的课本了解到，这门课是《机械设计》，此老师正在讲述摩擦力的相关内容。他让我们伸出双手，掌心相对，两手并拢，快速摩擦半分钟，然后闻一闻自己的掌心。

“是不是有一股臭鸡屎味儿？”此老头奸笑着问道。

我对这门课的兴趣顿时全无。

晚上，我和周舟还有杨阳、郝艾佳去上选修课。这学期我们都选了“性健康教育”，这门课对我们的重要性就如同给农民兄弟讲述如何高产。

起初，周舟和郝艾佳并不好意思选修这门课，但当她们走进教室发现女生比男生还多的时候，便大大方方地坐在前排，掏出笔记本，说要把老师的讲课内容全部记录下来。既然她二人如此认真对待，我和杨阳就没有一丝不苟的必要了，到时候只要她们将学到的知识灵活运用到实践中即可。所以，我和杨阳就坐到后排自娱自乐。

课上到一半的时候，郝艾佳忽然举手示意老师，老师问她什么事，她捂着肚子说：“拉屎！”全班同学哄堂大笑。

当时杨阳正在看书，听见一个女生说出那么直白的要求，也跟着笑起来，当他抬起头看见郝艾佳手里攥着手纸向门口匆匆跑去的时候，不禁没有了笑声，笑容僵持在他涨红的脸上。

课间，我站在楼道抽烟，见杨阳把郝艾佳拖至无人处，责问她为何那般庸俗。郝艾佳毫不示弱，她提到了另一件事情，就是寒假里杨阳把郝艾佳带到宿舍乱搞，郝艾佳闭着眼睛任杨阳在身上蹿上蹿下，突然杨阳停止了动作，郝艾佳睁开眼睛问他怎么了。杨阳对身下的郝艾佳说：“不行了，我得先去拉泡屎，真的憋不住了。”郝艾佳一怒之下将杨阳掀翻下床，杨阳匆忙中错穿了郝艾佳的内裤，拿着一卷手纸直奔厕所。直至今日，郝艾佳对此事仍旧耿耿于怀。这段不光彩旧事的提及，引发了杨阳对郝艾佳的厌恶，他留给她一句话，“你现在越来越像个泼妇了”，便拂袖而去。郝艾佳看着杨阳的背影，喊道：“我本来打算跟老师说‘我要拉稀的’！”杨阳听到这句话，身体剧烈地颤抖了一下。

或许是因为晚上听了“性教育”这门课，或许是因为生活环境相同，呼吸着同一片空气，夜里我和杨阳不约而同地遗了精。遗精后要做的第一件事情就是换内裤，我睡眼惺松地下床去找干净内裤，我的衣服全部放在行李包内，而我的包又放在宿舍的壁橱里，当我打开壁橱的门时，发现一团白花花的东西正在蠕动，着实被这景象吓了一跳。待定睛一瞧，原来是杨阳正赤裸裸地撅着屁股找东西。杨阳从他的包里翻出一条内裤，看到我后还客气地说：“你好！来了！”

我糊里糊涂地应了一句：“好！”

“怎么样，量多吗？”

“还行！”

“你来吧！”杨阳走出壁橱，给我腾出空间，几乎是双脚同时离地穿上了内裤，爬进被窝继续睡觉。由于壁橱内暗不见光，再加上我暴露在空气中难耐寒冷，所以，我在找了一会儿没有找到内裤后，只好勉强穿上一条夏天的大裤衩，匆忙钻进被窝。

37

第二天醒来时，我看见张超凡正一边吃饭一边看着新闻，饭盒里盛着一个鸡腿，我以为电视里正在播放早间新闻，便说：“大早晨起来就吃鸡腿，腻不腻呀！”

不待张超凡回答，只听电视里的女播音员说：“欢迎您收看中央电视台的午间三十分节目，我们明天再见！”男播音员点头微笑道：“再见！”

我想一定是昨晚的梦遗导致了身体疲乏以至于长睡不醒。这时，我想起杨阳，抬头一看，他正趴在被窝里闭着眼睛一动不动，口水从它的嘴角缓缓流淌出来，一直延伸到枕巾。枕头下面，他那条换下来的内裤正安详地掖在那里。

下午的课是法律基础，我在老师点完名后，趁她低头之际悄悄溜出教室。此举令我稍有后悔，因为溜出教室的不止我一人，包括杨阳，齐思新等人在内足有十几人，张超凡下课回来告诉我们说，当老师抬起头看到那十几个空座位时，自言自语道："我国的法律什么时候才能管制学生不来上课呀！"没有溜走的学生一致主张老师再点一次名，老师没点，那些学生无不抱怨，老师说："法律只能使人犯罪被捕后得到惩罚，却不能阻止人犯罪，这就是法律的被动之处，也是我作为《法律基础》课老师的悲哀！"

我回到宿舍依旧无所事事，但宿舍却是我最迷恋的地方。在这里，我能够躺在床上边看小说边抽着烟，累了的时候想睡就睡，怡然自得。

我在宿舍的生活中心就是一张床和一排钉在墙壁上的书架。床上的物品除了一条永远不叠的棉被还有一双双掖在枕头下面的脏袜子。那条棉被会因为夏季的到来而被换成毛巾被，又会因为夏季的过去而再次出现；那些脏袜子会被我在仅剩下一双干净袜子的时候一洗了之。书架上面堆满了我的至爱，一盘盘打口或不打口的唱片，它们中一些比较大众化的经常会不翼而飞。除此外，书架上还零乱地陈列着几根只抽了一半的烟头，因为周舟经常会在我抽烟的时候在楼下喊我，这时我便不得不掐灭手里的烟，但又舍不得丢弃，只好随手放于书架上，久而久之，那些烟蒂就形成了不小的规模。日后，无论哪个同学遇到没有烟抽的日子，都会从我的书架上信手拈来，挑一根最长的解无烟之渴。烟头中间夹杂了几根卷曲的毛发，它们来自杨阳的下体，是从上铺掉下来的，伴随毛发的越来越多，我对杨阳变成秃鹫的忧虑与日俱增。书架上另有唐诗、宋词、元曲各一本，旁边摆着一本盗版的《史记》。这本《史记》是我从学校的书市上以5元的价格买来的，我结合自己在中学时代对一些名篇的深刻记忆，发现这本书与之相关的内容居然只字不差，根据以点代面的经验，这本书看来物有所值，只是书中的纸张有些柔软且半透明，可跟手纸相媲美，这不失为它的另一妙用。在某一时期，司马迁那厮曾激励过我——他被进了宫刑还能坚持《史记》的创作，我有什么理由因为生活中的一点点苦闷而整日愁眉苦脸，萎靡不振。但又一转念，他之所以如此专注《史记》的创作，是因为宫刑使他失去了生活中的许多乐趣和终身幸福，不敢再对未来抱有任何奢侈之心，无奈中在暗地里流下许多眼泪，心想，我除了做点抄抄写写的活计还能干什么呀，只好潜下心来，开始《史记》的创作，于是采用倒叙的手法，先从汉武帝写起，逆历史长河而上，写到哪儿算哪儿，却没想到自己的生命异常顽强，直至写完炎帝方才结束，掐指一算，居然在历史长河中翻腾了几百年，故命名曰《史记》。

司马迁的《史记》给我带来了创作灵感，我有一个伟大的设想，决定查阅各朝代民间流传的不同版本的稗官野史，写一本《史妓》，书中人物将会涉及如下：

《李娃传》中的李娃，《杜十娘怒沉百宝箱》中的杜十娘，《卖花郎独占花魁》中的美娘，《桃花扇》中的李香君，《大宅门》中的杨九红等。鉴于娜娜和羊脂球的身上没有中华民族血统，所以暂且不被列入此书。

杨阳在得知我有如此想法后，拍手称快道："一股高潮将在老干部中间掀起，这本书一定倍儿受他们欢迎。"

我决定将这部书写成现实主义作品，让它建立在真实生活基础之上，为此我需要走访各烟花柳巷，穿梭于北京的八大胡同与歌厅、小发廊之间。我也将采用本纪、列传、世家等形式按人物身份、功绩分别作传。杨阳说："为了这部作品的早日诞生，你采风的时候一定要带上我，我会帮你收集更多人物的性格。"

后来，这部作品尚未动笔就由于学习、生活的压力而被搁浅了。

38

乐队又恢复了排练。钟风索性不再去学校上课，凭借他妈与某医院院长当知青时曾在一个村子插过队的关系，开来一张病假条，平日可以不去上课，只要期末考试顺利通过，仍可继续升级。从此以后，钟风便寄居在我们学校，只要我们哪个同学回家住，他就睡在人家床上，打一枪换一个地方，俨然就是一个盲流。后来，许多床的主人不约而同地闻出他们的床铺上有一种特殊气味，这是由汗水、口水、香水（钟风经常与何乐保持身体的亲密接触）和烟草混合在一起的味道，一些有洁癖的床主，为了禁止钟风在自己床上睡觉，减少了回家次数，为此，他们不得不放弃周末与家人团聚的机会，只身一人，独守空床。

乐队排练热情空前高涨，没有一人因故缺席排练，大家的态度极为认真。然而，有一首歌在我们练了两天后仍没能将其拿下，不是齐思新的鼓打飞了就是我的节奏吉他没跟上，或是杨阳弹起贝司来把歌唱跑了调，还有钟风的主音吉他，总不能及时加进来，却在不该结束的地方突然消失。

我们练了一遍又一遍，抽了一根又一根烟，还是找不到默契配合的感觉。后来我们分别跟着节拍器一小节一小节地练习，终于发现问题所在——基本功不扎实。于是便分头练起基本功，钟风每天待在我们的宿舍练习三连音，四连音，五连音直至十三连音；齐思新一有工夫就拿着两根鼓棒敲自己的枕头，脚还在地面上跺个没完没了，楼下宿舍的同学上来找过好几次，但齐思新就是不给他们开门，依然拼命地挥舞着四肢；杨阳练习在说话的同时手指可以打出各种拍子；我每天跟着节拍器练习下拨，当节拍器的速度被我调得越来越快的时候，我已经养成了右手随便拿起一个什么东西都会哆嗦不止的习惯。

经过两个月的艰苦训练，我们的乐队居然成为学校乐坛上一支技术型的实力派乐队（因为我们长得都像实力派），一时间名声大振，威震四方。乐队在学校演出的机会逐渐增多，各院系举办活动无不邀请我们前往，一种“腕儿”的感觉油然而生。

这学期，学习任务依然艰巨。根据国家教委的规定，本科生必须在毕业前通过国家英语四级考试，方可获得毕业证书。

一时间，全班同学的理想无一例外地转变成在英语四级考试中取得好成绩。我和杨阳的目标是及格即可，张超凡为之努力的方向是考85分以上，拿四级优秀成绩奖学金，班里掀起了史无前例的学英语热潮。

张超凡每日清晨寻得校园的僻静角落，大声朗读英文课文，一些晨练路过的学生和扫街妇女纷纷扭头观看，像看怪物一样，但张超凡依旧旁若无人般读得兴致盎然，口舌生津，面色红润，并美其名曰此种学习方法为"疯狂英语。"

杨阳曾有一个非常美丽的愿望，当北京主办奥运会的时候，他的英语已学有所成，那时候会有不计其数的外国人踏进北京这片热土，杨阳在此刻就要挺身而出，作为一名导游，除了带领老外们游故宫爬长城外，还要蹬着板儿车带老外们深入到北京胡同里的公共厕所。届时，北京城宽阔的柏油马路上将出现这样的情景：

杨阳光着被晒成古铜色的膀子，脖子上搭一条尚可隐约看出是白色的手巾，汗水顺着它不停地往下淌。杨阳蹬一辆擦得锃亮的三轮板儿车，车头挂两个黄铜铃铛，它们随车子的前行发出有节奏的清脆声响，声音飘荡在北京的大街小巷。车上坐着一男一女两个老外，男老外因为女老外不时将目光停留在杨阳绷紧的肌肉和上下起伏的臂部上而显出一丝不快，他不时地指东指西，企图把女老外的目光从杨阳身上转移到道路两旁古朴又不失现代典范的建筑上。

杨阳带着他们进了时刹海的某条胡同，将车停在一座由青灰砖垒成并在上部开有多扇窗户的小屋旁。杨阳跳下车，礼貌而友好地说："Welcome to the toilet of Beijing(欢迎您来到北京的厕所)。"老外诧异地看着这间破陋的房子，它的左右外墙壁各挂有一个画着小人儿的小铁牌，从上面斑驳的图像可以分辨出，右边那个穿裙子的画的是女人(国外通常画的是大胸脯的女人)，左边穿裤子的画的是男人(国外往往画的是叼烟斗的男人)，小铁牌的下面是分别用红油漆书写的两个宋体大字：女、男。杨阳伸手做了一个"请"的手势，把女老外引向右侧的女厕所，带着男老外进了左边的男厕所。男老外还没踏进厕所，就被迎面扑来的骚臭味熏得直皱眉头，连忙用手堵住鼻子，喊道："NO!

NO! NO! ”杨阳笑他没见过世面，身先士卒地拉开文明扣，洋洋洒洒地开始放水。尿水射到浸满一层黄色污物的池子内，水花四溅，男老外只好来到大便池，待他低下头时，眼中充满他人留下的秽物，他没有想到，在北京的厕所里居然能够看到他人拉出的屎是何模样。下面的秽物已经变黑，只有上面的一些还保持着黑、红、黄相间的本色，五颜六色的卫生纸夹杂其间。男老外看过这些东西后有些目眩，杨阳赶紧扶住他，说：“千万别在这里踏空，一失足会酿成千古恨的。”

男老外背对杨阳摆了摆了手，杨阳松开他。男老外便毕后，忽听隔壁传来哗哗水声，他琢磨了片刻后会意地开怀大笑起来。那边传来女老外的声音：“Are you ok? ”男老外冲那边喊道：“Fine,thank you,and you? ”那边又微弱地传来：“I'm fine too.”的声音。

杨阳为了这个梦想的早日实现，义无反顾地汇入学英语的浪潮中。他从家里拿来一盏应急灯，以便可以通宵达旦地学习英语。我夜里第一次醒来时，见杨阳的应急灯果然亮着，点点余光泄露在我的床铺上，我暗暗佩服杨阳说到做到。当我第二次起夜醒来时，杨阳的应急灯依然亮着，但上面却传来鼾声。我抬头一看，杨阳已将书扣在胸口，睡得宛如死猪一般。我帮他关掉应急灯，他翻身叭唧了一下嘴说：“谢谢！”我明白了他白天信誓旦旦说要学个通宵的意思——他不通宵，只让灯通宵。

39

天气越来越暖和，柳树的枝条已经抽出嫩芽，春风吹过，柳条随风摇摆。一些不知名的鸟类栖息在校园的树上叽叽喳喳地叫着。我隐约感觉到体内涌动着一股莫大能量，正在伺机喷发。

每天中午，我和周舟吃过饭后便会独自一人去教室坐一会儿。空荡荡的教室内只我一人，正午的阳光透过窗户照射进来，洒在我的身上和脸上，浑身暖洋洋的。有时，我会闭上眼睛，趴在桌上睡一会儿觉；

有时，我会抄下午要交的作业；还有时，我会带上耳机，听一会儿音乐；更有时，我什么事情也不做，只求享受一会儿宁静，呆呆地坐在那里。

自从和周舟好了以后，我不再拥有单恋青年的苦闷，但还会时常感到孤独，在很多时候，我想远离人群，离开喧嚣的城市，去一个遥远又苍凉的地方。

40

我的二十二岁生日这天，我和周舟还有我们的同学在校外的一家饭馆庆祝。席间，不断有人与我碰杯，祝贺我生日快乐。在“生日快乐”的歌声中，杨阳端上来一个生日蛋糕，22 根鲜艳的蜡烛插在雪白的奶油上，闪动出灿烂的光芒，不知它们能否照亮我 22 岁以后的路程。

我的心中突然涌起一股莫名的悲哀，属于我的 22 个春秋一会儿就要随着蜡烛的熄灭而悄然流逝，回首这二十二载，我依然和赤裸裸地来到人间时并无两样，我在这二十二年里究竟做了些什么，收获了什么？我好像还在一事无成地生活着。

二十二年是如此短暂。

那天我的确喝多了，吐了不止一回，吐过后我不顾众人的阻拦，又若无其事地端起酒杯。虽然我喝了许多酒，但却保持着神智的清醒，从吹灭生日蜡烛的那一刻起，我便开始反复告诫自己，不能再这么稀里糊涂地生活下去。

回到宿舍，我躺在床上想，二十二岁意味着我不再是一个朦胧少年，应该结束无忧无虑的生活了。

二十二岁，对我来讲是一个残酷的概念。以后每当父母向别人说起我时，他们都要说：“我儿子已经二十多岁了。”面对如此场景，我总是愧不敢当。二十多岁的人总应该有所成就，而我却两手空空。

顾城，二十多岁的时候就已经写出“黑夜给了我黑色的眼睛，我却注定用它寻找光明”这样的诗句；朱朝辉，二十多岁的农村小混混，已经骑着摩托车从黄河上空飞过；我的一个外地远房表兄，二十多岁已经儿女成双。这些人和他们的故事如同一座座里程碑，摆在我二十多岁的道路前方，拽着我拼命奔跑。

在我少年的时候，曾有过很多偶像，我总会拿自己的年龄与他们比较，当他们的年龄减去我当时的年龄，差是一个很大数字的时候，我会心安理得地认为，毕竟他们比我年长许多，所以他们的功名成就与我的默默无闻均在情理之中；当年龄差这个数字愈来愈小，即将趋近于零甚至成为负数的时候，我便开始坐卧不安，心中涌动着悲哀。

就是在这一夜。我开始感觉到生活的并不轻松。

41

我的厌学情绪在此时达到巅峰，从来没有过像现在这样对书本产生厌恶。并非我不热爱学习，导致我郁闷的是所学的专业，它竟是如此无聊，我万万没有想到自己会在大学里学习这些知识。我把大学设想得过于美好，而现实与理想的巨大反差却如洪水猛兽一般向我袭来，我来不及防备，就被扑倒在地。

每天与枯燥无味的课程打交道，生活在齿轮、减速器、力偶、弯扭强度、自由度、科氏加速度等这些生硬又毫无感情的文字里面，我感觉不到生活的意义，站在巨大的机器前，我感到人类正在放弃许多权力，把自己渐渐推入一个冰冷的世界。

使我不解的是，许多同学正在麻木地把这些课程学得津津有味，登峰造极。

42

能够使我从空虚中解脱出来的惟一办法就是运动。每日夜晚，我把周舟送回宿舍后便会去操场跑步。学校的操场在这学期铺设了塑胶跑道并种植了草皮，为了防止有人进行破坏活动，体育组的值班老师给进入操场的大门上了一把大铁锁，但这并不能阻止我因空虚苦闷而产生的异常强烈的跑步欲望，我会翻门而入。

此时正值五月中旬，天气并不热，但我会把自己跑得大汗淋漓，直至精疲力竭为止。只有这样我才会感觉畅快一些，才能将积聚在心中的苦闷发泄出来；只有我把自己搞得疲倦，才能在深夜中睡去，但第二天早晨，空虚和郁闷又在我的体内卷土重来，使我再次陷入痛苦。

每天夜晚，我都要围绕跑道疯狂奔跑，用尽全身力气，毫不保留。不快乐的情绪会随着汗水在一圈圈的奔跑中顺毛孔排出。奔跑了十几圈后，我会脱掉衣服，赤裸着上半身躺在草皮上仰望夜空。冰凉的草皮被我压在身下，隐隐刺痛我的皮肤，汗水顺着身体流淌，再沿着草茎渗透进泥土，与大地融为一体。幽黑的夜空寂静无声，我只能听到自己的心脏在“咚咚”地跳个不停，世界仿佛只我一人。此刻，我的心潮澎湃。

我非常热爱跑步，尤其是长跑。上中学时，我曾经是学校八百米和一千五百米的冠军，全校包括体育老师在内的所有人，没有谁跑得过我。我为学校在区级和市级的运动会上取得了一块块奖牌，学校因为有了我，才被评为北京市中长跑传统运动学校。高考前，我以国家二级运动员的水平严格要求自己，更加玩命地在每个清晨绕着北京的大街小巷跑来跑去，如果达到此标准，我就会在高考中得到比他人多加二十分的优势。结果我做到了。这时，跑步被渴望上大学的我当作一种进入大学校园的捷径。

现在，我依然孜孜不倦地奔跑，然而现在的奔跑却是为了摆脱上大学的苦闷。如果早知道大学竟然如此让人意志消沉，那么我绝不会在高考前拼命地练习，上大学前的奔跑导致了我上大学后依然需要奔跑（如果我没有刻苦练习，就不会达到国家二级运动员水平，也不会获得二十分的加分，很可能会因此而落榜，也将不会拥有上大学的苦闷，更不会为了摆脱苦闷而去跑步）。

我中学跑步发生在清晨，是向着希望奔跑；大学跑步发生在夜晚，是希望破灭后的奔跑。

我每次跑步都是在黑暗中悄悄进行，值班老师并不知道每晚会有一个学生从不缺席地出现在跑道上。一次，我光着膀子绕跑道无助地跑着，并不时借仰天大吼几声发泄压抑的情绪，值班老师闻讯而至，他拿着手电筒四处寻找是何人违反校规，深夜闯入操场。我急忙卧倒在地，心脏紧贴地面加速跳动，我轻轻拱起身子，惟恐心脏的跳动会以波的形式通过地面这种介质传播到值班老师的脚下，以防他顺藤摸瓜，找到波源。手电筒像探照灯一样，在他的手中晃来晃去，最后停留在我身旁，他发现了我。我伏在地面上一动不动，希望他把我当作堆放在地上的一堆杂物，然而他却慢慢向我走来。此刻，我不知道自己下一步应该怎么办，是否仍旧一动不动地趴在地面，继续充当一堆杂物，还是挺身跃起，夺命而逃，但这里只有一条出路——从铁门翻出。可这样一来将会延长我的逃跑时间，老师很有可能会一步赶上，将我在翻跃铁门之时拿下，我还会因为畏罪潜逃而得到更严厉的惩罚。就在我趴在跑道上踌躇不决之际，老师的皮鞋已经出现在我的眼前，我的犹豫导致了束手就擒。

“你在这儿干什么呢？”老师怒气冲冲地问道，强烈的手电光射在我的脸上，刺得我睁不开眼睛。

我用手挡住双眼，从地上爬起来说：“没干什么。”

“没干什么你为什么待在这儿？”

“我在这躺会儿。”

“躺会儿？”老师疑惑地说。

“对！我困了，就在这睡会儿觉。”

“你是不是翻门进来的！知不知道这是违反校纪！”

“我不是跳进来的。”

“那你是怎么进来的？”

“走进来的。”

“走进来的？这怎么可能？大门已经锁了，你从什么地方走进来？”

“锁门前我已经进来了，锁门的时候我睡着了，结果就被锁在里面。”

“刚才我听见有人喊叫，是不是你？”

“可能是吧，我刚才做了一个恶梦，梦见自己被大毒蛇缠住了脖子，勒得喘不过气，所以放声大叫了几下。”

“你光着身子睡觉不冷吗？”老师见我赤裸着上身问道。

“没事儿，我最近有点儿上火，内火攻心。”

“没事儿就早点回宿舍，别在这儿折腾。”

“嗯，老师再见。”

“别再见，我明天不想再见到你！”老师打开大门，放我出去。

43

日子一天天过去，天气越来越热，我的苦闷随之加深。

这是一个天气闷热，没有一丝风的傍晚。太阳已经落下山去，但我还是因为飘荡在身边的炎热空气而心烦意乱。明天将有一门考查课的考试，宿舍同学相继去了教室复习，而我却躺在床上，毫无看书的意念。

宿舍里静悄悄的，我环视四周，发现周围的一切在我眼里显得那么陌生、残酷，我被禁锢在一个让我茫然的世界中，很多事情像枷锁一样牢牢束缚住我的手脚，任我怎样歇斯底里地挣扎也无济于事。

突然，我萌发了离开学校的念头。此刻，这个念头竟是如此强烈。

我打电话将这个决定告诉了爸爸，他听出我话语间流露的痛苦和对目前生活的厌恶之情，他说让我先好好考虑一宿，明天他再来学校和我敞开心扉地谈谈。

夜晚，我独自来到楼顶，闷热的天空中掠过一丝风，使我稍感凉意，远处的天边乌云密布，笼罩着城市的另一端，一道闪电从空中划过，紧接着传来轰隆隆雷声，听起来有些发闷。

我点上一根烟，注视着远方，突然一个闪电，林立的高楼在被照亮的一刹那显得阴森恐怖。又一个闪电划过，粗大的雨点相继落下，打在我的头上、身上，轻微的疼痛使我感觉暴雨的来势凶猛，我紧走几步回了宿舍。

窗外雷雨交加，宿舍里的人为了明天的考试已经早早睡去。我平躺在床上，一动不动地盯着上方。窗外的雨还在下，不知道明天是一个怎样的天气。

44

第二天，我呆坐在考场上盯着完全陌生的试卷，耳边传来同学们疾笔如飞的声音。监考老师在我的身边走来走去，因为我的试卷空空如也而一次次发出叹息。当我在试卷上写下自己名字的时候，更坚定了离开的信念。我将卷子交给那个用异样眼光打量我的老师，匆匆离开了考场。

爸来到学校的时候正好是午饭时间，我问他吃了吗，他说还没。我把他带到学校食堂，给他买了一份饭。他问我："你怎么不吃？"

我说："不想吃。"

爸看了我一眼，没有说什么，低下头津津有味地吃起那份在我看来平淡无味的饭菜。

吃完饭，我们来到操场，寂静的操场空无一人，草皮在阳光的暴晒下晃得人眼前发亮，我们找了个树荫坐下来。

爸的手在兜里摸索，像是在找烟，摸索了一阵后，无奈地做出放弃的选择。我把自己的烟递给他，他表现出很吃惊的样子。我说："其实我早就开始抽烟了。"

爸没说什么，从烟盒里抽出两根，其中一根叼在嘴里，另一个递给我。我说："在你面前我还是不抽了。"他又把那根烟插进盒里。我们彼此看了一眼，谁也没有说话。沉默维持了很长一段时间，气氛有些尴尬，我和爸爸之间存在着无法丈量的代沟。

爸先开口了："昨天晚上睡着了吗？"

"没有。"我如实回答。

"想得怎么样？"他问道。

"还是当初的决定，不想上了。"

"不上学你干什么去？"

"不知道。"

"那总得找点儿事情做吧，你心甘情愿一天到晚待在家里吗？"

"可能还会上学，换个专业。"

"你想学什么专业？"

"不知道，反正我是绝对不适合现在这个专业。"我在一片茫然中依然坚定这条路对我是行不通的。

"你这是感情用事，年轻人做事容易冲动。"

这样的话我已经听过太多太多。"我是经过深思熟虑的，这件事情我已经反复考虑了很久。"

"可是你现在仍然不知道自己能干什么或者想干什么，你只知道自己不能干什么，如果你学了别的专业仍旧厌倦怎么办？"

"不会的，如果让我重新再来一次的话，我会选择一个一生钟爱的专业。"

"人总是在变的，不可能对一件事情保持终生热情不减，譬如……"爸没有继续说下去，这让我想起了他和妈危在旦夕的感情。

"之所以热情会每况愈下，就是因为当初的错误选择。"我坚持自己的原则。

"事情总是变化的，你还小，缺乏这方面的经验，或许若干年后你会发现，你准备放弃的这个专业却是你离不开的。"

"打死我我也不信，我要跟丫彻底绝裂。"爸对我的屡屡劝阻让我愤怒，他似乎体会不到我对这个专业的深恶痛绝。

"我只是举个例子而已，还是希望你三思而后行，做事情不要盲目。我就吃过不少这样的亏，摔了无数个跟头，现在站起来回首走过的坎坷路，觉得自己当初特幼稚。这种感觉你也会遇到的。"

"我现在是一点儿也学不下去了，今天考试我只写了个名字就交卷了。"我想让爸了解现状。

"下回再遇到这种情况就不要写名字了。"爸好像怕我给这个姓氏丢脸。

"这学期我基本没怎么上过课，马上就要考试了，如果全不及格会被开除的。"

"你现在要化悲痛为力量，多看看书，哪怕混下来也能有个毕业证呀，找工作也好找。"

难道爸的意思就是让我忍气吞声地度过四年伤痕累累的生活，得以混个毕业证，好找份工作糊口吗？与其这样不如去海淀图书城门口买个假的，方便又快捷。

我试图让爸理解我的想法，能够站在我的立场考虑这件事情。如果换成他，他会如何对待这件事情，做出怎样的选择。可他却以过来人自居，不厌其烦地给我讲述大道理，让我再三斟酌事情的利弊，还说我是半大不大正处于人生道路的迷茫阶段，现在是关键时刻，要慎重地走好每一步，否则一步踏空，后患无穷。

我觉得谈话没有必要再继续下去，便以下午有课为由结束了谈话。

爸说："你看，你还知道自觉主动地去上课呢，事情没有你想像的那么糟糕。"

我不知道说什么好。

临走前，爸把那盒烟留给我，说："想不通就抽一根，我当知青那会儿就是晚上一边蹲在野地里拉屎，一边抽着烟看着广阔夜空思考人生和未来的。"

45

在爸对我进行的劝阻中，有一句话被我认为值得深刻思考：你不学这个专业还能学什么?这句话在我对日后何去何从做出选择的时候起到了不可忽视的作用。如果我放弃眼前的专业去寻求真正值得我去热爱的专业，那么这个专业又是什么呢？我感到又一片茫然在向我靠近。

每当我无法忍受置身于学校中的难以名状的空虚时，就会选择徒步或乘坐公共汽车绕着北京城漫无目的地转悠。从我起床的那一刻起，直至晚霞将城市的天边层林尽染。我会在万家灯火的时刻结束一天的环城旅行，带着疲倦回到学校。

公车下，是一辆辆疾速行驶的汽车，我搞不懂它们为了什么总是奔驰在道路上。

第三章 〉〉〉〉〉〉〉

颓废到底

1

现在，当我写这篇小说的时候，心中涌动着难言的苦涩，脑海中闪现着一幅幅关于我当时苦闷情景的画面：躺在床上一蹶不振地抽着烟；手里拿着啤酒，蹲在夕阳下的楼顶，凝视着天边的晚霞；寂静的月光下，独自一人发疯般地在操场上奔跑；面对作业本和黑板时心中的失落，坐在教室里听着老师念念有词，如坐针毡；当同学们去上课的时候，我一人孤落地待在宿舍，烦了就抽根烟，在空荡荡的楼道里溜达来溜达去……一想到距离毕业的那一天还遥遥无期，心情便沉重起来，浑身不自在，脑袋“嗡”地一声响，眼前一片漆黑，不知道这样的日子还要过多久才算到达终点，结束这种苦闷之旅。

宿舍门后贴着一张值日表，上面规定宿舍的每个成员在哪天应该做什么，只有它才能强迫我们每天轮流打扫宿舍卫生、打开水。没有它，我们的生活环境必然会变得肮脏不堪。

我打开水被安排在周一，成为此期间被我认为惟一一件值得去做的事情。所以，每当一个星期刚刚从周一开始的时候，我却在打完水后认为这个星期已经结束，再也没有什么事情可做，于是，剩下的几天将被我浑浑噩噩、狼狈不堪地度过。

突然间，我对整座校园、整座北京城，还有我的生活产生了陌生感，置身于此，我有些格格不入，压抑的苦闷始终伴随着我。

我决定离开北京，去外地走一走。

2

这个学期在我打了 16 次开水后接近尾声，期末考试再次向我们袭来。

就在老师给同学们上期末复习课的时候，我到北京站购买了去往西安的火车票。

期末考试的前一天晚上，在没有任何人知道的情况下，我带着身边共有的 1100 块钱，独自踏上由北京开往西安的列车，在车站广场的售货摊买了两盒“康师傅”、一袋“曼可顿”、一盒猪肝和一瓶矿泉水，然后上了车。

我座位旁边是一个头发半长的女孩，大大的眼睛下面翘起一个顽皮的鼻子，性感的嘴唇在白晰面容的衬托下愈显红艳，身体散发着清香味道。我把刚刚从车站广场买来的食品放到桌上，坐在紧靠窗口的座位上。

“你去西安？”女孩看到我的吃的问道。

“对，你去哪儿？”

“我也去西安，你是去玩吗？”

“就算是吧，去转转。”

“你还在上学吧？”

“嗯，你呢？”

“马上就要毕业了，论文答辩已经通过了，等我从西安回来的时候就可以拿到毕业证了。”

“在哪个学校上学？”

“北外，你呢？”

“北×大，你什么专业？”

“西班牙语，你学什么？”

“机械。”这两个字从嘴中蹦出时，我的心中弥漫着悲哀与无奈。

“你上大几了？”

“大二。”

“现在正是考试的时候，你怎么还能去西安玩？”

“不想考试，没劲！”

“我上大一、大二的时候也特别讨厌上课、考试，但慢慢就混到毕业了。”

“你找到工作了吗？”

“找到了，我 8 月份去西班牙，给一家公司做翻译。”

“你已经混出来了。”

“你也会有混出来的那一天。”

我不知道还要混多久才能结束这种无法忍受的生活。“咣当”一声，火车启动了，我的身体随之一晃。

火车有节奏地奔驰在铁轨上，窗外景象渐渐由灯火阑珊的城市变成漆黑一片的庄稼地，车窗像一面镜子，映射出我的五官。我在车窗的另一侧看到一张麻木的脸，上面杂乱地拥挤着眉毛、眼睛、鼻子、嘴，郁闷像挥之不去的表情，渗透其中。

“喂，想什么呢？”女孩问我。

“没想什么，我有点儿困了。”

“吃点儿东西就不困了。”女孩掏出一包“曼陀思”薄荷糖，问我：“以前去过西安吗？”

“没有，我只去过西单。”

“嘿嘿，我还去过东单呢。”女孩笑着说，“我以前来过西安一次，我男朋友的家就在西安。”

“哦，他怎么没陪你来，正好可以回家看看？”

“分手了。”

“为什么？”我随口问道。

“他毕业后要去中国驻古巴的大使馆工作，将来很可能留在那里，想让我作为家属跟过去，可是我不愿意去。我打算去西班牙。结果他就提出和我分手，分就分，谁怕谁，西班牙有的是帅哥。”

“没有你他只能在古巴玩黑妞了。”我说。

“玩就玩，反正我现在和他一点儿关系都没有了！”女孩表情坚决，“你有女朋友吗？”

“有。”

“是你的同学？”

“不是同班同学，我们一个学校的。”

“你们怎么认识的？谁追的谁？”

“一见钟情。”

“这样最好了，我就是被男朋友骗到手的！”女孩愤愤地说。

“他都怎么骗你了？”我好奇地问。

“刚入校的时候，他整天给我写信，还请我吃饭。一个月后我就屈服了，结果第二天就成了我请他吃饭。”

“你应该多坚持一段时间，能坚持到毕业最好了，四年里每天都会有人请你吃饭，还能收到求爱信，多幸福的一件事情！”

“我现在也挺后悔那么快就答应了他。”

“他都把你什么骗走了？”

“该骗走的都骗走了。”

我和女孩的谈话起初还属于高谈阔论，随着我们谈得愈发投机，谈话变成了交头接耳和窃窃私语，我们省去了逐渐熟悉的中间阶段，直接发展到亲密地步。下半夜，火车尚未开过太原，女孩的头就已经靠在我的肩膀上，睡着了。

此时，车厢内的旅客们已经以各种姿势睡去，我隐约看到窗外黑黝黝的山脉在远处缓缓移动，一阵困倦袭来，我便将头抵住女孩的头，闻着她头发散发出的清香，也睡着了。

当我擦着垂涎到下巴的口水醒来时，看见女孩正专注地看着我。

“怎么啦？”我问道。

“你打呼噜的声音怎么这么大呀！”我感觉女孩的话语中掺杂着崇拜情结。

“我睡觉还打呼噜？”

“不会吧！呼噜打得那么响你居然会不知道？”

“睡着的时候怎么会知道自己打呼噜，难道你睡觉的时候知道周围发生的事情？”我反问。

“当然知道”。

“知道什么？”

“我就是在睡着的时候被你的呼噜声吵醒的，我以为火车出事了，赶紧睁开眼睛，结果就听见你的呼噜声在我的耳边轰轰作响，吓死我了！”

“给你吃猪肝，算我给你压惊。”我把那盒猪肝递到女孩面前。

“拿走，拿走，我才不吃这东西呢！”女孩扭头说，“知道你为什么呼噜打得这么响吗，就是因为你老吃猪肝，肝和肺连在一起，肺和呼吸道相连，所以你打起呼噜来如雷贯耳，多少受到一些猪的影响。”

我很佩服女孩丰富的想像力。

3

时间已至凌晨四点钟。我站起身，准备去趟厕所回来后吃些东西。厕所里，我小便完后又产生了要大便的感觉，于是褪下裤子，蹲在坑上，一股冷风从坑底涌上，吹在我温暖的屁股上。我拉出一撅屎，正好落入坑中的小黑洞，它顺着黑洞自由下落，掉进一片黑暗中，在列车的隆隆声中消失。我想，如果列车行进时不发出声音，那么就会听到这撅屎落地时的“啪”的一声，然后它被摔得四分五裂，一塌糊涂得不可收拾。

我又想起另一件曾经困扰我的问题，我们在飞机上拉出的屎究竟会去向何方呢？

记得第一次坐飞机的时候，为了彻底搞清楚这个在我心头聚积多年、百思不得其解的问题，我在上飞机前特意将应该在早晨就排出体外的大便坚持憋到中午。上飞机后，我做的第一件事情就是去飞机上的厕所拉屎，漂亮的空姐儿笑容可掬地对我说："对不起先生，飞机还没有起飞，请你稍候片刻，待飞机平稳飞行后我来通知您。"

飞机起飞后，空姐儿走过来对我说："现在可以了。"

我迫不及待地冲进厕所，一屁股坐在马桶上，竟然忘记脱掉裤子。

拉完屎，我澎湃的心潮立刻平静了许多，心脏跳动备感轻松，此前它一直在做艰难的负重运动。我扳动水箱旋钮，一股清水呈漩涡状自上而下流出，我蹲在马桶旁，仔细观察我的屎究竟会被这股水卷到哪里。马桶的底部装有一个银白色金属片，水出来后这个金属片便被冲开，屎们相继做 360 度旋转落下。这时突然有一撅屎被卡在金属片间，我又放水冲了一遍，它依旧在晃动了几下后停在原处。我再放水冲了一遍，它还是恋恋不舍地待在原地。这时，门外响起敲门声，一个男子喊道："里面的这位，您行行好吧，您再不出来，我的屎就出来了！"

情急之下，我从包中掏出空姐发给旅客们的苹果，将它狠狠地向那撅屎砸去，"扑嗵"一声，水花四溅，苹果强迫性地将那撅屎顶了出去而自己却留在里面，这下可大事不好，如果被门外的人看见我拉完屎后留下一个苹果在马桶里，他对我的肠道和消化系统会怎样想。好在苹果在我又冲过一遍水后，没有违背我的主观愿望，顺从地消失在马桶中。

屎被冲出马桶后，它们是否也会被冲出飞机呢？有人说，屎的确被冲出飞机。我听后大为惊讶，这个人又说，屎在大气层中被分解成无数个微小的颗粒，从此以后，我便不再喝生水，因为生水是由湖泊水而来，而湖泊水又来自降水，降水中含有大气层中各种物质的微粒，譬如那些屎的微粒。

我又想，如果一个人拉出的屎比较多，屎们在冲出大气层继续下降时尚未被分解完全，它们落到庄稼地里倒可尽其职责，可要是落到某人的脑袋上或是掉进哪个正在露天吃饭的人的饭碗里，那可怎么办？

至于那个苹果的去向我甚为关心，它是否会砸到某个正在树下看书的青年的脑袋，使他顿发奇想，一举成名。不过，如果被从那么高的地方落下的苹果砸到的话，死不了也会脑瘫的，至少脑袋会被砸出一个苹果大的洞。如果这个苹果没有砸到任何东西，而是被某个人捡到吃掉，我是否应该告诉他，这是一个曾经被用来砸过屎，并卡在马桶里久久不愿离去的苹果。

4

我洗过手从厕所回来，问女孩是否吃方便面，她毫不犹豫地说：“吃！”于是，我拿着两盒“康师傅”去车厢的尽头接开水，女孩冲我喊道：“多接点儿水，我爱喝汤。”

我端着两碗面回到座位，把其中汤多的一碗递给女孩，她毫不客气地吃了起来。

“你叫什么名字？”我一边吃一边问道。

“汤珊。”

“你姓汤？”

“对呀，怎么了？”

“怪不得你这么爱喝汤。”

“那你一定姓朱了。”女孩见我正吃着猪肝说道。

“对了，我包里有牛肉干，你吃吧！”汤珊站起身，从行李架上取下书包，拿出牛肉干摆在我面前。

我毫不掩饰对牛肉干的热爱，抓起一把塞进嘴里，大口大口地嚼了起来。

吃过方便面，尚未到五点钟，窗外依然一片漆黑，火车在黑暗中疾速行驶。由于已经睡了一会儿觉又刚刚吃过食物，我备感精力充沛，就向汤珊询问西安的好玩之处，她给我讲了许多有意思的地方，但见我依然一脸茫然，便说："算了吧，还是我给你当导游吧，不收劳务费，所有的费用AA制。"

"那也得看我愿不愿意。"

"你别后悔！"

"我后悔不让你当导游。"

中午正要吃饭的时候，我感到腹中一阵翻滚，随之而来的便是万马奔腾般的涌动，我急忙拿着手纸跑进厕所。

从厕所回来刚坐到座位上，腹内又一次告急，我非常不好意思地向汤珊要了些卫生纸，慌慌张张地再次跑向厕所。

两次过后，我面色憔悴地从厕所回到座位上，汤珊说："我帮你分析了原因，在你吃过的东西中，我只有猪肝没吃，而我现在身体状况良好，有鉴于此，你就是因为猪肝吃坏了肚子。"

我觉得汤珊分析得合情合理，便抄起剩下的猪肝走向厕所，要将这个罪魁祸首绳之以法，顺便再上一次厕所。

当我第三次踱步回到座位的时候，汤珊说我在转瞬间发生了巨大变化，两只眼睛比刚才大了许多，只是更加没有神采，双腮也深深地陷入脸颊，颧骨格外地突出，整个人一下子瘦下去许多，好像大病了一场。

好在再过一会儿火车就要到达西安，我揉着肚子，闭上眼睛靠在座位上，等待这一时刻的到来。

下午三点钟，列车缓缓驶入西安车站，我的情况甚为糟糕，已经到了站都站不稳的程度。汤珊看到我摇摇欲坠的样子，便不再指望我替她背书包。我把东西也塞入她的书包，赤手空拳地和她走出站台。

出了西安火车站，眼前呈现出一幅与北京截然不同的城市面貌，不太清洁的街道，热闹但不华丽的城市建筑，熙熙攘攘的人群，并不很绿的树叶上面落满尘土，红色"奥拓"出租汽车在道路上奔跑，整座城市弥漫在褐灰色的天空下。

5

我走出车站广场后的第一件事情就是去IC卡电话亭给周舟打电话，周舟焦急地问我："你在哪儿，我找了你一整天，还以为你失踪了。"

"我没有失踪，我在距离你1000公里之外的西安。"

周舟在电话里哭了起来，我告诉她不要哭也不要惦记，过几天我就回去，然后就挂了电话。

在我打电话的时候，汤珊一直站在很远的地方看着四周景象。打完电话，我走过去说："走吧，先找一个住的地方。"

汤珊背起包，和我沿着大街漫无目的地寻找旅馆。

"刚才是不是在给女朋友打电话？"汤珊问我。

"是，怎么了？"

"没什么！你对她还挺恋恋不舍的。"

"告诉她我现在在西安。"

"她不知道你来这儿了？"

"嗯。"

"来之前你为什么没告诉她？"

"不想。"

"为什么不想？"

"不为什么！你能不能少问点儿为什么，马上就是要大学毕业的人了，怎么还这么多为什么！"

"算了，我不问了。"汤珊转身就走。

"嘿，你上哪儿去？"

"你管不着，我自己走！"

"别呀，我现在站都站不稳了，你就这么狠心把我丢下，万一我暴死客乡怎么办？"

"你活该！"汤珊走回来说。

我们在车站附近找到一家旅馆，在把身份证交给服务员登记的时候，我问汤珊："是不是开两个房间？"

"不用了，开一个就行了，还可以省一半的钱。"

"那就开一个房间。"我对服务员说。

"结婚证？"服务员问道。

"没有！"汤珊说。

服务员会意地一笑，把房间的钥匙交到我们手里，说："上去吧，308。"

"谢谢！"我和汤珊异口同声地说。

进入房间后，我立即冲进厕所，可当我坐在马桶上准备放松机关的时候，却发现卫生间内没有手纸，于是又提上裤子，冲出卫生间向汤珊要了些手纸，再次冲进厕所。

就在我如释重负的时候，汤珊在卫生间外喊道："你帮我看看有没有热水，一会儿我要洗澡。"

我打开淋浴器，一股温暖的水柱喷下，我索性脱去衣服，先洗了个痛快。

我从卫生间出来的时候，汤珊正倚在床上看电视。

"你去洗吧，水挺热的。"我站到空调下，体验着冷风吹在身上的凉爽感觉。

汤珊走进卫生间关上门，又探出一个脑袋说："我就不插门了，你可千万别进来！"说完，她的脑袋便消失在门缝中。片刻，卫生间传来"哗哗"的水声，我躺在床上琢磨汤珊说的那句话的意思，她究竟是让我千万别进去，还是一定别忘了进去，如果我进去了，她是否会先是用胳膊挡住身体，然后说我是臭流氓，再一边用淋浴器向我身上喷水一边喊道："你出去！快滚出去，"如果我没有进去，会不会让她感到失望，认为我欠缺男人本色，想着想着，我就睡着了。

当我醒来的时候，先是闻到一股沐浴露的清香，感觉一缕潮湿的东西贴在脸上，睁开眼睛一瞧，汤珊正俯身看着我，一缕湿露露的头发垂到我的脸上，我们脸与脸的距离很近，我甚至能够看到她脸上那两颗微黄色的小痣，她鼻孔中呼出的气息正喷在我的脸上。

"洗完了？"我问。

"嗯。"汤珊没有张开嘴唇，只是轻轻地一答。

"我们去哪儿玩？"

"不知道。"

"那我们总得干点儿什么吧！"我感觉肚子停止了对我的折磨。

"是呀！"

"干什么？"

"不知道！"

我们之间的距离已经愈来愈近，鼻子几乎抵在一起。

"我知道！"

我将汤珊紧紧抱住翻于身下，四片嘴唇紧密地结合在一起。

待我正准备长驱直入时，汤珊推开我说："现在不行，不安全，得带套。"

我说："我没套。"

她说："你身上怎么不带着！"

我说："我一个人来西安带套干什么？"

"那就去买，要不然别想进来！"说完，汤珊便从我身下抽出身子，躺在一旁，冷冷地看着我。

我无奈地穿上衣服，推门而出说："在这儿等着我。"

临关门前，我没忘记对汤珊赤裸的身体又看了一眼。

6

旅馆隔壁就是一家药店。我来到避孕套柜台前，五花八门种类繁多的避孕套看得我眼花缭乱，无从选择。

售货小姐看出我面临艰难的选择，便主动又亲切地询问我对此用品有何要求并向我推荐一种物美价廉的合资产品，它有一个让我怦然心动的名字——堂·吉珂德。

售货小姐问我："您是需要一盒10个的还是要一盒20个的？"

我想，也不知道要在西安待多久，干脆买一盒20个的，省得不够还要再来买。于是，我对小姐说："要20个装的。"

我拿着小姐开的票据来到收款台付款，递给出纳员一张百元的人民币，在等待找零钱的时间里，我想起刚才那个售货员为何那般年轻却对此种商品如此了如指掌，听语气，她定是谙练此道的行中高手，莫非她身兼多职，除了做售货员外还是个风尘女子。不过，上岗考核也是致使她业务水平如此之高的一个原因。

"拿着！"出纳员打断我的思路，将两张盖了戳的票据递给我。

我接过这两张票据，又把它们交给售货小姐。她把它们中的一张收起来，将那盒避孕套和另一张票据递给我说："这张购物小票您留好了，如果商品出现质量问题，您可以凭借小票退换商品，3日内有效。"

我想，避孕套这东西怎么能够在3日内发现问题，至少也得一个月后，如果真是出现了问题，不仅过了退换期限，还要追悔莫及地去医院。虽然这么想，但还是将购物小票塞入钱包深层，拿着避孕套出了药店的门，一拐弯，又进了旅馆，心想，真他妈方便。

我进了房间，却看见汤珊已经穿戴整齐地坐在床边看电视，她看见我说："这么快，买了吗？"

"买了。你怎么也不等等我呀！"

"我怎么知道你什么时候回来，万一闯进来坏人怎么办？"

"难道你穿上衣服就没有坏人闯进来吗？"

"至少我可以利用脱衣服来拖延时间，等你回来将坏人拿下。"

"要是我在关键时刻赶不回来怎么办？或者我袖手旁观呢？"

"那我就让他先杀了你，然后他想干什么我就让他干什么！"

"他要什么都不想呢？"

"那他就不是一个男人！"

"我现在就是什么都想的男人。"我搂住汤珊的肩膀。

“可我现在什么都不想！”汤珊把我的手从肩膀上挪开，站起身走到窗前说，“我要出去转转。”

夏日傍晚天黑得晚，晚上六点半钟，我和汤珊走在西安的小吃街上，街边各种风味小吃吸引得她迈不开腿，她说：“我饿了，咱们就这儿吃吧！”

我们坐在一家麻辣烫摊位旁，老板问我们要什么锅底，汤珊说要红油锅底，我因为肚子刚刚好，要清汤锅底，为了这件事我们争论了好半天，汤珊说我不像个男人，连辣的都不敢吃，我说汤珊不像个女人，比我还能吃辣的，最后，老板调节说：“二位别争了，我们这里有鸳鸯锅底。”

店伙计拿来菜单让我们点菜，西安的麻辣烫价格便宜，素菜一毛钱一串，荤的两毛钱一串，我们总共要了二十多串，可是店伙计端上来的串却让我们出奇地失望，串的量少得可怜，就拿鹌鹑蛋来说，比牙签还细的一根木棍上仅串着一个鹌鹑蛋。在北京，一串鹌鹑蛋的价格是一块钱，总共有 6 个，而在这里一个鹌鹑蛋却要两毛钱，实际价格比北京还贵。

我和汤珊又要了一百串，吃完后没有饱的感觉，汤珊还要再吃一百串，我说算了吧，这样的东西就是吃一千串也不会有感觉的，不如吃点儿别的，可汤珊却一再坚持要吃麻辣烫，我只好又要了一百串。

这个鸳鸯锅底实际上就是用一个铁片将大铝盆从中间一分为二，一侧是红油，另一侧是清汤。这个铁片却不能严丝合隙地将红油与清汤分开，它与盆底之间存在一个很大的缝隙，所以我会将汤珊放进红油那侧的食物通过缝隙捞过来。那些食物在没熟之前是沉在锅底的，这很有利于我在水下秘密工作。汤珊把食物放入锅内，久久等待却不见浮出水面，只见我不停地把清汤这侧漂浮在水面的食物夹进嘴里，这也是我们吃了一百多串而她依然饥肠辘辘的原因，她压根儿就没怎么吃到东西。

吃到整个锅底全部变成红色的时候，我吃得差不多了，便不再从锅底捞食物，这时汤珊那侧才有食物漂出，她吃完后来的一百串撑得站不起来。

结账前，我趁旁桌人不备，将我们桌上的220根木棍抓起一把，放到他们的桌上，老板拿起剩下的木棍一一数过后，说总共167根，我很痛快地付给老板165根的钱。

回旅馆的路上，汤珊问我："我记得咱们要了220个串，老板怎么数成167了？"

"谁知道！"我看着马路对面说。

在旅馆门口，我们从一个老太太手里买了一张西安旅游交通图。

回到房间，天色早已黑下来，西安城夜晚的灯火在窗外闪烁。汤珊拉上晚帘，在床上摊开地图，问我："明天去哪里玩？"

我说："你以前不是来过西安一次吗？"

"是来过，可那次是男朋友带我玩的，我向来是一个路痴。"

"既然你不认识路为什么还要给我当导游？"

"我是怕自己走丢了，想找个伴儿，再说了，我一个人出门在外，难道你不能主动地伸出援助之手吗？我明天想再去看一回兵马俑。"

"好吧！"我按地图上的路线寻找去那里的车辆，最后找到了一条较为方便又便宜的路线——出旅馆走几百米到火车站，然后花两元钱乘坐小巴即可直达那里。

为了明天可以早早地起床，我们决定现在立即上床睡觉。

7

临睡前，我问汤珊："我不洗漱了行吗？"

"可以，不过别和我睡在一张床上。"

"房间里只有这么一张床，你想让我睡地板？"

"那我不管，你爱睡哪儿就睡哪儿，反正不能离我太近。"

“如果我偏要和你睡一张床呢？”

“那你马上就去洗漱。”

洗漱完毕，我一头倒在床上，对看电视的汤珊说：“该你了。”

“我太困了。免了吧！”

“不行，我都去了，你必须得去。”

汤珊站起来说：“想不到你还挺斤斤计较的！”

“这是原则问题，我们从现在起要建立一种男女平等的关系，再说了，你一个女孩子家，愿意听别人说你不讲卫生吗？”

汤珊很勉强地从床上起来，光着脚丫子走进卫生间，也没有关门，拿起牙刷抹上牙膏就在嘴里摆动起来。她刷完牙，弯腰洗脸的时候，一扭头见我正注视着她，便问：“看什么呢？”

“没看什么，你身材不错。”

“真的？”汤珊从水龙头下掬到水，浸在脸上说。

“没骗你。”汤珊的身材的确很好，个子虽然不高，但比例匀称，有曲线，有起伏，特别是当她弯腰洗脸的时候，双腿显得笔直修长，臀部微微翘起。

汤珊洗完脸，又把脚抬起很高，伸到洗脸池里，拧开水龙头，“哗哗”冲洗，让我感觉她的身体柔软异常。

汤珊洗完第一只脚后，发现没有拖鞋，便冲我喊道：“嘿，把拖鞋给我扔过来。”

我将刚才穿过的那双印有旅馆名称的拖鞋扔向卫生间，结果撞到门框，落在门口。汤珊一只脚弯曲，另一只脚着地，蹦到门口，将抬起的脚伸进鞋里，说：“你怎么扔得这么不准！”

汤珊洗完脚，关掉卫生间的灯，走到床边说：“我要睡觉了。”

“你睡你的，我再看会儿电视。”

“电视开着我睡不着。”

“关上电视你让我干什么？”

“你想干什么就干什么？”

“真的？”

“嗯。”

“那好！”我用遥控器关上电视，抚摸着她的后背说，“那就开始吧。”

“把灯关上。”

“为什么？”

“不为什么，我不想开着灯！”

“可是我想。”

“可是我不想，你还想不想来？”

“想！”

“那就把灯关上！”

“如果我偏不关灯呢？”

“那就别来！”

“如果我想开着灯来呢？”

“不可能，没门儿！”

最后我还是关掉了房间的壁灯，屈服了。

在行事过程中，我曾腾出手拧开灯，汤珊立即把我推开，说：“讨厌吧你，关上！”

第二天，我们并没有早早地起床。当我们起来的时候已经很晚了，我收拾起扔在地上的两个避孕套，把它们丢进卫生间的纸篓。

8

我和汤珊临近中午才从床上起来，洗漱完毕后，时间已接近下午1点钟，看来去兵马俑的计划不得不推迟到明天，下午的这段时间，我们只好在西安市区逛逛。

汤珊问我:“一会儿吃什么?”

“不知道。”

“你还吃不吃了?”

“吃。”

“那总得想想吃什么吧!”

“去吃羊肉泡馍!”

“嗯。”

我们来到西安市最著名的老孙家羊肉泡馍馆,排了很长时间的队,才买上两碗羊肉泡馍。在把馍掰碎的时候,汤珊说她的手没劲儿,掰不动那个硬梆梆的馍。

我说:“我的手倒是有劲,难道你没发现被我掰过的馍已经由白色变成黑色了吗?”

汤珊说:“你干嘛不洗手?”

我说:“洗手的人比吃饭的人还多,等我洗完手咱们就可以把这碗泡馍当晚饭吃了。”

汤珊说:“那我干脆吃羊肉汤就馍吧!”然后左手拿着馍,右手拿起小勺,从碗里舀一口羊肉汤,再咬一口馍,旁桌的西安老头用异样的眼光看着她。

我把我那碗泡馍推到汤珊面前,说:“你尝尝,比较一下哪个好吃。”

汤珊立即将那碗泡馍推回我面前,说:“你这碗里指不定有多少沙子,吃着肯定牙碜。”然后,她又费力地把坚实的馍咬下一小块后,喝了一大口羊肉汤。

从泡馍馆出来,汤珊说:“刚才喝的那碗羊肉汤热死我了,我去买根冰棍。”

我陪她穿过马路,在一家冷饮店买了两根西安本地产的冰棍,然后坐在马路边的护栏上一边看着街景,一边吃着冰棍。

这时,一个中年男子出现在我们的面前,“下来!”他说。

我瞟了他一眼,没有理会,继续吃冰棍。

“下来!说你呢!”他冲我吼道。

“你丫干嘛的，有病吧！”我说。

那人从兜里掏出一个红箍，上面印着：治安管理员，“我让你下来，听见了吗！”

我和汤珊从铁栏杆上跳下来，说：“怎么了？”

“你们违反社会治安了，知不知道！”

“违反什么了？”

那人又从兜里掏出一个破烂的小脏本，翻到某一页，指着上面油印的字迹让我看：蹲坐公共场所护栏者，罚款5元。

“为什么不让坐？”

“不为什么，这同在公共场所禁止随地大小便是一个道理，规矩，掏钱吧！”他伸出手说。

汤珊说：“大叔，我们错了，下次不这样了。”

“那也不行，你得先交这次的罚款。”

汤珊还要向他求情，被我制止，我问：“多少钱？”

“每人5块，一共10块。”

“给你！”我从包里掏出一张10元的钱。

那人接过钱，转身欲走。

“票！”我冲他喊道。

他转过身，给我撕了一张5元的发票，又找给我两块钱说：“都不容易。”

我没有接过那两块钱，说：“少废话，该罚多少罚多少，谁让我错了呢，还差一张票！”

那人不情愿地收回两块钱，又撕下一张5元的发票，我接过发票，把它撕得粉碎，扔进路旁的垃圾箱，拉着汤珊扬长而去。

后来的时间被我们消耗在闲逛中。天黑前，我们爬上古城墙，听一个青年人吹埙，直到太阳落下山去，我们回了旅馆。

9

第二天早晨，我和汤珊每人吃了一个肉夹馍后，乘小巴去看兵马俑。

当我走进一号馆，看到一尊尊模样酷似、神情呆滞的泥人井然有序地排列在大土坑中，供游客观赏的时候，我忽然觉得，我们这些生活在世的人们，就是一尊尊兵马俑。

每个生命都是有其自身价值的，然而许多生命在结束前却尚未实现其价值，他们只是随着历史的车轮、社会的脚步，在漫无目的地完成从出生到死亡的过程。期间，他们丢掉个性，失去理想，埋葬幸福，丧失自我，甘于平庸，他们仅是历史洪流中的匆匆过客。如果这些人彼此间不存在相貌差异，再将他们身边摆一头死马的话，将无异于那些悲哀的兵马俑。

参观完兵马俑，我和汤珊各自从小贩手里买了一盒兵马俑模型，盒子里装有四个做工拙劣的小泥人，我感觉人类正和它们越来越像，看到它们就像看到自己被囚禁在盒子里，任意被商人贩卖，被游人玩弄，麻木的脸上却毫无表情。

下午，我们返回西安市里，又游览了大雁塔等市区附近的几个景点，然后在天刚刚黑下来的时候回到旅馆。

汤珊一头扎进卫生间洗澡，我坐在床上吃从街边买来的食物。

我吃完的时候汤珊也洗完澡从卫生间出来，我一抹嘴说："交换场地。"便脱去上衣，走进卫生间。

我洗澡很快，汤珊饭量很小，所以我们是在同一时间完成各自的任务。之后，我们来不及收拾便相拥着向床上倒去。

完事后，我们躺在床上赤裸着身体做出明天爬华山的决定。

次日，我和汤珊在上午九点钟醒来，汤珊赤裸着身体拉开窗帘，然后又慵懒地趴在床上，一缕阳光从窗外照射进来，正好落在汤珊的屁股上，使得这个部位看上去白花花的，有些耀眼。

“你就不怕被人看见？”我问道。

“被谁看见，你没看到窗外没有一座比咱们更高的楼吗？”

“如果有个儿高的人正好从此经过呢？”

“不可能，他个子再高也不会高过三层楼，要是真有这样的人，他也不会从这里经过，早就被送到动物园和长颈鹿关在一起了。”

“那要是有人乘直升机从天而降或是某个修电线杆的人此刻正把脸贴在窗口呢？”

汤珊立即用毛巾被裹住身体，紧张地向窗口望了一眼，只看到一片灰蒙蒙的天空，于是转过头，轻松地说：“我才不怕被人看呢！”

汤珊见我正盯着她的乳房看，便说：“你是不是又来劲儿了？”

“来什么劲儿？”

“你说什么劲儿！你想什么呢！”

“什么也没想。”

“瞎说，你看什么呢！”

“我只是看看而已，并不打算怎么样。”

“好，这是你说的，我看你能坚持到什么时候！”汤珊的身体紧紧贴住我，将乳房直对我的眼睛。

我看了一会儿，感觉有些眼花，便将眼睛闭上。汤珊用手撑开我的眼皮，说：“是男人就睁开，不许闭眼。”

我又用力闭紧眼睛。

汤珊说：“是不是不敢看了？”

我说：“不是不敢看，是太难看了。”

汤珊勃然大怒，起身将我压于身下，掐住我大腿内侧的肉，手腕一拧，说：“你敢说我的难看！”

我“哎哟”一声惨叫，说：“不敢了，不敢了，你的不难看！”

汤珊仍然死死地掐住我逼问道：“到底好看不好看！”

“好看，特好看。”

“真的假的！”

“真的，真的，特真！我一直也没有说过你的乳房是假的。”

“还敢废话，我让你再说。”汤珊将手腕拧得更紧，一阵巨痛从大腿处传遍我的全身。我立即求饶，说：“你的乳房是真的好看。”

“是发自内心吗？”

“是。”

“这次先饶了你！”汤珊从我身上下来。

“你看看，都掐紫了！”我指着被汤珊掐过的部位给她看。

“哎呀！我不是故意的，疼不疼？”

“废话，能不疼嘛！”

“要不我给你揉揉吧！”

“不用了！”

“对不起，我真的不是故意的。”

我没有说没关系。

汤珊搂住我的脖子说：“要不我让你爽会儿吧！”

我翻身将汤珊压于身下，学着她刚才的语调，指着自己的胸脯问道：“你说我这里好看不好看呀？”

汤珊刚要张嘴回答，我下身稍一用力，她便闭上眼睛，张开了嘴。

完事后汤珊伏在我的身上说：“嘿，说真的，你觉得我的乳房好看吗？”

“还行。”

“就还行呀！”汤珊失望地说。

“挺好看的。”

“那你刚才为什么不承认？”

“我怕你骄傲，人一骄傲乳房就下垂。”

“你说我骄傲吗？”

“你不仅不骄傲，还有些自卑，瞧你这东西都挺成什么样了，就是天塌下来，它也不会塌下来。”

“讨厌，你就不会说点儿好听的话。”

“我这是夸你呢！”

过了一会儿，汤珊问我："你女朋友的乳房好看吗？"

"好看。"

汤珊又好奇地问："我和她谁的好看？"

我感觉汤珊的这个问题实在愚蠢，就像我问我和他男朋友谁的老二大一样，但还是回答了她："各具特点，平分秋色。"其实说心里话，周舟无论从哪个方面都要比汤珊略高一畴。

"我特想知道你女朋友的乳房是什么样子。"汤珊说。

"我都快忘记了。"这时，我的心底忽然掠过一丝对周舟的思念之情。

汤珊看出我的神情，说："是不是想女朋友了，觉得这样做对不起她？"

"没有。"我坐起身子，穿上衣服。汤珊已经把脸转向床的另一侧。

10

下午三点钟，我们坐上开往华山的旅游汽车。五点钟，汽车将我们送至华山下。

山脚下卖纪念品的商贩说，爬到华山的顶峰只需五个小时，现在是下午五点钟，如果此刻开始爬山，到山顶的时间将是晚上 10 点钟，要看日出的话，还需要等到凌晨五点钟，山顶的夜风异常寒冷，即使穿上军大衣也难以抵抗，他们建议我们最好在深夜 12 点动身，爬山的过程中不会感到寒冷，正好能够在日出前抵达顶峰。由此看来，我们只好找个地方度过 12 点之前的这段时间。

我们先是围绕华山脚下的商摊转了一圈，然后又转遍华阴县城，最后走进一家饭馆，要了许多禁吃的东西：一盘煮花生米、一盘炸花生米、一盘宫保鸡丁，还有一盘土豆丝。我们又用了很长的时间吃完这些东西，挨到 10 点半的时候，汤珊说她实在熬不住了，不如早点动身，慢慢爬，于是我们就出发了。

出于非节假日的原因，来华山玩的游客并不多，空荡荡的山涧偶尔传出一两声鸟叫，我们伴着月光一步步向上爬行。

华山道路艰险，许多狭窄的小路环山而行，只有一条铁链护栏，护栏外便是万丈深渊，特别是在黑夜，我们看不清山下情况，不禁对黑暗中的一切充满恐惧，只得硬着头皮艰难而行。

经过近 6 个小时的攀登，我们终于爬到了华山的北峰，据说这里是观日出的最佳位置，一些游客已经在对着天边翘首以待了。

太阳在人们的欢呼声中跳出地平线，远远地挂在天边，透过薄雾和云层绽放出光芒，人们争先恐后地拍照。我静静地坐在悬崖边，点燃一根烟，注视着太阳，它的光芒正慢慢地由柔和变得强烈刺眼。

我和汤珊按原路返回山下，又坐上去往华清池的小巴。

天黑的时候，我们返回西安市，在吃了一些灌汤包后返回旅馆。

回到旅馆，我们双双倒在床上不再起来。

“累死我了！”汤珊说，“你累吗？”

“累。”

“帮我捏捏腿吧！”

“不行，我没劲儿，除非你先给我揉揉胳膊。”

“那还不如我直接给自己揉腿呢！”

“这不一样，你给我揉，我给你捏，这叫异性按摩，自己捏没有乐趣。”

“算了吧，我还是先去洗个澡。”汤珊费力地从床上站起来，脱去 T 恤和运动短裤，穿着内衣裤走进卫生间。

二十分钟后，哗哗的水声停止了，汤珊推开卫生间的门，探出一个脑袋对我说：“我包里有干净的内衣，帮我拿一身。”

“干什么用？”

“多废话呀，当然是穿了！”

“你就这么出来吧，我又不是没看过。”

“不行，我又不是野人，干嘛光着！赶紧给我衣服！”

我打开汤珊的背包，从里面挑出一件胸罩和一条内裤，把它们挂在汤珊的脖子上，说：“穿上又有什么用，加起来还没一块手绢大。”

汤珊缩回脑袋，从卫生间里传来声音说：“文明与野蛮的区别正在于此。”

“胸罩才是一件野蛮的工具，它把乳房紧紧地束缚在一个狭小的空间，限制其自由摆动，使它整日蜷缩在一个黑暗的角落，不见天日。乳房好不容易等到乳罩摘下去了，可往往是在黑夜人们要睡觉的时候，依然得不到阳光的普照。我敢说，没有几个女人的乳房见过太阳，你的见过阳光吗？肯定没有吧！”

“别废话了，帮我系上。”汤珊穿着内衣，双手背后从卫生间走出来，好像被好色的强盗扒光衣服将手从后面捆了起来，她站在我面前，留给我一片雪白的后背，双手正揪着胸罩带的两个头儿，竭力使它们连在一起。

我从汤珊手中接过那两个头儿，刚要扣上，转念一想，又将整个胸罩从她的肩膀摘去，并用手盖住她胸前那两块柔软的肉，说：“别系了，反正还要脱掉。”于是，我将汤珊抱到床上，再次压于身下。

事情很快就结束了，我们在极度疲倦中以各自感觉最舒服的姿势睡去。

11

当我第二天醒来的时候，发现汤珊已经不在身边，她放在桌子上的书包也消失了，我起身浏览房间四周，没有发现任何属于汤珊的物品，也就是说，汤珊已经离开了这个房间。

这时，我在床头看到一张写有几行字迹的白纸，我拾起它，看完后又茫然地坐到床上。

纸上写着如下内容：

喂,(我只能这么称呼你,因为我并不知道也不想知道你的名字)我对这些天的游玩感到很快乐,这与和你在一起是分不开的,如果再多几天的话,恐怕会喜欢上你,但我不能这么做,因为我清晨醒来的时候,听见你反复呼唤着一个女孩的名字,她叫“周舟”,我想这个叫周舟的女孩一定就是你的女朋友,我真替这个女孩感到幸福。

我应该尽早从你的身边消失,这样对我们都有好处,最后,深深地祝福你和那个女孩。

此刻,我并不想离去,但还是抓紧时间收拾东西为好,你应该马上回到那个女孩身边,从你呼唤她的状态看出,你是离不开她的。

汤 珊

我掀开窗帘,楼下上班、上学的人群和各种车辆充满整条街道。

我来到IC卡电话亭给宿舍拨了一个电话。

“喂!”是杨阳的声音,我已经久违了。

“杨阳,是我。”我在电话这侧低沉地说。

“邱飞!你还在西安呢?”杨阳很激动。

“对,你怎么又没去上课?”

“你过糊涂了吧,现在是期末考试,早结课了。”

“是嘛,考得怎么样?”

“还行,顶多两门不及格,你怎么连试都不考就走了?”

“不想考,周舟怎么样?”

“我听郝艾佳说,自从你走后,周舟天天晚上躺在床上哭,梦见你好几次!”

“我也梦见她了。”

“那还不赶紧回来!”

“我知道,我很快就回去。”

“什么时候？”

“我现在就去车站。”

“好！我们等你。”

经过十八个小时的颠簸，我又回到了北京，在火车上我没有吃一点儿东西，出站的时候已经饿得魂不附体。

我买了两个面包，坐在公共汽车上将它们狼吞虎咽地吃掉，然后满足地在车厢里打了一个嘹亮的饱嗝。

我回到宿舍，见屋内只有钟风一人正坐在我的床上练琴，他放下手中的电吉他，说：“我操，你丫可回来了，你走了乐队就停练了。”

我说：“过两天好好练练吧，宿舍里的人都到哪儿去了？”

钟风说：“他们都去考试去了。”

“你怎么没回学校考试？”

“我们学校已经考完了，这两天我一直睡你床上。”我的床铺已被钟风糟蹋得凌乱不堪，床单像是包子的褶子，全拧在了一起，被子也像被翻过的土地，七扭八歪地堆在床上。

“你接着弹吧，我先去洗个澡。”我脱去上衣和短裤，端着脸盆去了水房。

每到夏日，我就将洗澡的场所由学校澡堂转移到男生楼的水房，这样做出于两种原因，一是澡堂的那100个喷头无法满足全校一万多名师生的需求，而这100个喷头中又有20多个是流不出水的。由此一来，一个人在喷头下洗澡，三四个人脱得精光在一旁连等待再观看的现象便屡有发生。喷头下经常站个自私的家伙，始终占据着喷头，哪怕在往身上涂浴液或抹香皂的时候，也要站在喷头下，任流水将刚刚涂到身上的泡沫冲掉也不让别人使用。在一旁等待的那几个人往往会将抱怨和威胁的眼光定格在这个人的脸上，后者无法忍受众人愤怒的目光，便会转过身去，面对墙壁，把后背和屁股留给人家，然后仍旧悠然地沐浴着温水。等待的人见此人转过脸去，只好把目光停留在这个人的后背，他们会发现这个人洗澡很不仔细，依然有许多泥儿扎根在后背，但他们中不会有人将此事告诉他，否则他定会让你帮他搓背，如果你不管，他还要利用各种姿势，占用更多的时间，非把那些泥儿搓下来不可，会让你等待更久。在学校澡堂洗一次澡比跑一个马拉松还要艰难。二是因为在水房洗澡不受时间限制，我可以在任意时间内脱得精光，将一盆盆凉水浇在身上。我曾创下过一天里冲凉12次的纪录，如果天气再热点儿的话，我会将澡盆搬到学校的水房，终日躺在里面不再出来。

在我快洗完的时候，突然从水房外闯进一名彪悍的中年妇女，她是学校雇来打扫楼道卫生的农家妇女。当时我正面向门口，正好被这个女人看个正着，尚未来得及掩遮，她便退出水房，留下一句：我操！

经我分析，这两个字可能包含这样一层意思：我操，你丫胯下长了一个什么玩意呀，和俺们村口那头大骡子比起来，你的也能叫作阳物！我就没见过这么小的！

想到自己被人窥视，我心中顿生怒火，接了一满盆凉水，高举过头顶，倾斜盆口，凉水猛地倾注下来，浇遍全身。

我们送给那个农村妇女一个称号，名曰：油任儿妹，这是一个由来已久的典故。那个妇女的职责是打扫楼道卫生，其内容包括扫地、墩地、冲厕所、倒垃圾。因为她负责冲洗男生宿舍的厕所，男女有别给她的工作带来诸多不便，譬如说，她每次进男厕所前都要在门上重重地敲三下问道："油任儿妹？（有人吗）"如果里面没有人回答，她就拖着一条黑色橡胶皮管而入，开始冲刷厕所，如果里面有人回答："有！"她就会先做其他工作，过一会儿再来问："还油任儿妹？"每个学生起床的时间不同，上厕所的时间也不尽相同，往往出现一个人刚出来就又有一个人进去的情况，因此，她会将"油任儿妹"这句话从早晨一直问到中午，到了中午，一些吃过午饭的学生又来厕所排遗，这样一来，她便不得不将本该在早晨完成的工作一直拖延到下午或傍晚，甚至到夜深人静，但仍无法避免起夜的同学将她的工作一误再误到天明，第二天，同样的情况仍会出现，也就是说，她可以不必去冲厕所了，但若这样，就会被楼长扣掉工资，所以，她会乐此不疲地在厕所门上敲三下，然后问道："油任儿妹？"以此向楼长证明她是何其努力地工作。

"油任儿妹"有时会守在厕所门口，为了冲刷厕所而不让学生进去，但如此一来学生会质问她："你不让我进去，那我把屎拉在哪里？难道拉你们家炕上不成？"她被这句话吓坏了，便乖乖地退出来让给学生们该撒的撒，该拉的拉。其实，她大可不必为这句话而担心，因为学生们根本不认识她的家，即便认识，学生们也不会真的千里迢迢跑到她家炕上去拉屎的。

我对"油任儿妹"的很多做法深感愤慨，举例来说，她不知道节约用水，每次涮墩布的时候，都会把两个水龙头同时拧到最大流量，任自来水如瀑布般飞流直下，而她却站在一旁哼唱着二人传或黄梅戏，直到从墩布流出的水变成和自来水一个颜色为止。我很想批评油任儿妹，她也许认为自来水同她们村子的河水一样，自有它的发源地，即使不使用，也会流走，无论你怎样挥霍，还会一滴不少地流向下游，在她看来，我们的楼下就相当于河流的下游。我很想给她讲解自来水和河水的不同，告诉她污水处理、过滤、消毒、净化是相当复杂的过程，而且需要花费很多金钱，但恐怕她一时间难以接受，不理解自来水与河水究竟有何不同，枉费我的一片苦心，所以，还是放弃了对她进行说服教育，只好任其放任自流。

"油任儿妹"和学生之间会频频发生口角。一次，齐思新在水房刷牙，"油任儿妹"将涮墩布的水溅到他的嘴里，齐思新当即冲她喊道："你丫不会轻点儿呀！"

"油任儿妹"毫不示弱，立即用家乡话反击，听得齐思新头晕脑涨，他料定"油任儿妹"听不懂北京俗语，就趁她在疯狂喷吐乡下话的时候说了一句："傻逼！"

谁料"油任儿妹"不但听懂了这句话，还反唇相讥道："谁傻逼，你才傻逼呢，你不傻逼怎么考不上清华，傻逼才考这儿呢！"

齐思新听后，差点儿七窍出血倒地而亡，他咬着牙说道："甭管我在哪儿上学，总比你没文化强。”

“油任儿妹”依然游刃有余地应付道：“女子无才便是德！”

齐思新又说：“汝乃山野村妇，吾不与你争论。”

“油任儿妹”气势不减，竟还嘴道：“尔乃皇城根儿一匹夫而已！”

齐思新说他当时连找几个哥们揍她一顿的心都有了，但担心她会叫几个姐们儿用唾沫淹死他。

几天后，全校上下开展除蟑螂活动，那天正好是周末，学校规定北京学生全部回家，外地学生离开宿舍，屋内一律不许留人，学校将派人在各个宿舍内撒放灭蟑螂药，这种药极具刺激性气味，而且会呈烟雾状四处挥发。撒药的任务落在“油任儿妹”的身上，她脚穿雨鞋，手带橡胶手套，嘴上遮着一副白里透黑的口罩，俨然一副日本生化兵的打扮。

齐思新没把学校的通知当回事儿，躺在床上睡大觉，“油任儿妹”用钥匙打开宿舍的门，将灭蟑螂药撒在墙角，屋里顿时弥漫了刺鼻的烟雾。

齐思新从床上跃起，冲“油任儿妹”喊道：“我操，你丫长眼睛没有！屋里还有人呢！”

“油任儿妹”说：“楼长说了，有人也放。”说完便退出宿舍，“砰”的一声将门撞上。

齐思新来不及穿好衣服，提着裤子捂着鼻子逃出楼去。

12

洗完澡后，我给周舟打了一个电话，她在电话里喜极而泣地说：“你快下来！”我照着镜子梳理了头发，跑下楼。周舟正欣喜地站在男生楼前等我，我走上前，周舟一头扎进我怀里。

晚上 11 点钟前，我和周舟沉浸在二人世界里面。熄灯前，我把周舟送回宿舍，临进楼门的时候，周舟紧紧地抱住我，深情地与我吻别。

回到宿舍，杨阳迫不及待地拉着我去喝酒，于是，我便同杨阳、齐思新和钟风一同来到宿舍楼下的羊肉串摊，我们四人光着膀子围坐一张小酒旁，每个人的屁股下面是一个小马扎，脚下摆着若干瓶啤酒。

我将这次西安之行的全部经历向他们娓娓道来，并一再叮嘱说，千万不要让周舟知道。他们举着酒杯向我保证道："哥们儿做事儿你放心。"

杨阳问我为何不辞而别，一个人去西安。我说，我感觉学校的生活太压抑了，我们每个人不得不为应付考试而丢掉许多东西，其中包括理想。我们并没有在为自己生活，而是在毫无目的地混日子，做一天犯人蹲一天监狱。虽然没有面临生存压力，但这种生活却可以用"苟延残喘"来形容，我感觉自己正置身于水深火热中，忍受着苦苦煎熬，这种状态无异于自杀，而且，我总觉得二十多岁的人应该做点儿什么事情，可我的 22 岁却依然在为考试而苦恼，这种生活使我很不适应，我不想再上学，我要退学。

杨阳说，无论多大岁数，只要你还在上学，考试就应该是你与生活的主要矛盾，如果换成别的，反而不正常。虽然你现在基本上属于一事无成，但是你有没有想过，你的这 22 年，有 2 年被用来吃奶，有 2 年还在穿开裆裤，还有 2 年被你用来玩撒尿和泥儿、放屁崩坑儿的游戏，剩下的 16 年你一直在学校学习，之所以觉得自己毫无所成，是因为你在这 22 年里根本没有做其他事情的机会，但这并不意味着你不具备做牛逼事情的素质，说不定毕业后的哪天，你就牛逼起来了，千万不要离开学校，知识就是财富。

我问杨阳，你认为在学校能够学到知识吗？

杨阳说，当然学不到，但在这里我们可以锻炼自己的思维方式，可以掌握更多的学习方法，可以思考许多问题。就拿你来说，上学前还在为考上大学而千方百计地提高分数，而现在却产生了退学的念头，这就说明你现在与两年前有了截然不同的观念，你学会更深刻地思考问题，如果当初你没有选择上大学，而是随便找个单位上班的话，那么你现在一定是个惟利是图的小职员，满足现状，不思进取，俗不可耐到了无药可救的地步，绝不会像现在这样，看过许多书，思考过许多问题，你只能终日沉浸于体育彩票、家长理短和奉承上司之中，所以，大学不仅要上，还要上完，毕业的时候我们又会是另一个样子，杨阳一边大口大口地喝着啤酒，一边给我讲述这些道理。他说，今天我喝高了，话可能多了点儿，但这是我的肺腑之言，也是我一直思考的问题，我觉得无论怎样，还是要把大学上下来。

我举起酒杯对他们说："那咱们就混到毕业吧！"然后仰起脖子，一饮而尽。

喝到 12 点的时候，我们集体上了一次厕所，齐思新带头走进一片小树林，每人来到一棵树下，准备用尿浇灌它们茁壮成长。我率先尿完，环顾四周，见杨阳和钟风摆动着屁股，好像在用尿书写自己的名字，而齐思新却双手自然下垂，一动不动地站在那里。

"你干嘛呢？"我问。

"撒尿呗！"齐思新感觉我的问题很可笑。

"你的尿呢，我怎么没看见？"

齐思新一低头，发现裤子还系在自己的腰间，而他确实感觉尿已排出体外。这时，钟风指着齐思新的裤裆说："你丫这里怎么在滴水？"

齐思新如梦初醒，赶紧褪下裤子，可是尿已经一滴未损地浸透在他的裤子上。

虽然尿湿裤子，但丝毫没有影响到齐思新喝酒的高涨情绪，他脱去外裤，穿一条被尿浸湿的小裤衩坐在马扎上继续与我们喝酒，空气中弥漫着臊乎乎的味道，分不清这个气味究竟来于烤羊腰，还是齐思新身上的那条裤衩。

凌晨 2 点的时候，烤串老板对我们说："哥儿几个，差不多了吧，我要收摊了。"

杨阳说："您收您的摊，我们再喝会儿。"

老板说："那你们是不是先把账结了。"

钟风说："行，你再给我们拿 10 瓶啤酒，烤 20 个串。"

老板说："现在到天亮还早着呢，你们多来点儿串吧，我陪你们待到两点钟也不容易。"

钟风说:"不用了,20个串足够吃了,也许还吃不了呢!"

老板看出钟风是为了喝酒而吃串的那类人,便不再强求。

钟风这类人的显著特点就是,喝一瓶啤酒顶多需要吃一个肉串,这种本事绝非一日之功,是钟风经过严格的训练才由五串练到一串的,钟风说他要把这种功夫练到极至,即只吃一块肉便可喝掉一瓶啤酒。

钟风做的最过分的一件事情是,让老板烤了六个串却喝掉七瓶啤酒,而且这七瓶啤酒是从超市买来的,一个人占用整张桌子长达两小时之久,使得旁边攥着一大把羊肉串苦于没座位而不得不站着吃的学生不停地向他瞥来白眼,但钟风毫不在乎。老板说,这是我经商以来做过的惟一一次赔本的买卖。更可气的是钟风居然把那几个串让老板反复加热了好几回。那天晚上,老板也喝了许多酒,他涨红着脸,攥着一个空酒瓶,怒不可遏地站在钟风面前,否则钟风还会不知好歹地从书包里掏出另外三瓶啤酒(他在超市买了十瓶),并拿出一个从食堂买的凉花卷让老板放到火上烤一烤。

早上五点钟,宿舍楼门被看门的大爷打开,我们七扭八歪地鱼贯而入。我进了宿舍没有脱鞋便倒在床上,钟风找来一张凉席席地而卧,杨阳费了好大的力气才爬到上铺,拿一条毛巾不停地擦着汗,齐思新脱掉小裤衩,用毛巾被裹住身体,很快,我们便各自睡去。

13

八点钟的时候,张超凡、马杰、赵迪纷纷起床,并不时地说着害怕、多喝水之类的话。我睁眼一看,马杰正守着两个葡萄糖瓶子往肚子里灌水,一问才知道,原来我们今天要献血。

我问:"我们昨天喝了一夜的酒,不献行吗?"

马杰说:"学校规定了,只要化验合格者,必须献血,否则不给毕业证。”然后又抱着葡萄糖瓶子咕咚喝了一大口，可能是实在喝不下去的缘故，他问我们：“你们谁喝？”

没有人理他。

过了一会儿，马杰躺在张超凡的床上说：“憋死我了！”

杨阳从床上跳下来说：“那你丫就尿去，在这儿瞎喊什么！”

马杰说：“不能尿，要不然就白喝了。”

八点半钟，我们来到校医院做血液检验，最后的结果是，张超凡，马杰、赵迪血液合乎标准，而我、杨阳和齐思新却因为血液中的酒精含量超标许多，被禁止献血。

当时的情景是这样，我走到护士面前，带着口罩的护士皱着眉头在我的身上闻了闻说：“喝酒了吧！”

“嗯，昨天晚上喝的。”

“喝了几瓶？”

“说不好，四个人喝了31瓶。”

“行了，你走吧！下一个！”护士对我身后的杨阳喊道。

杨阳走到护士面前，护士同样闻了闻杨阳，然后说：“喝酒了吧！”

“没有！”

“那怎么这么大酒味？”

“出的汗，一到夏天我身上就有这味儿。”

护士皱紧眉头，用镊子夹起一大块酒精棉球，在杨阳的胳膊上擦来擦去，直到酒精棉球变成黑色，被擦过的部位明显比其他部位白出许多。护士将针头扎入杨阳的胳膊，一拔活塞，殷红的血液从杨阳体内流入针管。

齐思新也因为主动坦白自己喝过酒，节省了化验所需的一针管血液。

半小时后，化验结果出来，杨阳的化验单上写道：血液?啤酒！绝对禁止此人献血，否则后果不堪设想！

马杰很羡慕我们，他说：“要知道会是这种结果，我把葡萄糖换成啤酒多好！”

我问杨阳：“你为什么知道自己的血液不合格还要做检验？”

杨阳说：“我觉得医院缺少我这样的血液，有些嗜酒如命的病人靠输鲜血是得不到治愈的，他们需要向体内注射一些酒精，而我的血液就是这二者的完美组合。”

我认为杨阳说的是醉话，他还没有恢复到清醒状态。

不知道是谁传出这样一条信息：一些保存不善受到污染的血液被送往食堂，撒了一些盐后便凝结成血豆腐，成为食堂的原料。

学校食堂因为蜚语的四处流传，蒙受了巨大的经济损失，食堂的炒血豆腐和血豆腐麻辣烫在近一个月内没有卖出一份，全部被倒进剩饭缸内，倒是“溜肝尖”这道菜在此期间颇受宠幸，已经屡有猪肝供不应求的情况出现。

14

周舟第一次从我身边离开就是由我们一起去吃“溜肝尖”引发的。在我们系的学生献过血后的第二天，轮到周舟所在系去校医院献血，周舟献完血后，拉着我同她去饭馆吃溜肝尖。吃完饭结账的时候，我把钱包交给周舟，让她去吧台付款。交过钱周舟又把钱包给我，当时我穿着一条只有屁兜的大裤衩，装钱包很不方便，就让周舟先装着，我们一会儿还要去超市买滋补品。

选购完商品结账时，营业员说我们所买的商品一共是七十八块五毛二，我的钱包里正好有七十八块五的零钱，差两分，营业员死活不肯少收两分钱，我让周舟仔细翻一翻钱包，因为我经常会把几分钱的钢镚塞到钱包深层。

就在这个时候，周舟在钱包最里层翻出那张已经被我遗忘的避孕套发票，周舟看到后把它捏成一团，扔在我身上，气愤地跑出超市。我没有顾及那些商品和说我有病的营业员，急忙追出超市，拽住已经跑出超市门口的周舟，问道：“怎么了？”

周舟看也没看我一眼说：“你说怎么了！”

“你听我解释，我……”

“甭解释，我终于知道你为什么连试都不考就走了，原来有更重要的事情在等着你。”

“根本不是你想的那么回事儿。”

“我想什么了，是你做贼心虚吧！”

“你不了解真实情况。”

“我不想了解，我还是走吧，省得对你碍手碍脚的。”周舟伸手拦了一辆从身边驶过的出租车，甩开我的手，坐了进去。

我尚未来得及跟着钻进去，车门便“砰”地一声紧紧撞上。

汽车从我身前加速驶去，不知道周舟要坐着它去向哪里。

返回北京前，我在西安的旅馆里仔细检查了东西，把认为和汤珊有关的所有物品全部留在旅馆，特别是那盒没有用完的避孕套，还剩下十几个，早知如此，当初就应该买10支装的，现在我又不能把剩下的打包带回北京，只好将它们塞到旅馆的枕头下面，供下一位在此房间过夜的男人使用。我本以为高枕无忧，可以安安心心地回北京，却万万没有想到，钱包里还埋藏着定时炸弹。

我不能没有周舟。

听郝艾佳说，周舟最近没有住在学校，我整日守在电话旁，不停地拨打周舟家里的电话，然而，从话筒里传来的不是盲音便是周舟妈妈说：“周舟不在家，出去了……”

我失魂落魄地游荡在校园，感觉生活出现了巨大空洞，惶惶不可终日。

15

暑假来临，乐队排练颇具成效。每日排练后，他们三人全有女朋友陪伴左右，我却形单影只，没有了周舟的我情绪极为低落，又因为没有参加考试，六门功课的成绩全部以零分处理，惨遭“试读”，如果此类情况第二次在我身上发生，我将面临被勒令退学的危险。一时间，所有痛苦的事情向我汹涌而来。

每日排练结束后，我们会去一家饭馆吃饭。佟小娅和齐思新在这个时候已经完成最后一道工序，杨阳和郝艾佳也不再对对方有秘密可言，两性的话题成为我们互开玩笑的焦点。

一次杨阳喝得面红耳赤仍让服务员拿啤酒来，郝艾佳阻止他说：“别喝了，再喝你身上又该红了。”

我急忙问郝艾佳道：“我们只知道杨阳喝酒脸红却不知道他的身体也会变红，你是怎么知道的？”

郝艾佳脸色绯红，说不出话来。

通过这件事情，我知道杨阳经常会在酒后和郝艾佳乱搞，由此看来，酒能乱性这句话还是有一定事实依据的。

这种快乐情绪并不能感染我，相反，让我很不舒服，我匆匆吃了两口饭便决定先走一步，他们也知道我为何如此，不再强留。

我在回宿舍的路上忽然想到周舟也许不会再回到我的身边，我们的关系也许就此结束，她成为一个美丽的身影，在我的眼前出现又消失……这时，我想起另一个人——韩露，我们已有半年没有联系了。

回到宿舍后，我决定给韩露打一个电话。我没有看电话本，就拨通了那个熟悉的号码，这个号码曾经被我拨打过无数次，无需察看键位，仅凭借手指的方位感觉，便可准确无误地拨通此号码。

“喂！”是韩露的声音。

“我是邱飞。”

“哦，是你呀，在哪儿？”

"我在学校,你从上海回来了,过得怎么样?"

"还行,你怎么样,和女朋友挺好的吧!"

"我们分手了。"

"为什么?"

"说来话长……"

"我们同是天涯沦落人了。"

"相逢而且又相识。"

"咱们同学最近又聚会了吗?"

"没有,没人组织,大家好像都很忙。"

"你和郑勇、冯凯有联系吗?"

"偶尔打个电话,联系不多。"

"咱们同学都在做什么?"

"不知道,谁也处理不完自己的那一摊事儿。"

"我最近在家也没什么事儿,你来找我吧!"

"好,我正想找个人聊聊。"

"什么时候来?"

"明天。"

"几点?"

"上午 10 点?"

"好的。"

第二天上午 10 点钟,我如约来到韩露家中,在她为我打开门的那一刻,我看到她那张比以前成熟了许多的脸上流淌着心清如水的平静,看来她已将痛苦的往事彻底遗忘。

"坐呀。"韩露把烟灰缸放在我面前,"你抽自己的烟吧,不知道我爸把烟放哪儿了。"

我点上烟,想对韩露说些什么却又不知如何开口,她看出我的窘态,便说:"你暑假里有什么打算吗?"

"没有,我现在的心情一落千丈,什么都不想干,你呢?"

"我打算上一个英语四级辅导班，我感觉这次四级考得不好，你能通过吗？"

"不能，我根本就没去考试。"

"为什么，我记得你高中时英语成绩不错。"

"哎，别提过去了。"我深吸了一口烟。

"你好像变了许多。"

"一切事情都是这样发展的，时间过去了，你被改变了。"

"你好像把一切看得很淡。"

"没有，我一直在认真对待一切，可它们却像愚弄傻子一样，不停地与我开着残酷的玩笑。"

"没你说得那么严重，咱们一起参加四级辅导班吧。"

"还是你报吧，我不想。"

"哪里的辅导班好？"

"清华、北大、北外的都不错。"

"那我明天就去北外报名。"

第二天，我陪韩露到北外报了名，从此她每天便为上课、学英语而忙碌，无暇顾及他事，我每天跟着乐队排练提不起精神。

此时，我们在酒吧获得一些演出机会，这也给我们带来不菲的收入，有时候我们一个晚上在两家酒吧演出，先在第一个酒吧唱六七首歌，然后再赶往下一个酒吧，唱的还是那六七首歌。唱一场乐队会得到100元左右的报酬，这些钱除了满足乐队开销外，余额被平分到每人手中，自己动手、丰衣足食的感觉甚好。

演出的机会逐渐增多，我们的排练次数也愈发频繁，但四个人却不能全部准时地出现在排练室，总会有某个人因为某种原因延误排练，而另外三个人却坐在排练室徒劳地等待，一根接一根地抽烟，所以为了加强彼此间的联络和与外界的交往，我们每人配备了一部手机。

16

一家西餐厅的老板从我们常去演出的一家酒吧老板那里打听到我们的手机号，打电话通知我们去他的餐厅试一试，于是我们就带着乐器前往。

我们把那些经常在摇滚酒吧演出的曲目演奏了一遍，老板走上台来，捂着耳朵说："哥儿几个别演了，太闹，我们这里是西餐厅，乐队应该在客人进餐的时候演奏柔和的音乐，烘托出浪漫的气氛，有烛光、有牛排、有红酒、有柔美的音乐，像你们这么吵，谁还敢来我们这儿吃饭呀，来了他也吃不下去。"

杨阳弹着吉他唱了一首"Right here waiting"，老板听后说："对，就是这个意思，要柔一点儿的音乐，回头给你穿上西服，带上晚礼帽，打上领结，客人在下面吃，你就在台上唱，你看怎么样？"

杨阳说："你给多少钱呀？"

老板说："一个小时 50 块钱怎么样？"

杨阳收起吉他，甩下一句话："你给多少钱我都不唱！"

17

乐队排练室的隔壁住着一个年轻女子，那间屋子有十二三平米左右，屋内除摆设有一台电视和一张双人床外，只有一些日常生活用品，地面铺了一层塑料泡沫的地毯，每次进屋前，此女子总要把鞋脱在门外，赤脚走进房间，我们不知道她究竟从事什么工作，只对她留有一个爱清洁的印象。

一次排练的间歇，我们正坐在椅子上抽烟，屋里很安静，谁也没有说话，就在这时，隔壁传来一阵床铺的"吱吱"声，声音由小到大、由慢至快，以致最后连成一片并混合着粗重的喘息声，不绝于耳。上厕所回来后的钟风说，他看到隔壁房间的门口摆着两双鞋，一双是我们经常看到的那个女子的鞋，另一双是擦得锃亮的男式皮鞋。

杨阳说："她是不是一'鸡'呀？"

齐思新说："有可能，但不能排除人家两口子大白天也高兴的可能。"

后来，我们又陆续在隔壁房间的门口看到各式各样的皮鞋、旅游鞋，而且新旧程度不同，大小不一。但一成不变的是，每当这些鞋依次出现在门口的时候，那双女鞋总是摆在门口，这使我们更加肯定了隔壁住的女人就是"鸡"。

一次，一阵暧昧声过后，我们听到一个男子破口大骂道："哪个孙子这么缺德，把我的鞋偷走了，我那可是意大利的名牌皮鞋，800多块呢！谁拿走了赶紧给我交出来，否则我就不客气了！"

男子嚷嚷了半天，并未见小偷站出来，他的鞋也没有出现，便将一腔怒火发泄在那个女人身上，他说："我花钱上你这儿玩来了，你却让我把鞋脱在外面，现在我的鞋丢了，你该负主要责任！"

女子说道："是你主动来的，我并没有请你，而且你来那么多回了，又不是不知道我这里的规矩，谁来都得脱鞋，你穿那么好的鞋来显摆给我看呀，谁稀罕，你以为我不知道你是干什么的吗，我看见过你在菜市场卖鱼，一身腥味儿，上次你走后，给我床上留下好几片鱼鳞。"

男子说："你等着，我再也不来了，让你没生意做！"

女子说："你爱来不来，三条腿的蛤蟆不好找，两条腿的男人有的是，没你我照样活得下去！"

男子见说不过那女子而自已又赤脚在地，便语气舒缓下来，说："你先借我一双鞋穿回去，明天我再把鞋给你送回来。"

女子说："我这里的鞋你随便挑，哪双适合你你就穿走。"

最后，那个男子趿拉着一双红色绣花棉布拖鞋回去了。

几天后，当我们正如火如荼地排练的时候，传来敲门的声音。我们停下手中的乐器，打开门一看，原来是隔壁的女子。

"是不是吵到你了？"我问。

“没有，我在隔壁感觉你们的音乐挺好听的，想过来看看。”这还是第一次有人说我们的音乐好听。

“进来坐吧。”我请她进来。

“你们练你们的，我随便听听。”

一曲演奏完毕后，女子鼓起掌来，说：“挺好听，你们是干什么的？”

“我们是学生，大姐你是做什么工作的？”齐思新随口问了一句。

女子坦诚地说：“我是做小姐的，真羡慕你们学生，可以无忧无虑的生活。”

“我们也有特多烦恼，要不然干嘛用音乐表达。”

“你们在哪个学校上学？”

“北×大。”

“哦，我知道，和我在一个歌厅干活的女孩就是你们学校的。”

“是不是叫沈丽？”杨阳问道。

“你怎么知道的？”女子很吃惊地问道。

“丫挣过我的钱！”杨阳说话毫不客气。

“其实沈丽这个女孩挺不容易的。”女子说。

“她有什么不容易的，一边学习文化知识一边挣着钱，两不耽误。”杨阳说。

“你不了解她家里的情况，她的家庭很困难……”于是，这个女子便给我们讲起关于沈丽的故事：

“两年前，我在从老家开往北京的火车上遇到了沈丽，她坐在我的对面，模样很寒酸，坐了十个多小时的火车，她只吃了一个苹果，啃了一张大饼，我以为她是来北京打工，可一问才知道，她是来北京上学而且又和我来自同一个县城，只是不在一个村子。她问我是做什么的，我说我给朋友帮忙做买卖。

由于我们是一个县的，我又看她孤苦伶仃的挺不容易，我知道一个人出门在外会有很多困难，便把呼机号留给她，让她有什么困难找我。下了火车，我们便各奔东西。

第二天，我的呼机响了，我回了电话，原来是沈丽找我，她约我在你们学校门口见面，说是有要紧事儿，我也不知道她找我究竟会有什么事情，便风风火火地赶到学校，已经在校门口等候多时的沈丽把我拖到没人处说：‘兰姐，’我叫马晓兰，所以沈丽叫我‘兰姐’，她说：‘你能不能借我二千五百块钱？’我听后吓一跳，心想，这个女孩的要求也太过分了吧，仅在火车上见过一面就敢提出这样的要求。我当时已经做了两年的小姐，能够拿出这些钱，但这些钱我挣得来之不易，怎么能轻易借给一个并不熟悉的人呢，于是我便推托说我的钱全进了货，而货又压在手里，拿不出现金。沈丽险些给我跪下，她哭泣着对我说：‘兰姐，我求求你了，你无论如何也要借给我钱，我在北京只认识你一个人，你不管我谁管我呀！’我还从来没见过这样借钱的人。”

“那你借钱给她了吗？”杨阳问。

马晓兰看了一眼杨阳，继续说道：

“我问沈丽借钱干什么用，她说是交学费，家里不能给她拿出这么多钱来，接着，她给我讲了自已的故事。沈丽的家中有三个孩子，她最小，上面有两个哥哥，他们因为家境贫穷到现在还没有结婚，沈丽的爸爸七年前被一辆卡车从腿上压过去，肇事司机开车跑了，把她爸留在血泊之中，是村里人把她爸送到县医院的，人是救过来了，腿却没了，只能整日瘫痪在床。为了给她爸治好病，家里欠下一屁股债。沈丽她妈和她哥的意思是让沈丽念完高中，然后就去县城找份工作，或下地干农活儿，挣些钱养家，但沈丽却背着他们参加了高考，录取通知书下来的那一天，沈丽的心情特别沉重，她把通知书藏在村头的树林里，一个非常隐蔽的地方，如果通知书让她哥哥发现的话，一定会被他们撕掉。

沈丽说，她既不比别人丑又不比别人笨，为什么就没有上学的权力，她觉得生活对自己不公平，她要靠自己的努力上学。没有经过家里的允许，沈丽坐上来北京的火车，车票钱是她在县城洗了一个月的碗挣到的，她说毕业前她是不会回家的。

沈丽把身份证塞到我手里说：‘兰姐，你要相信我，我不会借钱不还的，这是我的身份证，你拿着，我以后利用课余时间打工挣钱还你。’我很欣赏沈丽这个女孩，便到取款机取出 3000 块钱借给她。”

“所以你为了让她尽早还钱，就拉她下水了？”杨阳问道。

马晓兰没有在意杨阳的态度，又说道：“我并没有打算让沈丽还钱给我，那3000块钱就算是我资助她的，可是，四个月后的一天，我被朋友介绍到一家歌厅上班的时候，却意外地在那里遇见沈丽，她说她来这里已经一个月了，是按电线杆上面贴的小广告找到这里的，她还说，再过一个星期，她就可以把钱还我了。”

18

马晓兰和我们成为朋友，我们亲切地称她“兰姐”，她经常来排练室听我们演奏，我们也会在没有烟抽的时候向她要一根。兰姐抽“MORE”，这种烟专为女士设计，一点劲儿都没有，抽起来只有薄荷的清爽。兰姐说，男士抽这种烟不好，杀精。所以，我们不到迫不得已的时候是不会去找兰姐要烟抽的。兰姐倒是真正需要这种杀精的烟，我们经常看到她在送走一个客人后，会点上一根“MORE”，大口大口地把烟吸进去。

有几次我们去找兰姐要烟的时候，看到她的门口摆着两双鞋，我们便很知趣地放下准备敲门的手，让兰姐踏踏实实地做好工作，把钱挣到手。

那个时期，由于和兰姐接触频繁，我总会不由自主地把每一件事情都同“小姐”这个行业联系起来，譬如说：学校食堂的墙上贴着一则标语，是其服务宗旨，内容如下：热情、规范、敏捷。我想这三个词语用在“小姐”身上同样适合，“热情”指的是工作态度，无论是哪个行业，员工们都要对工作充满火一样的热情，特别是服务性行业；“规范”指的是每个行业都要有自己的规章制度，无论是谁都要听从组织，让你干什么你就得干什么，要是领导说东你偏说西的话，那就对不起您了，哪儿凉快你就哪儿歇着去吧，在“小姐”这个行当里，如果你敢耍小聪明或者胆大妄为的话，老鸨有的是治你的招儿，除非你是不想吃这碗饭了;“敏捷”是针对“小姐”的个人愿望而言,她们希望客人尽快结束战斗,不要打持久战,总是加班加点却没有加班费的事情搁谁身上谁也不干。

我们经常和兰姐聊天,她说喜欢和我们这群有素质的大学生谈生活、谈理想,她还接待过几个大学生,也不嫌他们给钱少,主要为了提高自身素质。说实话,大学生究竟有没有素质,谁也说不好。

我们问兰姐每次收多少钱,她说不一定,因人而宜,有时还不收钱。我们又问兰姐,有没有倒找钱的时候,兰姐说没听说过工作还要赔钱的事情,即使是在社会主义国家。我们还问兰姐,对未来有何打算,总不能做一辈子“小姐”,而且这个行业吃得是青春饭,岁月不饶人,兰姐说她既没太多文化,又干不了体力活儿,所以她要趁着年轻起早贪黑地多挣些钱,然后回老家开一家小店,一辈子不愁吃喝。我们问兰姐是否要组建家庭,兰姐说当然了,回家后就找个老实巴交的庄稼汉把自已嫁出去。我们说,农村的封建观念比较强,人们都很保守,如果你的男人知道你在北京靠什么挣钱的话,他会很不高兴的。兰姐说这个问题她已考虑许久,首先,如果她不说出自己在北京做什么工作的话,那么村里没有人会知道她当过“小姐”;其次,科学技术发展到今天,除了不能让死人活过来,已经没有解决不了的难题,连克隆羊都出现了更何况做个处女膜修复手术,比真的还真,谁也发现不了。听过兰姐的一席话,我们不得不对当代中国女性拍案叫绝,俯首贴耳。

后来我想,如果那些深居中国农村而又不甘平庸的年轻女性们全抱以此种态度和方式生活的话,那么中国的农村将会在几年内涌现出数以万计家食品店,这样的话,农民兄弟宁愿娶一个在田里撒粪没见过世面的村姑,也不会娶一个食品店的女老板,因为到那个时候,判断一个女人是否在大城市做过“小姐”,只需看她是否开了一家食品店便一目了然。

19

暑假已近尾声，乐队进入休整阶段，大家作鸟兽散状，各回各家。

我慵懒地在床上睡了三天，等来开学的日子，收拾好生活所需用品，背起书包准备回学校，不知道我的生活中没有了周舟会是什么样，我将怎么挨过余下的两年大学生活。

当我坐着25路公共汽车返回学校的时候，手机响了，我在拥挤的人群中艰难地掏出手机："喂，你好。"

"是我。"是周舟。

听到周舟的声音后我欣喜若狂，情不自禁地在车厢内大声喊道："周舟，哪儿呢？"

"我在北京站，你快点儿来接我，包太沉了，我拿不动。"

"好，你在出站口等我，我马上到。"

此时汽车已驶过东单，正沿着长安街向北京站方向拐去。

汽车停下后，我在人群中挤出一道缝隙跳下车，向车站广场奔去。

我看见周舟的时候她正站在出站口的中央处翘首眺望，脚下放着两个硕大的背包，皮肤比以前黑了些。

"你就不想亲我一下吗？"周舟忽闪着迷人的大眼睛。

不知道周舟是在开玩笑还是已经既往不咎，但我还是很认真地回答："想，特想！"

周舟将脸一扭，做好让我亲的准备，我把嘴凑上去，在她的小脸蛋上"吧"地嘬了一大口。

我问周舟："你去哪了？"

"成都！"

"一个人？"

"嗯。"

"干什么去了？"

"玩。"

“玩什么？”

“什么都玩。”

“住在哪里？”

“一个高中同学的宿舍，她在成都大学。”

“男同学还是女同学？”

“当然不是男同学了，如果是男同学我还会回来让你亲吗？”

这时我想起并没有告诉过周舟我的手机号，我问：“你是怎么知道我电话的？”

“听郝艾佳说的。”

“你给她打过电话？”

“嗯。”

“她干嘛要把我的号码告诉你？”

“她说我走后你表现得还可以。”

“她都说什么了？”

“没说什么，就说你想我。”

“还有吗？”

“还有就是她把你的手机告诉了我，我就记下来了，也好下车后找个人来接站。”

20

开学前，我剃了光头，决定开始新的生活，把所有的苦闷、烦恼统统抛在脑后，重新面对生活，认真对待每一天，不让时光无谓地流走，把我的悲观和绝望彻底耗尽在这个暑假。

刚刚过去的暑假异常炎热，它让我饱受烈日之苦，我对付炎热的办法就是吃冷饮。我经常吃一种由巧克力和奶油做成的冰棍，最多的时候可以一天吃八根，省去午饭和晚饭的需要，这种冰棍的味道已经深深地留在我的记忆中。此后的每个夏天，当夏日阳光照在我身上的时候，我便感觉到空气中弥漫着一股巧克力和奶油的混合味道，这种熟悉的味道总会让我对那个炎热的夏天记忆犹新，使我无法忘怀曾有的郁闷和由之引发出的一系列故事，它们深藏在我的记忆中。

回到学校，我报了五门功课的补考，本以为自己是全系补考科目最多的人，却万万没有想到，(二)班的一个同学居然报了九门，自从他上大学以来，每个学期都会出现不及格科目，每个学期都要参加补考，但每次补考依然不能通过。以此估量他的话，等到毕业的时候，他将会带着取代了毕业证的二十多门考试不及格的记录离开学校。

补考报名的这一天，选课中心门口人头攒动，诸路英雄纷纷汇聚于此，踊跃报名，大显身手，此场景足以证明考试不及格的现象普遍存在于学生之中。

这次补考中，我完成预定目标，通过了五门考试中的三门，成功率百分之六十，比较令我满意。果不出所料，那个报了九门补考的同学依然一无所获，但他并未因此心情沮丧，他已经到了债多了不愁，虱子多了不痒的境界。

21

补考过后，我极不情愿但又不得不升入大学三年级。大三以后，基础课变成专业课，难度降低了许多。原来是一个系的三个班同在一间大教室上课，鱼龙混杂；现在改成每班独立门户，都是小班课，谁没来上课或谁趴在桌上睡觉，教师一目了然，像我这样无法在期末考试中取得好成绩的学生自然要注重平时成绩的积累，所以我会以0.8的几率出现在某些课的课堂上，余下时间被我用来睡觉、陪周舟和乐队排练。当然，我不会把课堂上的45分钟浪费在听老师讲课上面，我通常利用这个机会抄需要交的作业，或者看从图书馆借来的书。

我一本本地看书招致了同学的好奇。每当我捧着一本小说倚在床头的时候，一些四处游荡的同学就会来到我的床前问我在看什么书，然后在我告诉了他们书的名字后离去，长此以往。不知道他们乐此不疲地询问我在看什么书对他们有何意义，难道知道了我所看的书的名字就等于他们自己也把书读了一遍吗？如果真是这样，他们就太可笑了，我想他们甚至连书的名字也没有记住。

为了避免这毫无意义的一问一答，我会主动把书皮展示给他们看，有人见我正在看《正义者》，就会自作聪明地说："加缪，英格兰作家。"对此我只有抱以"嗯"的一声来结束他在我身边的逗留。有的人会因为对一本书的名字或封面的好奇而将书从我的手中夺走，以每秒钟50页的速度翻阅，然后再把书还给我，我不理解他这样做目的何在，对此我的办法是包一个书皮，然而他们并没有因为书的封面被掩盖而对我所看的书失去兴趣，相反，他们会产生更强烈的好奇心。

有一次我把书放在床上去食堂吃饭，当我回来的时候，见齐思新正在拆我的书皮，我问："你丫干什么呢？"齐思新说他就是想看看被我用来包书皮的那张报纸，事后我也翻阅了那半张报纸，认为上面惟一能够引起齐思新兴趣的就是右下角那条豆腐块大小的广告：××医院性病、皮肤病专科门诊，中外专家全天24小时候诊，竭诚为您服务。因为齐思新问了我去永定门怎么坐车，而那家医院恰好坐落于此。我将书包上皮还有一个显而易见的好处，就是我的同学经常会随手抄起一本书，然后将烟灰、瓜子皮、菜里的辣椒、饭里的虫子等杂物留在上面。

看书并不能减轻我的苦闷，我只有在啤酒中才能找到一丝安慰。

我在大学里结识了许多酒友，他们是我通过不同途径在各种场合结识的，相识的那一刻，我们手里无不端着一杯啤酒，然后在说些称兄道弟的话后，将那杯啤酒一饮而尽，由此便结为朋友。此后，我每个月至少要参加两次酒友们的聚会，无不大醉而归。

22

许多年前的一个夏天，我在外面玩得汗流浃背地跑回家吃午饭，爸爸把我叫至饭桌前，端给我一个碗说："喝点儿。"我双手接过那个碗，看见里面盛着深黄色的液体，一层白色泡沫浮于上面，晶莹剔透，给人一种清爽的感觉，就捧着碗迫不及待地"咕咚"喝了一大口，冰凉的液体顺着我的肠道划过，一股苦杏仁味刹那间传遍全身，我为此痛苦又后悔地紧闭双眼，爸爸夹了一筷子猪耳朵说："吃口菜。"

妈妈在一旁数落着爸爸："你又招孩子！"

那年盛夏中午发生的一幕深深地留在我的脑海中，从那以后，我知道了这种液体叫作"啤酒"。

后来我上了小学，经常看到一些人睡倒在路边或是被人搀扶着而嘴里却不知在胡言乱语什么，旁边过路的老人们会面带鄙色地感叹道："真没出息，喝这么多酒，都醉成什么样了！"

我却不认为那些喝醉的叔叔们没有出息，相反，我认为他们非常勇敢，竟然敢喝那么苦的啤酒，而且都喝醉了，还口口声声地说："我没事儿，再来一瓶！"

经过时间的洗涤和我在啤酒中的大浪淘沙，现在终于能够把啤酒的苦杏仁味当作醇香来品味，我也终于明白了那些人为什么要把自己灌得酩酊大醉。

23

学校附近有一家火锅城，里面的啤酒和白酒免费，但仅局限于"燕京"和"二锅头"，我们对此已经非常满足。

那一次，我们为了庆祝澳门顺利回归祖国怀抱一周年又去那里搓饭，酒过三巡后，大家的脸上洋溢起兴奋和红润，嘴边还沾着涮肉的芝麻酱调料。杨阳带头唱起“七子之歌”，博得邻桌客人的热情掌声，一个老板模样的男人端着酒杯走过来，用很浓重的河南腔调说：“学生，你们真他妈的爱国，来，咱们共同举杯干一个。”

我们举起酒杯，脖子一仰，一饮而尽。

老板腆着肚子说：“爽快！”他看了一眼我们桌上的食物，说“你们今天的账算在我身上。”

杨阳搂着老板脖子说：“那我们能再要几盘羊肉吗？”

老板说：“你们应该要点儿白菜、豆腐、粉丝，别总吃肉，对身体不好，瞧我。”说罢，他拍了拍自己隆起的肚子。

既然酒水是免费的，我们理所应当深深体会免费的含义，服务员应我们对啤酒连续不断的要求而频繁往返于吧台和我们的饭桌间，杨阳觉得不好意思，就对服务员说：“小姐，下次你别一瓶一瓶地上，直接拎10瓶过来吧。”

小姐面带不悦地拎来啤酒，放在桌子上问道：“都给您启开吗？”

“对，都启开。”杨阳说。

小姐费了半天劲才把啤酒一一启开，杨阳问道：“怎么是8瓶，我不是说10瓶吗？”小姐解释道：“怕您喝不了，不够我再给您拿。”

杨阳说：“你千万别担心喝不了，不就是10瓶啤酒吗！”

小姐悻悻不乐地又拎来两瓶啤酒摆在杨阳面前，杨阳说：“谢谢，忙你的去吧，喝完了我再跟你要。”

我看到小姐听完这句话，差点在回去的路上把脚给崴了。

在喝掉这10瓶啤酒期间，我去了一趟厕所，当时我并未看到卫生间门口的男女标志，只是凭借失去理智的勇气推门而入，进去后，我在一个位于膝盖高度的位置看见一个铝锅大小的白色搪瓷器皿，上面印着“TOTO”字样，瓷盆里面除了有一粉一绿两个可爱的小圆球外，还堆积了许多烟头和卷曲的毛发，经过理性分析、逻辑推理，我得出结论：没有走错门。

方便过后，我看见器皿上方有一个不锈钢按钮，随手按了一下，一股水自上而下流出，宛如瀑布一般，着实吓了我一跳。我琢磨了半天，总觉得这股流水是为了什么，但此时却一点儿也想不起来。

杨阳吵着喝完酒去洗浴，大家一致同意。我们又以排山倒海之势喝了十几瓶啤酒，齐思新建议改喝白的，我们又叫小姐拿来三瓶“二锅头”，大家酒兴甚浓。当我们一口便把一杯二锅头喝下去后，小姐赶忙跑来说：“这是白酒，不是雪碧。”

杨阳说：“我知道，所以我才没有一口一瓶，只是一杯一杯地喝。”

小姐哑然。

在后面的时间里，小姐的目光始终徘徊在我们这张桌子和墙壁上面挂着的“急救中心电话 120”的牌子之间。

不知道为什么，我很想给周舟打个电话，可电话接通后我却不知道该说些什么，我对周舟说：“你找我什么事儿？”

周舟“嗯”了一声后，立即问道：“你是不是又喝多了？”

我说：“没有。”

杨阳抢过手机对周舟说：“邱飞已经喝高了，但是我没事儿，我一定会把他给你弄回去的，放心好了。”说完，便将手机装进自己兜里。

我们互相搀扶着走出火锅城，我的手机突然响起，杨阳掏出手机看了看，对我说：“是周舟。”

我说：“给我，我接。”

杨阳置我于不顾，接通手机说：“周舟你放心，什么事儿都没有，我们正下台阶呢！”

此后，我便对后面发生的事情失去记忆，据周舟描述说，当她听杨阳说我们正在下台阶时，就想到大事不好，因为火锅城根本没有台阶，我们一定是醉得厉害。于是，周舟用最短的时间赶到火锅城。

火锅城附近有一条臭水沟，臭水沟上面有一座小桥，小桥旁边有许多节台阶，连接着臭水沟的堤岸，周舟赶到时，看见我们正秩序井然地排起长队下台阶，准备去沟里洗澡，这就是杨阳在电话里对周舟提及的台阶。

周舟及时制止住事情继续发展，把我拉上来。待我走上来的时候，已经站不稳脚，齐思新赶忙在后面架住我，这才致使我没有躺到地上。周舟扶着我胳膊，我一把搂过她，旁若无人地同她接吻。齐思新认真地看了会儿后，把头扭向一旁，他本想离开这里，但刚一松手，我又像一堆泥似的摊下来，他只得心静如水地搀扶着我。

此刻杨阳早已不省人世，他躺在马路边，双腿夹住一棵大树睡着了，从远处看去，那棵树就像是从他的大腿根部长出来的一样，蔚为壮观，叫人叹为观止。

齐思新本是搀扶我的，但他却突然倒下，我也倚着他重重地栽了下去，周舟本想拉住我，没想到自己却被我带倒，幸好她摔在我的身上，而我的身下是先倒在地的齐思新，齐思新倒下后又被我们以重压，居然没有“哎呦”一声，只是一动不动地躺着，周舟将手放在齐思新的左胸口，感觉那里的肉仍旧在剧烈蠕动，也就放了心。

杨阳还在树下躺着，旁边几个人七嘴八舌地议论下一步怎么办，有人说回去给他取条被子，让他睡在这里，有人说用绳子把杨阳捆在树上，以防被人拖走，还有人说往杨阳脸上撒尿，把他浇醒。

周舟听到这些胡言乱语后，当机立断打电话给我们宿舍，片刻后，张超凡带领十几个刚下自习的人赶到事故现场，二话不说，抬起杨阳、齐思新和我就走。我被他们颠来颠去，嘴里突然涌出一股喷泉，汹涌直上，他们赶紧把我放到马路牙子上。周舟跑进路边的一家饭馆问老板能不能让我进来坐会儿，喝口茶。老板问我怎么了，周舟告诉他说我喝多了，老板在“噢”了一声后决定不让我进去休息，仅同意免费倒一杯茶给我，让我坐在外面喝，并一再叮嘱周舟别忘记把茶杯还回去。

我吐过之后又喝了周舟端来的茶，清醒许多，微微睁开眼睛，看到一个骑车人从我面前驶过，便指着那个人问道：“他是谁，怎么骑着风火轮呀！”

骑车人回头看了我一眼，飞快地蹬了两步车，消失在路的尽头。

张超凡等人把我抬到宿舍楼二层的时候，我拼命地叫他们放下我，因为一层的进口处有一面大镜子，我每次从此经过必要对着镜子照一下。他们耐我不过，只得将我抬回一层，扶我站在镜前。

我对着镜子观察许久，居然分辨不出镜中哪个人是我，却一低头看到脚下的半截烟头，我弯腰捡它，抱怨地说："真是浪费。"无奈如何努力也无法捡起，最后一使劲，整个身子重重趴到地上。他们喊起当年知青在北大荒开垦时的口号，才勉强将我抬起，说我沉得像头怀孕的母猪。

众人把我抬到床上，我和衣而卧，睡了过去。张超凡把我安顿好后，透过窗户对一直等候在男生楼前的周舟喊道："回去吧，他已经睡着了。"

周舟又冲张超凡喊道："晚上睡觉看着点儿他，别让他从床上掉下来！"

张超凡说："放心吧，已经把他捆在床上了，绝对掉不下来。"

周舟说："捆松点儿，别勒坏了。"

张超凡说："知道了。"

周舟不安地向窗口张望了一眼，忐忑地走回女生楼。

次日不到中午的某个时刻，我醒过来，杨阳和齐思新还在抱着被子睡觉，我的手机在此时响起，是一条短信：我去早市给你买了水果，如果睡醒，给我打电话，我把水果给你送去。是周舟。

日后，当我们再去那家火锅城吃饭的时候，老板竟然将营业时间由 24:00 提前到 18:00，以马上打烊为由，拒绝我们入内，我们只好另寻他馆。

我的同学们评价一家饭馆好与坏的标准是看它门口的地上是否被吐得一片狼籍，这反映出该饭馆受大众欢迎的程度，我们可以从地面的秽物中分析出什么菜是这家饭馆的特色菜。但不乏一些饭馆为了吸引顾客，他们会用啤酒熬一锅大米粥，再添加些肉末或菜叶，然后分成几堆，分别倒在自家门口装作酒客吐出的秽物，以此引诱过往的消费者上当受骗。

我评价一家饭馆的好坏更看中这家饭馆是否有卫生间，否则我还要为了喝几瓶啤酒而辗转奔波于酒桌和饭馆外的墙角或某辆面包车的后面之间。如果我是饭馆老板，无论如何我也要在饭馆内修建一个厕所，哪怕没有屋顶也不要紧，一年中才有几次降水呀，可一个人却要在一天中上好几次厕所。如果饭馆里有厕所，那么客人就可以敞开了膀胱使劲地喝，他们不能只喝酒不吃菜，所以酒水会带动菜的销售，这样一来，饭馆的营业额上去了，利润也高了。只要多卖出几盘花生米和几瓶啤酒，修建厕所的钱很快就会赚回来，这是一次性投资，长久产出效益，何乐不为。

24

我和周舟在这学期选了一门叫作“世界政治经济形式”的课程，上课的第一天，老师说：“虽然我们这门课是选修，但同学们要认真对待，为了能够让大家做到上课认真听讲课后认真复习，我为大家编写了一套教材，这套教材的定价是 19 块 8，我知道你们都在花父母的钱。所以给大家抹去零头。”我以为她要抹去 9 块 8，卖 10 块钱，可她却说：“我决定把这本书以 19 块钱的价格优惠出售给大家，现在开始购书。”说完，此老师从讲台下面搬出五大包书，摆在课桌第一排，众学生一片议论。

此老师又说：“你们买了这本书就能够顺利通过考试，考试内容全部出自这本书中。”

于是，一些学生纷纷离开座位，手里攥着钱排队购书。

此老师从容不迫，又是收钱找钱又是送书，还不时地举起一张百元钞票对着荧光灯照来照去，遇到没有把握的时候，她就会疑惑地将目光盯在递钱同学的脸上，看他是否神情紧张，惴惴不安，只有这个同学表情平静，问心无愧，她才会将那张百元钞票装进钱匣。

我本来是不想买这本书的，老师并没有强迫我们非买不可，但却不能不买，因为老师不但把书卖给学生，还将买书学生的名字记录下来，如果她没有在这份名单中找到我名字，那么无论我期末考试的成绩有多好，她都不会让我通过，如果我为此愤愤不平而去找她对质的话，她会有足够强大的理由说明我为什么不及格——你不及格是因为你没有买我的书，你没有买书就不可能按书本中的内容好好复习，由此导致你必然会不及格。所以，为了顺利通过考试，我还是勉强和周舟站到买书的队伍中。

我交给老师19块钱，老师递给我一本书，我双手接过书，翻到扉页对她说："老师，您给我签个名儿吧，我要把这本书拿回去认真拜读。"

老师听后说："没问题！"于是开始找笔，翻遍全身，没有找到。我掏出自己的签字笔，说："给您用我的笔吧！"老师接过笔，手有些颤抖地在书的扉页上面写下自己的名字。

这本书第二天便被我放到床底下的鞋盒里，从此再也没有翻过。

让此老师签名真是多此一举，但令我惊讶的是，她居然没有谦虚地推让一下，就满口答应下来，难道她真的认为我对她佩服得五体投地？这本书让她签过名就等于被糟蹋了，否则我会将它以低廉价格卖给某个书贩，好歹是本新书。

后来我在没有看过一眼书的情况下，顺利通过此门考试，这件事情给我的感觉就是：只有花十几块钱买老师的书，使自己的名字出现在买书学生的名单中，才可万无一失地通过考试，与其说是买书，不如说是在那份及格名单里为自己的名字买个一席之地，求得不被老师下黑手。

25

赵迪和张超凡在这学期的体育课中选修了武术，这件事情对张超凡来说简直就是一个超级错误。首先，张超凡的肥硕身躯非常不适于此类肢体运动；其次，他的脑神经只适合思考问题却不擅调动身体各器官，所以，他总会比别人慢半拍，每当别人把腿踢出去的时候，他却刚刚把拳收回来，像他这样的人不挨打才怪。

张超凡拥有一股不服输的劲头，他经常在课间请赵迪为他指点迷津。一次，我下课后到楼下抽烟，看见赵迪正带着张超凡在花园树后摆弄拳腿，我知道他们是在切磋武艺，便冲他们喊道："赵迪，你丫干什么不好，偏要教张超凡练××功，小心一会儿警察逮你来！"

我本无他意，只想开个玩笑，却未料到赵迪像只疯狗一样，向我狂奔过来，如果不是我给了他一板儿砖的话，险些被他连抓带咬地弄个满脸花。当时我见他来势凶猛，便抄起地上的砖头，随手给了他一下，没想到他这么不禁打。

后来我带赵迪去校医院缝了八针，还请他吃了一个星期的小炒，算作营养赔偿，再后来我才知道赵迪当初为何那般玩命地向我扑来，原来他真的是一名不折不扣的××功分子。

一天晚上，赵迪没有回宿舍睡觉，我们都认为他回老家了，可第二天早晨，电话突然响起，是公安局打来的，他们说赵迪昨晚同几名××功分子在北海后门静坐，今天一早被带至西城分局，正在等候处理，让我们派老师或学生代表前去领人。

我们认为此事非同小可，便上报了老师，老师又上报给校长，校长觉得没有继续向教育局汇报的必要，做出让我和杨阳带着学校证明去公安局领人的决定。

到了公安局，一名老警察反复叮嘱我们："带回去要好好说服教育，年纪轻轻的干点儿什么不好，非要练××功！"

我们把这句话带给老师，老师找赵迪进行了一次长谈，告诉他不要再误入歧途，将精力用在学习上面，赵迪向老师保证说："考试前我不会再练了，等考完试我要痛痛快快地修炼，继续增强功力。"

老师问赵迪为何如此执迷不悟，赵迪说："我们村子里没有不练××功的，上至七旬老叟下至三岁顽童，全以练功为荣，我们已经铲除跳大神等封建迷信，改用科学方法强身健体，练××功正是最好的途径。我们村的庙宇里已经不再播放南无阿弥陀佛的音乐，而是换成李师傅的磁带，香火特别旺。”

老师见赵迪不可救药到极至，便不再坚持勸住他这匹即将跌落悬崖的野马，任其自甘堕落下去。

不久后，赵迪再次被关进公安局，事出并非由于静坐和修炼，而是因为对李××的盲目崇拜。那次，赵迪乘坐长途汽车去怀柔玩儿，途经三元桥的时候被警车拦住，警察上车搜查乘客的身份证，众人中惟独赵迪没有将身份证带在身上，警察听他又是外地口音，便怀疑他是××功分子，企图去怀柔进行非法活动。赵迪在严厉的警察面前临危不惧，一口咬定自己不是××功分子，为了验证赵迪真的不是××功分子，警察让他大喊一声：李××是大混蛋。赵迪还真喊了，他仰天长啸道：“李老师是大混蛋！”

警察一拍大腿，说：“拿下！”赵迪便因此被铐了起来，带去公安局。

警察带走赵迪后，立即将他送上遣回江西老家的火车，可赵迪却在火车尚未开出河北的时候就中途下了车，换乘返回北京的火车，又出现在学校，无论老师和系主任怎样苦口婆心地开导，赵迪依然我行我素，夜晚之时出入于校内各个阴暗角落，坚持不懈地练习。

赵迪对××功的痴迷程度已达不可自拔的地步，他买了一本牛津词典，说是要翻译李××的英文版著作，了解最新动态，他考英语四级的时候也没有如此投入过。每晚熄灯后，赵迪还要坐在床上修炼片刻，他要把宿舍的窗户全部打开，说是为了收集地气，我心想住五层怎么能收集到地气，除非跳下去，这个季节蚊子并没有消失，依然猖獗得很，窗户被赵迪打开后它们便大批涌入，咬得我们五个人遍体鳞包，惟独赵迪静坐如处子而完好无损，可能蚊子对××功分子敬而远之，如果真有这等好事，我也会挺身而出修炼××功的。

我觉得有一首歌是专门写给赵迪的：每当深夜人静的时候我总也睡不着，我在考虑我的功力会不会越来越好，练成了又怎样能没有人会知道，或许李老师只是瞎说但我却不能放弃信念，我要练练练练不停地练，想不练却不能不练……

赵迪受××功毒害之严重使我认为他第三次被警察抓走的日子近在眼前。就在我们为赵迪忧心忡忡的时候，马晓兰却被警察带走了，因为她被怀疑向男人提供色情服务，与她一同被带走的还有一个老板，是搞皮大衣生意的。

那次，警察来地下室搜查外地人口的暂住证，恰巧此时马晓兰的门口摆了两双鞋，她便因此束手就擒，我们也因拿不出有效证件被赶出地下室。

26

从地下室撤出来后，我们又在东四环路的东侧五公里处，一个叫作大旗村的地方租得一间民房。那里尚未开通公共汽车，我们每次只好骑自行车去排练。此处有一家化工实验厂，厂内挺立着高耸入云的大烟囱，整日浓烟滚滚。每当向外人介绍排练场地的位置时，我们会说："出了四环路一直向东走，哪儿的空气中有一股酸味就往哪个方向走，如果你越走越感觉身体发痒的话那就对了，你会觉得手心渗出一些液体，使得手掌变粘，总有一种想洗手的感觉，继续向前走，你会看到一座冒着黑烟的大烟囱，到了大烟囱的底下你会看见前方五十米处有一个巨大的垃圾堆，这个垃圾堆的北侧有一个臭气熏天的猪圈，沿着通往猪圈的小路再走三四分钟，然后向东一拐，就到了我们的排练室。

27

乐队在这个时期的演出很多，其中许多带有商业色彩，比如某商家开业，我们便被约去演出一场，可以获得不菲收入。大家看到有钱可赚，自然很高兴。杨阳却并不热衷此类性质的演出，因为在这种场合只能唱一些媚俗的流行歌曲来娱乐大众，杨阳对这些口水歌并不感兴趣，他说要唱就唱自己写的歌，要不然搞什么乐队，无聊。但每有盈利性的演出时，齐思新就表现得异常踊跃，我和钟风对此类演出持无所谓的态度，所以杨阳只好勉强加入到演出中，可他的状态却不是很好。

赚了一些钱后，大家手头宽裕了许多，日子也过得奢侈起来。我们在学校附近租了一个小四合院。东南西北，每个人和自已的女朋友占据一侧小屋，无聊之时，我们就支起桌子打麻将，赌注为一、二、四块，赢的一方请大伙吃饭。

不知不觉地到了元旦，我认识周舟快两年了，很想送一件新年礼物给她，于是在“中友百货”给她买了一件“FUN”牌羽绒服，周舟很喜欢。

28

期末考试在元旦后如期而至，无论我如何厌倦又企图逃脱，它依然来势凶猛地扑向我，让我猝不及防。我已经有过一次“试读”，如果这次考试不及格的科目超过两门，我将会被学校开除，面对如此压力，我不得不有些畏惧，一旦真的被学校开除，我不知道自己除了整日待在家中还能做什么，尽管我曾经有过异常强烈的退学愿望，尽管呆在学校的日子里并不能随心所欲地生活，但多在学校待一天，就可以晚一天面临社会压力，所以，学校并不使我感到厌倦，我很想留下来。

不被学校开除并非难事，考试通过即可，但只此一点足以让我力不从心。

我在这两年来的多次考试中总结出这样一条规律：每次考试总会有几个人不及格，而这些不及格的名额被我和杨阳等几个同学所垄断，轮流作庄，其他同学永远在及格者范畴，所以，当老师说某门考试至少会出现十人不及格时，就预示着我们这些难兄难弟将难逃法网，全军覆没。这学期已经有两位任课老师说过这样的话，也就是说，我有两门功课在考试前就被赋予了不及格，如若其他科目再稍有闪失，我将不得不离开学校。

办理缓考已不再是对付考试行之有效的方法，学校在这方面查得很严，所有没病找病的伎俩都被校医院的大夫和护士在集体的智慧下一一揭穿，再想办理缓考的话，只有折断自己写字的那只手，可很少会有人这样做，所以大家又在寻思着更上一层楼的办法。

我和杨阳在百思不得其解后毅然决定去饭馆喝酒。

我俩一边喝酒一边讨论着关于考试的事情，杨阳说："这次悬了，弄不好就玩儿完。"

我说："是啊，得想点儿办法，自己考是不能及格的，要再能从老师那里找来试卷就好了。咱们把'机械设计'老师的办公室撬开怎么样？"

旁桌一个吃饭的人向我们这里看了一眼。

杨阳说："撬开也没用，丫整天把备课本、资料什么的放在书包里，形影不离，卷子肯定在家里。"

"那咱们把他家撬了吧！"

旁桌吃饭的人又抬起头看了我们一眼。

杨阳说："别逗了，撬办公室属于品质不好，撬人家的门属于犯法，抓住了就得判刑。"

这时，那个旁桌人对我们说："不用那么费劲，我就可以搞到卷子。"

杨阳看了他一眼，说："哥们儿，你没事吧，是不是喝高了？"

那人说："不信算了，你们会后悔的。我是你们'机设'老师的儿子。"

我和杨阳立即端着酒杯凑过去说："哥们儿，你没骗我们吧。"

那个人说："你们的'机设'老师叫刘大康，他是我爸，我叫刘小康。”

我看了一眼刘小康，感觉他的五官还真是和刘大康颇有些相似，特别是眼眶部位，几乎见不到眉毛，给人一种脑门特大的感觉。我问：“你真能搞到考试题？”

刘小康说：“轻而易举，卷子就放在我家阳台上，我随时都可以找到一份。”

杨阳问：“卷子少了你爸会不会发觉？”

刘小康说：“不会的，我妈经常从那一摞卷子中抽出一张擦玻璃。”

杨阳说：“哥们儿，今天这顿饭我们请了，你帮兄弟搞一份卷子。”

刘小康从兜里掏出几张叠得皱巴巴的纸说：“这就是卷子。”

我们打开一看，果真如此，我说：“哥们儿，谢了！”

刘小康说：“我这儿还有答案，你们要不要？”

杨阳说：“当然要。”

刘小康说：“你们想请我吃顿饭就把答案也搞到手是不是太容易了？”

杨阳问：“你想怎么办？”

“二百块钱。”刘小康伸出两个手指头说。

杨阳说：“这么贵，我们自己做，不要了。”

刘小康说：“不要也行，我会让我爸不考这份卷子，换一份。”

我说：“如果我们买了答案的话，你能保证一定考这份卷子吗？”

“当然能保证，我爸懒着呢，他才不会轻易更换试卷。”

我说：“二百块钱贵了点儿，我俩也是穷学生，一百块钱怎么样？”

刘小康说：“你得这么想，如果过不了这门考试，你除了要交好几十块钱的补考费，还得复习，而且补考也不一定能通过，多累呀！你俩一个人一百块钱，把答案买回去一背，想考多少就考多少分，这多牛逼！”

我认为这份答案应该买，即使再贵一倍也会买的，有了它可以免去诸多不必要的麻烦，杨阳也流露出想买的意思，但我俩兜里的钱掏出来加在一起才二百零六块钱,而且这顿饭还没有结账。

刘小康说:“我看你俩也不容易,一百五十,不能再少了。”

我们给了刘小康一百五十块钱。

刘小康把钱装进兜里说:“明天晚上你俩在这家饭馆门口等我,我来送答案。”说完便欲起身离去。

杨阳揪住他说:“你丫别走,想带着我们的钱跑!”

刘小康说:“我已经说过了,明天晚上给你们答案。”

杨阳说:“你要是不来呢,我们他妈的哪儿找你去!”

刘小康说:“你们怀疑我是骗子?”

我说:“咱们最好一手交钱一手交货。”

刘小康说:“你们到前两届的学生中间打听打听,我刘小康的口碑怎么样,他们全是靠我通过了考试,我没骗过任何人。”

我问:“你是干什么的?”

刘小康说:“我大学毕业后没事儿干,就卖点儿考题答案什么的。”

我说:“你只卖‘机设’的考题也挣不到什么钱呀,‘机设’半年才考一次。”

刘小康说:“我爸又不是只教这一门课,我妈也是这个学校的老师,她还教三门课,我就是这里毕业的。”

我说:“那我们还是校友,以后有事还得麻烦你。”

刘小康给我们留下手机号,说:“缺什么卷子尽管找我。”

杨阳说:“你挺好的,无本经营,只赚不赔。”

刘小康说:“我的这种经营方式叫作‘守株待兔’,每逢期末考试,我就会出现在×大附近的饭馆里,伺机出售试卷,我知道有许多学习不好的学生会在这个时候来这里喝酒。”

原来,我和杨阳是两只撞到树上的兔子,刘小康就是那个以逸待劳的农夫。

第二天晚上,我们在约定的时间和地点收到刘小康送来的试卷,本想和他坐下来再聊聊，无奈他说还要去另一个地方送一份他妈教的课的试卷和答题，然后便骑着自行车消失在夜色中。

29

因为有了上次偷“材力”试卷的前车之鉴，我和杨阳没有把搞到试卷的事情公之于众，所以，当我俩的名字没有出现在不及格者的名单时，引起全班同学的震惊，特别是齐思新，认为自己比我俩复习得好许多，却只考了41分。

齐思新为了这门考试吃尽苦头，屡考屡折，一年半后，当我们即将毕业的时候，我看见他依然在苦苦哀求刘大康放他一马。

由于上个学期我没有参加英语四级的考试，这个学期还要继续考试，直到通过为止，否则将无法获得毕业证书。凭我目前的英语水平，即使把及格线降低到30分，也不一定能通过，但学校要求本科生必须通过四级，面对如此压力，我只好想些办法应付。

办法不能出在试卷方面，因为试卷是密封的，不到考试时间谁也看不到，而且考生的答卷将被送到阅卷中心由电脑评分，老师根本帮不上忙，所以，只能在考试人的方面想主意，譬如说找一个英语成绩不错的同学替我去考试。那么我的同学中究竟有谁可以担此重任呢，就实力而言，只有张超凡和佟小娅具有绝对的把握，他们却不愿意，也不敢冒此风险；就勇气而言，杨阳和齐思新是可以胜任的，可是他们的英语水平极其有限，只能把四级考个60分多一点儿，但这已经是半年前的事情，四级过后他们便卖掉英语书，如今他们的英语水平并不在我之上许多；马杰和赵迪是实力和勇气都不具备的，更不能把他俩考虑在内。这时，我想起一个非常合适的人选，周舟。她的英语水平绝对让我信服，即便在发挥不好的情况下，她扣掉的分数也会比我得到的分数少之又少(我通常只考20多分)，可能周舟会认为这件事情危险系数较大，不会轻易去做，但在我的鼓励下，我想她一定会放下思想包袱走上考场的。

吃午饭的时候，我把这个想法告诉了周舟，果然不出我所料，周舟立即放下手中的饭勺，说："不行，太危险了。"

我说："没事儿，只要准备工作到位，绝对万无一失。"

"万一被抓到怎么办？"

"你放心，不可能被抓到。"

"怎么不可能，老师要查准考证和学生证，而且你是男的，我是女的。"

"不打无准备之仗，这些我早想好了，咱们学校在监考方面漏洞百出。"

吃过午饭，我和周舟按计划行事。她带了一张照片去学生科，对老师说："我的学生证丢了，能不能补办一个？"

老师说："带照片了吗？"

"带了。"周舟将照片递给老师。

老师接过照片看也没看，说："手续费 10 块钱。"

周舟掏出 10 块钱放到桌子上，老师找出一个崭新的学生证，说；"叫什么？"

"邱飞。"

"邱飞？"

"对。"

"哪个 fei？"

"飞翔的飞。"

老师在学生证上抹了许多胶水，贴上周舟的照片，又拿出学校的公章，在照片位置用力一按，说："好了，以后小心点儿，别再弄丢了。"

周舟说："嗯，谢谢老师！"

我一直在门外等候周舟，当她满脸笑容地拿着学生证出来的时候，我来不及等她把门关上，接过学生证狂呼道："牛逼！"

这时，老师在屋里说："同学，你过来一下。"

我想这下完了，我的忘乎所以暴露了目标，我攥紧周舟的手，示意她要沉着、冷静。

周舟回到屋里，问："老师，您还有什么事情？"

老师盯住周舟看了几秒钟，说："你这件羽绒服在哪里买的？"

"中友三层。"

"什么牌子的？"

"FUN。"

"哦。"

"您还有事儿吗？"

"没了，谢谢。"

"不客气。"

我站在门外长出一口气。

30

考四级的这天，我和周舟在食堂吃了一顿丰盛的早餐，周舟还是避免不了有些紧张，我紧搂着她的肩膀说："没事儿，就当是你自己的一次平常考试，但千万别写错名字，现在你就叫'邱飞'了。"

周舟点了点头。

我目送周舟走进考场，坐在那张贴着"邱飞"字条的椅子上。周舟回头向后门望了一眼，我冲她点点头，她对我一笑，露出雪白的牙齿，我放心地回到宿舍。

张超凡等人都去参加英语六级的考试，周舟今天本来也是应该参加六级考试的，然而却冒着巨大的风险替我去考四级，想到这里，我内疚不已，开始坐立不安，只得又回到考场门口等待考试结束。

周舟满面春风地走出考场，说："感觉还不错，及格肯定没问题。"

四级成绩颁发的那天，杨阳疯狂跑至我面前说："你丫也太牛逼了吧，居然考了个优，请客！”根据学校制度，英语四级成绩在 85 分以上者，可以获得学校颁发的 400 元奖学金。于是，我用这 400 块钱请狐朋狗友们大搓了一顿。

31

期末考试结束，我只有一门功课没有通过，成功地完成了保级任务，系里有两个同学因为再次“试读”被开除，他们离开学校时满面笑容，不知道他们是找到了人生的目标还是依然迷惘，满脑子空白。

我和几个同学在放假前进行了一次聚会，主要目的是发泄考试期间积蓄的焦虑和不安，当一瓶瓶啤酒灌进肚子的时候，我感觉舒服了许多，体内的不安被啤酒冲刷得无影无踪。

那天晚上我们又全体喝高了，我醉得不省人事，吐了许多次。

与我们同住一层宿舍楼的还有经济管理系（简称经管）的男生，但我们和他们却宛如生活在两个世界。每有人喝得酩酊大醉，在楼道里晃来晃去的时候，这个人一定是机械系的。经管系的男生没有喝醉酒的理由，他们功课轻松，只需看看书、背背题就能应付考试，经管系又美女如云，不必为资源匮乏而大伤脑筋。所以，我们对他们非常气愤，稍有纠纷，就会动起手来，把愤怒转变成力量，用于拳脚之上，机械系男生擅打是全校闻名的，连校长都说：“机械系的男生也不容易，让他们打去吧！”

32

寒假到了，我除了准备过新年外还要准备补考，我对生命中很大的一部分被消耗在考试和补考上面无能为力，新年过后，我将迎来自己的 23 岁。

我感觉漫漫人生就像在撒尿,每度过一年的光阴就如同撒出一泡尿,尿的颜色也或多或少地反映出一个人在这一年中的心情。青年人对待一年时光的态度就像喝过几瓶啤酒后对付一泡尿一样,任意挥霍;而老人却把一年的时间看得尤为珍贵,也像一泡尿,撒一泡少一泡。

我是在厕所中得出以上结论的,我经常在厕所里思考人生哲理,我的心中隐藏着挥之不去的厕所情结。

33

我的厕所情结始于对文学的热爱。起初,每次大便的时候,我的手里总要捧着一本散文,这样有助于我将排泄工作做得顺利。每当读完一篇散文的时候,我不仅在思想上豁然开朗,身体的某个部位也会畅通无阻,源源不断地将体内废物排泄出来。后来,当我也能够写出散文的时候,散文便不再能够带给我大便时的喜悦,我决定采用其他文体。

我曾先后尝试过诗歌和小说,诗歌每次都使得我大便不畅,我想这和它的晦涩难懂不无关系,倒是小说治愈了诗歌带给我的大便停滞不前的苦恼,并非小说具有"开塞露"一样润滑利导催便的功效,只因为它的篇幅起到水滴石穿的作用。刚开始,一部短篇小说可以供我两次大便使用,后来凡是少于2万字的小说都不能使我畅快淋漓,为了每天只此一次就可解决此生理需要,我已改用3万字左右的中篇,久而久之,练就出腿上的坚实功夫,现在我已经能够做到在大便的时候一口气读完《还珠格格》。

有一次,我在看《永不瞑目》的时候遇见马杰,他跟我打了一个招呼:"拉呢!"我"嗯"了一声,没有更多回应,因为当时我正在对肖童倍受女孩们的青睐艳羡不已。当我随着情节的展开又看了100多页的时候,马杰又来小便,见我依然捧着书专注地蹲在那里,便说:"你丫吃什么了,怎么又来了?"我抬起头,不悦地说:"我他妈根本就没走!"马杰半信半疑地撒着尿、摇着头。马杰第三次进来的时候，我仍旧保持着大便时的标准姿势，上身放松，重心下沉，双腿分开蹲于便池两侧，此时我并没有擦屁股完事的念头，因为还有60多页没有看完。马杰张开嘴做出惊讶状："你不会还在继续吧。"我说："你先把嘴闭上，别让苍蝇飞进去，如果你再以每半个小时就撒一次尿的频率光临厕所的话，你还会第四次甚至第五次看到我。"马杰撒完尿不忘敬仰地看我一眼，然后把那东西放进裤裆，离开厕所，出门后还诧异地说："不可思议，简直不可思议！"

我并非每次大便的时候总会一丝不苟地看书，我偶尔也会合上书思考片刻，总结一下刚刚看过的小说的艺术思想，回忆一下它的美学结构，这时我的视线总是停留在我的正前方，也就是小便池的位置，那是一个值得去留意的地方。

由于每个人的兴趣爱好不同，他们的生活方式特别是小便的形式也不尽相同。首先，根据体内贮存水分的多少，膀胱释放的压力大小不一，这就决定了有些人可以站远些（小便台下面）而有些人却不得不忍受冲洗便池的水溅到鞋上的痛苦，站在小便台上面（如果他想把尿留在便池里面的话）。其次是掏出那东西的动作，这也是因人而宜的，有的人穿运动裤，他只需解开腰间的绳子，将裤子向下一褪，那东西便会自己暴露出来；有的人穿牛仔裤，这样他就要稍微复杂一些，先是拉开文明扣，再弯下腰，向后拱一下屁股，才能把那东西掏出来；有一种人是最方便的，他无需任何动作，只要膀胱发力就可放水，因为他是赤裸着身体，这种情况往往发生在深夜或是清晨。接下来的事情就是前面一系准备工作的目的——排放体内的废弃液体。毫无二致，每个人在这个时候都会腾出一只手来夹住那东西，把它调整到一定高度，否则会浇到自己脚面，大多数人会选择用右手来完成这项工作，这是毫无目的的，仅是习惯而已。我只有一次看到一个学生在放水的时候双手叉腰，一副雄纠纠、气昂昂的样子，事后才知道他是一个喝高了的天津人。

大便时所蹲的位置是观测一个人行小便之事的最佳位置，我可以看到一束水柱从那个人的双腿之间迸射出来，根据气候变化和他在近期内吃水果蔬菜的多少，那股水柱会呈现白和黄两种截然不同的颜色，此现象证明了他最近的身体状况。我在此时往往会展开逆向思维，逆那束臊气的液体而上，来想像撒尿人的那东西是何模样，这需要考虑得综合全面，此人的高矮、胖瘦、肤色都是决定那东西规格的重要因素。在释放液体的时候，有的人因为缓解掉腹中压力而兴高采烈，他们嘴里会哼唱着最媚俗的流行歌曲；有的人除了右手夹住那东西外，左手还要夹一根香烟，不时地嘬上一口；有的人会东张西望，左顾右盼。一次，一个正在撒尿的人回了一下头，见我正注视着他，便对我嫣然一笑，我也冲他抱以微笑，从此以后，我们凡是在校园里遇到都要相互点一下头，以示友好。

这个工作即将完成的时候，大家都要抖搂抖搂那东西，否则一些意犹未尽的液体会被带到裤头上，造成不卫生，我不明白人们为什么不一次尿完，还要为抖搂而浪费时间。当把那些含有各种毒素和矿物质的液体从体内转移到便池后，大多数人都要迫不及待地离开这里，他们会边走边把那东西收回去，免得被人误认为不要脸，还有人会把手在裤子上蹭蹭，此时裤子上便会留下一小片潮湿的痕迹，这是刚才不慎浇到手上的。

有时，在我专心大便的时候会听到隔壁单间里传来"轰"的一声，紧接着是大珠小珠落玉盘般衔接紧密的声音，大有气吞山河之势，随之而来是一种恶不可闻的气味。虽然我觉得在大庭广众之下做出如此事情有失大雅，但也会憋足全身气力回敬他一次，以此来证明我的存在，告诫隔壁不要太放肆，做人还是收敛一些的好，可我每次都是力不从心，无法做到惟妙惟肖，隔壁依旧在气焰嚣张地做着坏事，看着别人在我面前兴风作浪、胡作非为而自己却束手无措，这就是人体功能造就的巨大悲哀，人比人气死人呀！

一个人在完成大便工作后，会收拾一下残局，用水将它们冲掉，它们被水冲走后也有两种不同的声音，一种是"扑嗵"的声音，仿佛一块巨石投入水中，这种声音的主人往往体魄健壮、身材魁梧，他们体育成绩很好；另一种是清脆的“咚”的一声，就像中国选手的跳水，可想而知，水花压得相当小，能够制造出这种声音的人通常弱不禁风，面带菜色，但学习成绩异常优秀。

大便究竟被冲到什么地方我也无从知道，反正它们会变成化肥施在我们吃的粮食上面。人们总是在吃饭时谈便色变，而拉屎时讨论羊肉串与羊板筋的孰劣孰优却异常兴奋。其实将这件事情以一颗平常心对待，问题便迎刃而解，大家都可以像我亲眼目睹过的一个同学那样，左手拿手纸，右手拿油条，在厕所里边吃边擦。

就我所居住的这座宿舍楼的厕所而言，存在着诸多设计上的不合理之处。

首先，每层楼只有三间厕所，每间厕所仅有四个蹲坑，也就是说，其最大排泄总量仅可供 12 名学生同时使用，而每层楼有 51 间宿舍，每间宿舍可容纳 6 名学生，这 12 个蹲坑对 306 名学生来说简直就是僧多粥少，所以每天早晨 7:30−8:00 之间经常会出现这样的场景：四名学生在里面怡然自得地蹲着，十几个手握卫生纸的学生排在厕所的门外焦急等待那一时刻的到来。每有学生从蹲坑的小单间起身，排在队伍最前面的学生便会疯狂奔至单间外，准备时刻进入，此时也不再顾忌那股奇异的味道。也会有蹲坑的学生在完事之前掏出手机给同宿舍的某个同学打电话：“某某，你赶紧过来吧，我快拉完了，中午别忘了请我吃饭呀！噢，对了，带点儿纸来，我刚才出来得急，忘了。”之所以建造如此之少的坑位，我想可能出于这个原因：宿舍楼始建于 1960 年，那时我国正闹灾荒，没有谁动辄就把肚里仅存的那点儿东西排出去，至少要存五至七天，所以坑位设计多了就是浪费，谁想到，二十年后的改革开放把我国经济发展得如此繁荣昌盛，人民生活水平有了显著提高，特别是在吃的方面，人们已经适应每天至少大便一次的习惯，由此看来，当初的设计师缺乏放眼未来的眼光。

其次，每个单间的挡门均无一例外地被拆掉，这样你在里面的所作所为便暴露在光天化日之下，虽然没有什么丑陋可言，但毕竟属于隐私范畴，所以每次当我置身其中的时候，总有一种惶惶不安之感。据说这些单间的门原来是存在的，时常有些文采稍好又擅描画的同学在蹲坑的时候会将才华转变成一些图文并茂、内容生动的生理卫生图解置于其上，这些东西被一位来我校视察不幸吃坏肚子的副市长尽收眼底，当即下令，拆除所有的挡门，不给不正之风任何有机可乘之载体。

再次，蹲坑单间内纸篓的位置有碍观瞻，它总是被摆在蹲坑者的面前，蹲坑者在这个漫长的过程中尽管会竭力不去看它，但还是会在无意中瞥到几眼，极大影响到蹲坑者当天的快乐情绪。我们可以随手将它挪开，置于身后，可大家碍于其不卫生，谁也不去管，只好眼不见心不烦。

34

我的22岁就这样过去，它已一去不复返，成为我生命中永远的悲哀。

第四章

风中的舞蹈

1

寒假过后,我们迎来大三的第二学期。学校安排我们到位于昌平的某机床厂进行为期一个月的参观实习。

第一周周一清晨,我被一阵嘈杂声吵醒,睁眼一看,大家都在争先恐后地起床穿衣,刷牙洗脸,并骂骂咧咧地抱怨着学校的凶残施暴,破坏了大家 10 点钟起床的惯例, 许多同学在半梦半醒之间坐上早班车,飞奔在通往昌平的高速公路上。

第一天上午的实习内容很简单, 由一名刚毕业分配来此的大学生带领我们参观工厂。此人姓张,与我们并无过大年龄差异,而且颇有共同语言,被我们亲切地称呼为:老张。

中午,老张带我们来到工厂内部饭馆吃饭,饭菜丰盛得有些出乎意料,我和杨阳、齐思新不仅喝了几瓶啤酒,还抽了几根“万宝路”,对此我们受宠若惊。

我问老张:“我们以后每天都到这儿吃饭吗?”

老张嘴里嚼着花生米说:“哪有这种好事, 咱们以后都得去食堂吃饭,今天特别。”他指着窗外一间破陋的大房子说,“就那儿。”

窗外,一名女职工正把饭盒里的饭菜倒入门口的大缸,一群黑色的飞虫被惊吓得从缸中飞出。

下午进行了实习分组，我和杨阳被分配到喷漆车间，齐思新被分到锻压车间。

我和杨阳待在车间无事可做，决定去看看其他同学，刚走出喷漆车间，就见齐思新正推着一辆满载砖头的小车艰难地从此经过，我们叫住他，问道："你推砖干什么？"

齐思新指着锻压车间说："那帮王八蛋在车间玩牌，叫我出来推砖，真他妈孙子！"

杨阳说："把车扔一边儿，甭管他们！"

齐思新码了码即将滑落的砖头说："他们说推不完五车砖就不准我下班！"说完，大吼一声，推起小车向前冲去。

晚上，齐思新累得腰酸背痛，早早地躺在床上休息，并呻吟着说："明天说什么我也不去了！"

"为什么？"我问。

齐思新说他在下班的时候看见若干辆满载砖头的卡车正源源不断地驶进工厂。

第二天，齐思新果然没有去工厂实习。一个星期后，同学中已经没有人出现在工厂了。

这几天的实习异常枯燥，大家整日坐在一间硕大的屋里，从早晨开始，等待中午下工铃声的响起，然后拿着饭盒冲向食堂，抢在那些工程师和工人师傅前面买到午饭。吃过中午饭，大家趴在桌上或倚靠墙壁或站立着睡午觉，直到下班铃声响起，背着书包迅速消失。

2

第二周的某天早晨，北京地区大风降温。我在甜蜜的梦乡中被电话铃声吵醒，睁开眼睛看到齐思新正双目炯炯有神地看着我，我装出极困倦的样子叫他去接电话，他躺在床上摇晃着脑袋说："不去。"

我只好去接电话,可刚掀开被角,就感觉寒气逼人,于是又裹紧棉被,躺在里面期待齐思新熬不住或电话铃声自动消失。

这时,杨阳从上铺探出脑袋,看见我俩睁着眼睛无动于衷地躺着,说:“你们怎么不接电话?”

没有人理他,铃声还在继续。

“操,我去接,真他妈懒!”杨阳凭借整日引以为荣的腹肌,没有用手支撑,便以平躺的姿势坐起来,我在下铺感受到从上面传来的剧烈震颤。

“行了,还是我去接吧!”我及时阻止了杨阳,因为他每次下床之前也不看清楚下面的情况,伸脚就踩,好几次他都是踩着我的脸完成下床动作的,而他每次都会在落地平稳后笑着对我说:“哎呀,又没看见。”我十分肯定杨阳的行为绝非无意,有一次,我知道他要下床了,赶紧用手抱住脑袋,可是肚子却成为他下床的第一落脚点,当时我刚吃完一大碗面条,正准备睡午觉,这一踩险些酿成我的生命危险。事后杨阳说:“本来不想踩你肚子的,可你抱什么脑袋呀!”所以,为了免遭空袭之苦,我还是主动去接电话,打电话的人可够有耐性的,在我穿好鞋走到电话前的这段时间里,铃声又响了不下十声。

“喂,找谁?”这是我们接电话的通用方式,如果对方说要找某个同学,我们从声音判断出此人是学生家长的话,就会语气平和地说:“您稍等。”然后把电话递给要找的这个同学,再附上一句:“你老子。”如果要找的这个同学不在宿舍,我们就会在楼道里大喊:“某某,某某!”此时会有一个脑袋从某间宿舍的门口探出,问道:“干吗?”“电话!”“哦。”他会放下手里的牌或一把瓜子,风风火火地跑出来接电话。如果在我们大喊了许久后这个同学依然没有出现,我们就对电话里的人说:“某某不在宿舍。”对方会感激地说:“谢谢你,喊这么大声,连我都听见了,谢谢啦!”

然而这次电话那端却传来一个匪夷所思的声音:“你是谁?”

我一时语塞,不知该如何回答。

幸好对方又说:“我是机床厂的老张。”这才使我茅塞顿开。

接这个电话是一个致命的错误。原来机床厂的员工们在中午排队买饭的时候发现队伍不再那么混乱，这才意识到我们已有多日未到，而学校和机床厂有言在先，除了安排我们进行生产实习，还要保证我们的出勤，所以厂长要求我们无论有事与否都要出现在工厂。

第二天，我们不得不挤着公共汽车去往昌平。

3

学校周边坐落着许多民房，那里暂居着大量民工，他们每日早出晚归，同我们一起挤公共汽车。他们在车上遭受许多北京妇女的白眼儿，被认为肮脏、野蛮、没文化，在这里我很愿意为民工打抱不平，虽然他们会在公共汽车上抢座位，但绝没有泼辣的北京妇女抢得凶，民工们坐一会儿仅是为了缓解疲劳，还有许多繁重的工作在等待着他们去做。他们并不野蛮，不会像北京人那样，因为一点儿鸡毛蒜皮而骂得不可开交，他们会同乖巧的小学生一样，一动不动地坐在椅子上，双手交叉，夹在两腿之间，上半身微微弯曲，像个痛经的小姑娘，双眼茫然地注视着窗外，看着车水马龙的街道和一座座现代化建筑。没有他们，这些高楼大厦就不会拔地而起。如果有人把民工比喻作大粪的话，我就要把北京比喻成一块贫瘠的土地，庄稼一枝花全靠粪当家。

每日同我们挤公共汽车的还有白领女士，她们总是在上班规定时间前几分钟才到站，下车后匆匆跑向地下通道或天桥，长发迎风飞舞，高跟鞋走在水泥路面上发出清脆的声响，皮包在她们的肩上或手中摆动，并不时地伸出手腕看一下时间，我想这些白领女性中的多数是为了多睡一会儿觉才如此狼狈的。

与白领丽人相比，我们的实习就轻松许多，工程师和技术员正忙于单位分房，无暇顾及我们，只是偶尔带领我们去参观一下车间的生产，然后便让我们自由活动。

我们对齿轮车间情有独钟，因为那里有个女员工长相颇似巩利，凡遇无事可做时，我们就会跑到那里找她聊天。开始她对我们还很热情，总是放下手中的活，同我们海阔天空地畅谈，但当她因为生产的齿轮数量减少和质量不过关而被厂长扣罚奖金时，对我们便不再一如当初，无论何时去找她，她总是半阴着脸，一副爱搭不理的样子，我们只得不再找她，呆坐在办公室里无所事事。有时，我们会买几包烟，大家围坐一桌，一根接一根不停地抽，直到屋里弥漫的烟雾让我们分辨不出彼此。

终于熬到中午，同学们迫不及待地拿着饭盒奔向食堂，午饭已成为我们一天生活中最重要的部分。吃过午饭，我们会和工人们在操场上踢一会儿足球，他们采用的是全攻全守式粗犷型打法，我们惯用稳守反击，经常以柔克刚。

踢球的时候，工厂的广播站会播放一些工人中间的文学爱好者撰写的散文，播音员并不标准的普通话通过吊在树上的大功率喇叭传出来，响彻整座工厂。散文的内容经常先以开门见山的形式描绘春天美景，然后由刚抽芽的柳条或明媚的阳光联想到工厂自身的发展，继而升华到祖国正在改革开放的春风下蓬勃发展，全国上下一片欣欣向荣的景象，每当一篇散文读到画龙点睛之处时，我们就会因为提不起精神而被对手灌入一球。

一个月的生产实习在百无聊赖中即将结束，校方规定我们在实习过程中写周记，本以为只是说说而已，可在实习结束的前一天，老师却要求每人必须上交五篇周记，否则按旷工处理，于是大家背起书包，纷纷奔赴教室补写周记。

4

在天气逐渐热起来的时候，期末考试再次降临，我本想好好复习，争取全部通过，然而有一件事情不仅干扰了我的复习，还导致我一门功课缺考——周舟到了日子却没来月经。

我像农民兄弟盼望雨水从天而降般盼望着经血尽快从周舟的腹中流出，然而苦苦等待了几天后，依然没有来临的迹象，我开始有些发毛，甚至想学农民兄弟的样子，给龙王爷烧柱香，让我如愿以偿。

钟风学的是医学，我也不在乎他的道行深浅，急于向他寻求救我于水深火热之中的办法，钟风本着治病救人的职业道德，在翻阅了三天三夜各种医学书籍后，跑来告诉我："有可能是怀上了，要尽早去医院检查，越快越好。"

我问："能不能不去医院，自己检查。"

钟风说："可以，有一种试纸能够检测出来。"

我说："哪里能搞到这种试纸？"

钟风说："我们学校妇幼保健专业的实验室里就有，回头我帮你找几张。"

我急切地说："别等回头了，现在就去，你不说越早查出来越好吗？"

钟风说："行，我现在就去。"

晚上，钟风风尘仆仆地出现在我面前，手里攥着一条试纸说："搞到了。"

我拿过试纸看了看，问："这东西怎么用，和 PH 试纸一样吗？"

钟风说："差远了，PH 试纸测的是酸碱度，这种试纸测的是阴阳性，阴性是一道线，说明没事儿，如果是两条线，那就是阳性，得去医院了。"

我说："怎么听着这么复杂，什么乱七八糟的？"

钟风说："你也甭管那么多了，你就记住了，一道线是小队长，没事儿，两道线是中队长，有事儿。"

"那要是三道线的大队长呢？"

钟风说："扯淡，哪有三道线的，只能是你眼花了。"

"哦，我记住了，小队长没事儿，中队长有事儿。"

钟风说："别记错了。"

我说："知道了，噢，对了，是化验唾液吗？"

钟风瞪着眼睛说："你丫是真不知道还是装不知道，化验尿！"

"尿？"

"对，晨尿最佳，明天早上就可以化验。"

第二天上午10点钟，我有一门考试，但已无暇顾及，早早地起了床，拿着试纸去找周舟。

周舟在我来之前刚刚小便，现在内存不足，无法化验。我陪着周舟在食堂喝了一碗豆浆，她仍然没有感觉，我只好又买来两碗豆浆。

第二碗豆浆喝到一半的时候，周舟说："豆浆没味儿，你去放点儿糖。"

我说："将就喝吧，一会儿验出个糖尿病怎么办！"

周舟说白豆浆喝不下去，我又去给她买了一块酱豆腐。周舟喝了两口，又放下碗说："喝不下去了。"

我看周舟的确为难，便端起碗，将剩下的豆浆一饮而尽。

喝完后我感觉腹胀，跑去厕所小便，在排遗的那一刻我想，如果化验我的尿会是什么结果呢？结果当然是一道线，如果是二道线的话，我的身体和试纸必有一个出了毛病。

周舟在喝完那碗豆浆后的半个小时终于想上厕所了，我们为了找到一个盛尿的器皿特意买来一杯可乐，倒掉液体，留下空纸杯，周舟拿着它走进厕所，我忧心忡忡地等候在门外。

一会儿，周舟洗过手出来，挽起我的手说："走吧。"

没走几步，我突然意识到周舟的手里并没有拿着纸杯，我问："尿呢？"

"哎呀！"周舟恍然大悟："我把这事儿给忘了，没接。"

"那纸杯呢？"

"还在厕所里。"

尿是无论如何要化验的，我和周舟继续为憋尿而努力，这是我第一次感觉尿竟然如此珍贵。听说吃西瓜利于排尿,我又跑到校外的西瓜摊买来一个大西瓜,看着周舟大口大口地将它吃掉。

一个小时后,吃下去的西瓜产生效果,周舟又要去上厕所,进门前,我叮嘱她千万别再忘了正事儿。

片刻后,周舟端着可乐杯出来,我们决定去一个隐蔽的地方化验。没走几步,遇到杨阳迎面跑来,他冲我喊道:"马上就考试了,你干什么去?"

我说:"这就去。"

杨阳看到周舟手中的可乐杯,说:"给我喝一口,渴死我了。"

周舟拿着可乐杯不知如何是好,我接过它,装作不小心的样子,把它跌落在地。

杨阳说:"你丫真浪费,我考试去了。"然后跑向教室。

我和周舟心酸地望着洒在地上的尿,怅然若失,就像泼出去的水,无法再收回。

我建议周舟再吃一个西瓜,她说吃不下去,肚子胀。我一摸,周舟小腹处果然隆起一个小包儿。

我说:"要不然咱们去医院检查吧!"

周舟说:"不去,不好意思。"

"那咱们也不能拖着呀,你愿意看着肚子一天天大起来吗?"

周舟神情紧张地说:"讨厌,都是你不小心点儿。"

我说:"是我的错,怪我操作失误,既然问题出来了我们就要面对。"

周舟说:"我去医院不知道跟大夫说什么。"

"我更不知道说什么了,实话实说就可以。"

周舟点点头。

我们紧攥着对方的手,走在去医院的路上。

到医院门口的时候,周舟停下来说:"我不敢进去。"

我安慰她："没事儿的，我陪你进去。"

周舟将头抵住我的肩膀说："我害怕。"

我抚慰着她的头发说："事情过去就好了，走吧！"

"嗯。"周舟拉起我的手。

刚刚踏进医院的门，周舟又站住了，说："等会儿。"

"怎么了。"

"有感觉。"

"什么感觉？"

"来了！"周舟捂着肚子向厕所跑去。

我像被春雨滴在脸上的农民一样，感到无比幸福。我想，月经同石油一样，没有压力是出不来的。

我看了一眼手表，11:20，考试即将结束，但我此刻的心情却比考了 100 分还要畅快。

5

周舟来潮后，我全身心投入到复习中，不愿再出现不及格科目，补考已浪费掉我的太多精力。

此时的我比大一的时候成熟了许多，那时我还在不遗余力地为办缓考而冥思苦想，却不将精力用于复习，每年还要为补考继续看书。现在，我懂得背着抱着一样沉的道理，与其开学补考，不如期末的时候多用点儿功，一次通过，但如果有捷径，还是要走的。

我和杨阳找出刘小康的电话，与他约好在学校门口见面，以 350 元的价格购买两份考卷和答案。

我们坐在学校门口的马路牙子上等着刘小康，他戴着一副墨镜出现在我们面前，没有停留，只说了一句："跟我走。"便快步向别处走去。

我们紧随其后，问：“去哪儿呀，干嘛这么神秘？”

刘小康没有回头，只是说：“快走！”他带着我们走到一个隐蔽之处，说：“刚才我爸就站在学校门口和人聊天，要是被他发现的话，不仅我挣不到钱，你们考试也过不了，钱带来了吗？”

“带了，卷子呢？”

刘小康从兜里掏出一叠皱巴巴的考卷和答案，我们看了台头，没错，正是过几天要考的。

交易完毕，刘小康说：“我得赶紧走了，你们需要什么东西就说话。”

我们说以后一定少不了还要麻烦他。

试卷到手后，及格对我们变得易如反掌，我和杨阳轻松度过期末考试。

考试的时候，我有些掩饰不住下笔如有神的喜悦，激动地哆嗦着右手把正确答案写在试卷上。这个过程根本无须考虑逻辑推理的步骤及每个参数的意义，显然，它们在此时是多余的。

考完试的那天中午，我心情极为舒畅，顾不得炎炎烈日，吃完饭便和同学去操场踢球。我在操场上疯狂奔跑，汗流浃背，甚是痛快。

踢过球，我在水房冲了一个凉水澡，然后去找周舟吃晚饭。

周舟见到我就说：“你知道吗，郝艾佳要和杨阳分手。”

我说：“不会吧，昨晚他俩还在一起。”

周舟说：“郝艾佳今天中午接到前男友打来的电话，那个男的想和她重归于好，她当即就表示同意。”

我说：“怎么能说分手就分手呢，一日夫妻百日恩，杨阳和她好歹也好了一年多。”

周舟说：“郝艾佳始终就没有对杨阳全身心地投入，她当时和杨阳好只是因为男朋友的移情别恋，可心里却处处惦记着那个男的，现在这个男的又回来了，郝艾佳当然要离开杨阳。”

“郝艾佳的思想转变怎么这么大！”

“其实她和杨阳之间早就没有感情可言了，惟一能使他俩待在一起的就是那件事情。”

杨阳对于同郝艾佳的分手没有表现出过分失落，他说他们之间除了在身体上需要对方外，早就没有待在一起的必要了，所以他在和郝艾佳分手后并没有拉着我去喝酒，也没有茶饭不思地躺在床上发呆，而是写了一首歌，叫作《这是怎么了》，以此埋葬这段感情：

这是怎么了，为什么吃饱了还会饿
这是怎么了，为什么哭过后还有乐
这是怎么了，为什么努力去做还会错
这是怎么了，为什么甜美中会有一丝苦涩
赤橙黄绿让我混淆了颜色
不知道该去选择什么
谁能告诉我该怎么去做
哦，这是怎么了……

6

暑假开始，又在一片安静中度过。

开学的前一天，我应高中同学郑勇的要求去找他喝酒。高中时我们是非常要好的朋友，他高中毕业后考入海淀走读大学，已于今年暑假毕业，现就职于北京某外企公司。

郑勇递给我一张印有“郑勇”二字的名片，我接过看了看他的单位和职务，说：“够硬的。”

郑勇谦虚地说：“嗨，没什么，瞎混呗！”

我说：“用不着谦虚，我是说做名片的纸够硬的。”

其实，无论是这张名片的用纸还是上面印着的每一个字，全都坚如磐石，让我好生羡慕。

单位给郑勇安排了一间单身宿舍，他为了尽地主之仪，把我灌得酩酊大醉，我俩相依在他的单人床上睡去。

清晨，我从口干舌燥中醒来，准备回学校。郑勇依然死猪般趴在床上，我把他弄醒，说："我走了，你接着睡吧！"

郑勇既没有睁开眼睛也没有张嘴，不知道从什么地方发出"嗯"的一声。

我推门而出，带着一身酒气走在北京的马路上。

一群群中学生从每条胡同、每片小区、每辆公共汽车中涌出，稚嫩的脸上带着假期意犹未尽的喜悦，手中捧着一本单词或是一张煎饼，脑子里装着临出门时父母的告诫：一定要好好听讲，放学后早点儿回家，路上小心点儿！

他们的书包不得不因为车筐太小或肩膀承受不住而被捆在后车架上，我在他们的身上看到某些似曾相识的东西和许多熟悉的影子。当我听到他们亲切地同看门老头打招呼——"大爷好"的时候，当我看到他们为了尽早赶到学校抄没有完成的作业而没有洗去脸上灰尘的时候，当我看到他们手持扫帚，弯着腰在打扫校园卫生的时候，我的心忽悠一下子颤动了，这样的生活我也曾拥有过，可它们早已离我远去，只能成为记忆，留在内心深处。

不知不觉间，我在大学度过了三个春秋，现在已是一名大四的学生，生活在不经意间发生着变化，就像一个笑话所描述的那样：

学校食堂的饭菜中出现一只死苍蝇，大一学生对此的反应是惊叫一声，丢掉筷子撒腿而逃；大二学生端着饭碗，态度蛮横地要求卖饭师傅换一碗新的；大三学生神情平和地将苍蝇夹出，继续吃碗中的饭菜；

大四学生欣喜若狂地把苍蝇放进嘴里，当作一块肉大嚼起来。

也是在这一天，我从各媒体获悉：恐怖分子劫持客机若干架，撞毁了世贸大厦和五角大楼。从此，中国老百姓茶余饭后的话题便由××功转移到此事件上。

7

开学后，我又忙于补考，不知道这样的日子何时才是尽头。

我背着书包在教学楼转了一圈，居然找不到一个空位，那些身穿校服的新生们带着美好幻想坐在教室里看着高数和英语，一些同我一样面目浑浊的老生也在为补考而艰难地复习着高数和英语，他们面前比新生多了两样东西—— 一杯沏得很酽的茶和一包香烟，这是幻灭的产物。

正当我决定放弃学习的念头，准备回宿舍睡觉的时候，一个学生收拾起他的书本，背着书包离开教室，我坐到他留下的座位上，摊开书本，双眼直直地盯在里面匪夷所思的符号和公式上。

坐在我身边的一个男生，手里握着一个热气腾腾的杯子，伴随着杯口的倾斜，他的嘴里发出"呜——啊，呜——啊"的声音，这种声音在静谧的教室里没有一点损失地传递到我的耳朵，音响效果被还原得出奇好，我甚至能够感受到立体声环绕所带来的震撼，尤其是他的尾音"啊"，好像在品味多么醇香的东西，而实际上他的杯子里连点儿茶叶的影子都没有，盛的是白得不能再白的白开水，他那如痴如醉的样子真叫我恶心，居然还敢闭上眼睛，这使得他看上去更像一个白痴。

我恶狠狠地看着这个人，而他依旧陶醉其中，当他睁开眼看到我正目不转睛地注视着他的时候，似乎被吓了一跳，但更吓我一跳的是，他再次闭上眼睛，把剩下的半杯白开水"呜——啊"地喝完，对此我无话可说。

我的心情彻底被此人破坏，这使得我原本就无从下手的复习更难以理出头绪，书中尽是一些让我感到陌生的概念和术语，一道道晦涩的例题使我举步维艰，为了弄懂一个公式所表示的意义以及如何根据公式进行后面的计算，我首先要再将高数复习一遍，可这无异于噩梦重演，高数冗长的内容曾经把我折磨得身心憔悴，伤痕累累，我不愿再触及旧日痛处，背起书包离开了教室。

宿舍里，张超凡正光着膀子躺在床上，肚皮上的赘肉在重力作用下堆积下来，形成面积很大的一摊，硕大的肚脐眼儿正朝天开放着，宛如高尔夫球洞一般，为此张超凡赢得一个“二两酒”的美誉，因为有同学预测，张超凡肚脐眼儿的容积相当于一个能装二两白酒的口杯。张超凡却愧不敢当，坚决不接受这个美誉，总是推托地说：“过奖过奖，一两半足矣！”

每当张超凡站起来的时候，那堆肉便会“咕噜”一声滑向小腹，附在肚子底部晃来晃去，他的身体轮廓从侧面看去很像一个怀孕多日的妇女，更像是以臀部为圆心，臀部到颈部距离为半径画出的一段圆弧，张超凡说向下望去看不到自己的脚趾。

我问张超凡是怎样剪脚指甲的，他说要先深吸一口气，用尽全身力气收缩腹部，然后猛然弯下腰，瞧准脚指头就是一剪刀。我说这样会不会剪到肉，他说刚开始除了剪到肉就没剪下别的，但恶劣的条件使他很快便适应了残酷的现实，现在已经练就一手“稳、准、狠”的功夫，每次剪脚指甲都要将深吸一口气，迅速弯腰出剪刀这个动作重复十次，他还说人要是跟猪一样就好了，只长两个脚趾，哪怕跟鸡一样也可以，长四个脚趾，你要知道，我给一个脚趾剪指甲是多么艰难。

我指着一道例题，对张超凡说：“给我讲讲这道题，我总也搞不明白。”

张超凡看了一眼题目，便给我讲起来，可无论他怎样努力试图使我明白，我仍然理不出头绪，一头雾水，一个接一个地问他为什么，直到他也被我搞糊涂的时候，我仍不忘再问他一个问题：“为什么你也不明白了？”

张超凡见我基本概念如此不清楚，便问道：“你什么时候考……考试？”

我说：“明天早晨。”

张超凡在给我讲述了一堆诸如冰冻三尺非一日之寒、十月怀胎一朝分娩的道理后，说：“不是我……我打击你，这次考试你……你过不了。”

我说：“那怎么办，有没有速成的方法，这次我无论如何也要通过。”

张超凡说：“没有，你要是平……平时像我……我这么学就没问题。”

我灵机一动说：“要不然你替我去考试吧。”

张超凡立即否决，说：“不成，我才不……不干这事儿呢！”

我说：“没事儿，上次周舟替我考四级都没被抓到。”

张超凡说：“万一这次露……露馅了呢？”

“不可能的事情，根本查不出来。”于是，我把上次考四级的经过向张超凡描述了一番。

张超凡听后说：“真……真的没事儿？”

“真没事！”

“那我试……试试吧！”

得到张超凡的同意后，我陪他去照相馆照了一张快相，他拿着照片到学生办公室以我的名字办了一个学生证。第二天早晨，我把沉睡着的张超凡喊醒，说：“你该去考试了。”

我看着张超凡洗漱完毕后拿着钢笔、学生证走出宿舍，便安然倒头睡去。

此后，张超凡又相继应邀替杨阳、齐思新、马杰等人参加了考试，此行为并不属于志愿者活动，张超凡是无禄不立功的人，他开始以此为生计，吃喝不愁，提前进入小康。

8

这学期最牵扯张超凡精力的一件事情就是保研，系里规定每个班只能有一个保研名额，这个名额给谁老师可以根据具体情况而定，但最重要的一条是学习一定要好，我们一致认为此名额非张超凡莫属，连他自己也认为胜券在握。然而事实并非这样简单，在张超凡的保研道路上又冒出一个叫李军的同学，他平日里少言寡语，与我们接触不多，整日沉浸在图书馆中学习，成绩却总比张超凡稍逊一筹，但不知是何原因使得他出现在老师选择保研学生的视线中，成为张超凡一个强劲的竞争对手。

对此张超凡深感不安，他仔细分析了两人的孰优孰劣，觉得自己的优势是不言而喻的，但对李军为何会半路杀出却一点儿也搞不懂。

一天晚上，我们在宿舍聊天的时候，齐思新突然对张超凡说道："今天我在图书馆看见李军正捧着一本《孙子兵法》看，还不时地拿着笔在书上划来划去，你要当心啊！"

张超凡听后惊慌失措地说："那……那怎么办？"

我拍着他的肩膀说："别着急，你去买本《爷爷兵法》看。"

求胜心切的张超凡问道："是吗，哪儿有卖……卖《爷爷兵法》的？"

我说："你要是看了《爷爷兵法》的话一定算计不过李军。"

"为……为什么？"

"爷爷是君子，孙子是小人，君子斗不过小人。"

张超凡信心十足地说："可老骥伏枥，依然志……志在千里。"

我说："你用不着志在千里，眼前的危机就是战胜李军，你行吗？"

张超凡说："论学习绝对没……没问题。"

我说："别再提学习了，李军之所以能够半路杀出，靠的绝不是学习。"

张超凡问:“那他靠……靠的是什么?”

我说:“如果让人知道了他凭借的是什么,他还能出奇制胜吗!”

其实李军取悦老师也没有什么特别之处,只是投其所好而已。老师想要一部诺基亚手机,李军就会在第二天将一个崭新的8850摆在老师的桌子上,老师说想看某某大片,李军又会千方百计去寻找,将光盘放在老师的电脑旁……总之,李军会竭尽全力满足老师的所有需求,讨老师欢心。

博老师的喜爱是建立在物质基础上的,李军作为一名学生并没有经济来源,馈赠老师的物品全部为其父母所提供,家里只有他这一个孩子,父母盼望他能有点出息,尽最大努力帮他满足老师膨大的物质需求。

张超凡也调动起家庭的力量,三天两头给老师送些东西,李张二人彼此攀比,互不服输,以致出现了张超凡送老师一个随身听,李军就送老师一个CD机;李军送老师一盒肾宝,张超凡就送老师一盒伟哥的情况,愈是如此,老师就越迟迟不公布那个保研名额留给谁,坐收渔翁之利。

很显然,赢得这场战争的关键就是坚持到底,但张超凡与李军大战了几回合后便渐渐招架不住,败下阵来,李军继续巩固政权,确保了胜利果实。

李军之所以能够横空出世并笑到最后,完全凭借其父母的鼎力相助,他爸是北京某机关的副局长,平日收受的贿赂全部被李军用来打点老师,把老师的抽屉塞得满满当当。

保研名额分给李军后,张超凡愤愤不平,去找系主任评理,说李军采取不正当竞争方式,破坏了公平竞争的体育道德,系主任说:“李军给老师送礼的事情我知道,我还知道你也给老师送了不少东西,没错吧!”

张超凡说:“我……我是送过东西,但李……军比我送的多得多,所以老……老师把名额给他了,不……不公平!”

系主任说:“这件事情是公平的,老师也是在考虑了多方面的因素后才决定把这个名额留给李军同学的。”

张超凡说：“要说学习我……我绝对比……比李军好。”

系主任说：“这我知道，你学习好是我们有目共睹的，但这只是你保研成功的必要条件却不能成为充分条件。”

张超凡不解地问：“难道这还不……不够吗，我在哪方面还……还不合格吗？”

系主任语气缓慢地说：“我们在选择研究生的时候也要考虑他的综合因素，总不能找一个相貌丑陋、面目凶残的人吧！”

张超凡问道：“您是说我五……五官不端？”

系主任说：“我不是这个意思。”

张超凡情绪激动地说：“既然没……没有这层意思，那我为什么还是被淘……淘汰了？”

系主任说：“张超凡同学，你遇事要冷静，我听老师反映说，你在语言的交流上不是很顺畅，今天我也领会了，这将给你日后的学习造成很大障碍。”

张超凡听后失落地说了一句：“我……我知道了。”便离开系主任的办公室，他万万没有想到，系主任和老师居然以他的口吃为由，把这个本该属于他的保研名额分给了李军。

当然，李军在给老师送礼的同时，也没少行贿于系主任，上下打点，疏而不漏。

9

张超凡保研失败后便着手于考研的复习，他参加了一个考研英语辅导班，半个月下来，英语成绩没有提高许多，却失去了处男之身。

张超凡在辅导班上结识了一名已婚女子，她在一家会计师事务所上班，老公常年出差在外，寂寞难耐的她便将目光汇聚在张超凡身上。

辅导班上课的第一天，这个女子在上课很久后匆匆推门而入，随便找了个座位，正巧坐在张超凡身旁。课间休息时，此女子借抄张超凡的笔记，张超凡见她容颜美丽、风韵犹存，不禁怦然心动，两人有说有笑，甚为投机。辅导班下课后，此女子邀张超凡去家中为她补习英语，张超凡一口答应，满心欢喜。

在那女子家中，她对张超凡说："别客气，家里除了我没有别人。"然后给张超凡倒了一杯水，便依偎在他的身边。张超凡被此女子拨撩得欲火中烧，但还是客气了一会儿，坚持喝完那杯水后才搂住她，在她的引导下完成终身大事。

事后，张超凡感觉自己突然忘掉许多单词，便后悔地提上裤子逃离出去。日后无论那女子再以何种名义邀请张超凡去她家中，均被张超凡一一回绝。

张超凡认为，如果让这样的事情继续下去的话，那么他的单词储备必然会在某一天枯竭，甚至变为负数，所以每次去辅导班上课前，张超凡都要吃许多冰块，镇定败火，时刻保持头脑清醒。

张超凡为了考研可谓是历尽千辛万苦，每日黎明，伴着我们的酣睡声早早起床穿衣，背着书包离开宿舍，开始了一天的学习生活。中午吃过午饭，张超凡省去剔牙、刷饭盒、睡午觉等事项，又回到教室里背农村包围城市，坚持改革开放，三个代表等政治知识；晚饭过后，张超凡只看一分钟新闻联播的主要内容，便又去教室做一晚上的数学题；教室锁门后，张超凡回到宿舍还要一边洗脚一边背单词，不记住50个单词就不擦脚；晚上，他还要听着英语磁带入睡，连梦话都是用英语说的。

与张超凡相比，赵迪的生活完全可以用多姿多彩来形容，父母已经提前为他在老家找好工作，他不必再为自己的未来担忧。家乡的许多姑娘听说赵迪就要毕业回乡，争先恐后地要将自己许配给他，哪怕做小儿也心甘情愿，但赵迪对此事毫无兴趣，他依然将全部热情和精力用在××功的修炼上面。在赵迪的带领下，校园中出现了一个以他为首的××功小集团，经常趁深夜或黎明时分在学校操场召开集会，传达最新文件资料。赵迪为了便于同功友们取得联系，配置了一部手机，并将手机铃声调成××功的功歌。

除了练功外，赵迪便无事可做，经常像一头蜷伏在圈里的猪，一动不动地趴在床上，待走近一看，原来他的手里正捧着一本《转××》。

10

我们的乐队在此时宣布解散，原因是绝大多数乐队和家庭都要面临的问题——成员不合。

杨阳坚决主张排练自己的作品，而齐思新却热衷于演奏滥情的流行歌曲，两人的矛盾不断加深，直到有一天，杨阳趴在宿舍的桌子上整理他的歌，齐思新在这时推门而入，手里拿着一堆刚从网上下载的GUN'S ROSE\METALICALL和BEYOND的乐谱，随手扔到桌上，正好压在杨阳写的新歌上面，杨阳说："拿开。"

齐思新没有理会杨阳，脱掉鞋躺到床上。

杨阳抄起那些乐谱，扔到地上。

齐思新从床上跳起，冲杨阳喊道："你他妈干嘛！"

杨阳说："压到我的歌了！"

"压着又怎样！"

"不行！"

"你以为你是谁呀，写了一堆垃圾。"

"好，我写的是垃圾，那也比你捡垃圾强！"杨阳收拾起自己的歌，摔门而去。

我接到杨阳电话，叫我去街边的大排档找他喝酒，我并不知道发生了什么事情，带了周舟前往。

看见杨阳的时候他正一个人坐在桌旁，面前摆着一瓶啤酒，手里夹着一根烟，烟灰结成很长的一节。

我走上前问："怎么了？"

杨阳给我撤出一把椅子说："喝酒！"

杨阳递给我一根烟，断断续续地讲述了事情的经过。我问他："你想怎么样？”

杨阳低着头说：“算了，散伙吧。”然后“咕咚”喝了一大口啤酒。

我知道杨阳此时的心情一定非常复杂，他在乐队从成立到发展的过程中付出大量心血，为了乐队能够形成自己的风格不断摸索，他在排练中对每一个细小环节精益求精，还写了大量歌曲，希望乐队走自己的路线，而现在这个成立了两年的乐队却在转瞬间解体。

此时正值十月，傍晚天气很凉，杨阳形单影只地坐在我和周舟的对面，路灯将他的身影拉得很长，他叹息着说：“这是我在当初万万没有想到的，太让我失望了。”

一阵夜风吹过，杨阳打了个寒颤，身体不由自主的地哆嗦起来，一滴眼泪从他的脸上滑落，滴入酒杯，他端起酒杯一饮而尽。

杨阳的面前已经摆了七个空啤酒瓶，当他喝完第九瓶啤酒的时候，对我说：“不在沉默中爆发就在沉默中死亡，不知道我一会儿回去会做出什么事情，你可别拦我。”

“我不会拦你的，你想干什么就干什么吧！”我感觉他和齐思新之间会有一场不可避免的“战争”。

事情的结局却出乎我的意料，杨阳步履蹒跚地回到宿舍，什么也没有说，什么事情也没有做，只是脱掉鞋，爬到上铺，将被子盖在身上睡觉了。

我们的乐队就这样有始无终地诞生又消亡。

11

杨阳和齐思新分别将对方记恨在心，从此断绝一切来往，两人相遇时都会将脸扭向别处，好像不认识对方。

每当齐思新在宿舍情绪激昂地大发言论之时，杨阳便会悄悄地退出宿舍，一个人站在门外抽烟或坐在楼道里弹吉他。一次，在我和杨阳吃羊肉串的时候，我问他：“你为什么总是躲着齐思新。”

“我烦他，一听见他说话我就烦！”

“你可以想办法让他远离，他一出现你就离开，是不是太被动了，被他牵着鼻子走。”

杨阳看着身旁烤羊肉串的大哥说：“每个人都有自己的生活方式，譬如说烤羊肉串，咱们楼下原来只有旁边女老板的那一家，自从这家来了以后，那个女老板就搬走了，她离开并非因为竞争不过，只是另有自己的经营方式。”

不久后，杨阳又找到一个可以唱歌的差事——在三里屯酒吧做驻唱歌手，而且唱的是自己写的歌。

12

这个酒吧在北京市酒吧业中小有名气，颇受娱乐圈的明星和白领贵族们的青睐，每日天黑之时，会有大批雅皮士来此消遣，酒吧老板是一个80年代末在南方崛起的歌手，出过一张专辑，但最终未能红遍四分之一个中国，公司见他已无潜力可挖，便停止对他的包装和宣传，他也因此隐退出歌坛，做起买卖，挣些钱后来北京开了这家酒吧，酒吧的名声要比它的主人响亮许多。

酒吧老板听完杨阳的自弹自唱后感觉还行，决定留下他，唱一个小时歌给50块钱。

杨阳在酒吧唱歌的第一天晚上我也去了，老板在得知我是杨阳的朋友后很慷慨地叫服务生端来一小瓶“嘉士伯”啤酒，它在酒吧的价格是50元，为此我对老板表示了万分感谢。我坐在酒吧的一个角落，盯着眼前的“嘉士伯”想起一句话：外来的和尚会念经。

酒吧这类异国情调的休闲娱乐场所已经取代了饭馆在中国人心目中的传统地位，若干年前，饭馆还是中国人合家团圆、亲朋小聚、商务谈判的首选之处，而今天，格调高雅的酒吧的出现却无情地将饭馆推向庸俗，使得人们弃饭馆而从酒吧。

虽然在酒吧可以边喝啤酒边享受歌手的弹唱，但饭馆同样有此形式，一些走街串巷的江湖艺人经常提着二胡站在饭馆门口献艺，只需给他 1 元钱，便可听到《二泉映月》，此价格仅是在酒吧点一首歌价格的几十分之一。所以，要说经济实惠，还得是饭馆，特别是那种门口没有霓虹灯招牌、没有停车位的饭馆。

这天晚上，杨阳在台上唱了六首歌，博得一些酒客的掌声，也引得一些人的注意，其中一个叫田红的女孩主动上前与杨阳搭讪，并邀他晚上去她那里。

杨阳唱完歌，便背着吉他和田红去了她那里。

田红是一个大连女孩，和杨阳一样，每晚在酒吧唱歌。成为公司的签约歌手是田红的梦想，她今年二十二岁，已经来北京唱了三年歌，唱过的酒吧不计其数，可就是没有被星探们或是某个唱片公司的老板发现。她也曾毛遂自荐，把自己录制的小样送到唱片公司，但那些磁带和 CD 却石沉大海，杳无了音信。所以，田红现在的心态在一次次失望后变得顺其自然，不再对未来抱以奢求。

杨阳很快就和田红开始了同居生活，他们在长虹桥附近租了一套房子。白天，田红待在屋里睡觉、看电视，杨阳来学校上课；晚上，两人一同去酒吧唱歌。

13

乐队解散后，我们退掉租来的房子，搬回宿舍。钟风带着吉他离开我们，返回医大继续上学。

没了房子，有一件事情很难解决——没有了和女朋友亲热的地方，所以我们只好把女朋友带进男生宿舍。

男生楼一层的白墙壁上涂着四个红漆大字：女士止步，传达室又有一个老头二十四小时守候在窗前，眼睛瞪得雪亮，监视来往学生，以防某个女生混入。

老头兢兢业业的态度使得许多情侣不得相聚，有学生劝他辛苦一辈子不必再忠于职守，睁一只眼闭一只眼吧，可他却坚决不同意，摆出一副革命到底的姿态，我们分析老头这样做的原因在于，他看到青年人的男欢女爱便会心存嫉妒，勾起他已失去功能的痛苦，所以才会如此正义凛然。

尽管男生楼戒备森严，但带女生进楼对我们来说却是轻而易举。这天晚上，齐思新就将佟小娅打扮了一番，带入楼内。

佟小娅披上一件军大衣，带了一顶毛帽子，嘴里插着一根烟，手里还拎着两个暖壶，好像刚刚打水回来一样，跟在齐思新身后轻松避开老头的监视。

齐思新把佟小娅带进宿舍的目的显而易见，我们只好去其他宿舍找空床睡觉，腾出地方供他俩享乐，尽管并不十分愿意这样做，但还是抱着被子离开了宿舍。

深夜，我上厕所的时候见马杰正将一个硕大的脸盆扣在墙上，弯俯着身子，耳朵紧贴盆底，我问："你丫干嘛呢？"

"嘘！"马杰示意我闭嘴，然后又撅着屁股趴在墙上。

马杰认真的样子使我想起，齐思新和佟小娅正睡在隔壁，我问："听到什么了？"

马杰说："趴半宿了，什么还没听到呢。"

上完厕所回来，我见马杰还在痴心不改地趴在床上，便说："你什么时候添了这么一个毛病？"

马杰好像没有听见我的话，又趴在墙上听了一会儿后移去脸盆，钻进被窝，头冲着墙壁自语道："一定是齐思新用袜子堵住了佟小娅的嘴。"

14

周舟这学期的课程设置以实习为主，她联系了一家证券公司，每天都要去坐班，我一个人待在学校无事可做，除了有时候去课堂上答声道外，其余时间都被用来发呆、看小说、睡觉，感觉生活既轻松又繁锁。

张超凡还在为考研不辞劳苦地努力着，找工作的同学四处推销自己，终日疲于奔波。

有人说考研的学生过得是猪一样的生活，找工作的学生过得是狗一样的生活，不准备考研又不找工作的学生过得是猪狗不如的生活，我便是如此。

为了摆脱现状和给将来谋一条出路，我决定开始找工作。

我对找工作的相关事项知之甚少，打电话向已经上班的高中同学求教，他们传授给我许多旁门左道，其中郑勇和冯凯要当面为我指点迷津，还说要带我见见世面。

我在郑勇和冯凯的带领下去了一家外表装修高档的发廊，选择这家发廊并非因为它的门面，而是他们认为坐在里面的小姐从窗口抛出的媚眼中包含某些不可言喻的内容，这恰恰是他们感兴趣的。

进了发廊，郑勇抢在冯凯的前面坐在一个容貌较好的小姐面前，其实这个小姐的长相实在不值得我在此恭维，她只是比站在冯凯身后的那个小姐苗条一些，冯凯身后那个小姐的体型让我都替她感到了作为女人的悲哀。

他们看我站在一旁，问我为何不坐下，我并非因为那个闲着的小姐比给冯凯理发的小姐还胖的缘故，只是舍不得这点儿头发，它们是伴随我成长的见证，我通常四个月至半年左右剪一次头发，更主要的原因是我觉得每个月为理发而破费不值得，尽管这次是郑勇和冯凯请客，可他们也不容易，撑死了刚刚走出工薪。

我站在一旁看着他俩的脑袋先后被小姐们在洗头池里揉来揉去，然后他们的头发又在小姐的乱刀飞舞下落地无声，最后小姐又一只手在他们的脑袋上一通胡撸，另一只手拿着吹风机，样子很像是用枪顶着他俩的脑袋，可他们居然表现出一副很舒服的样子。

最后，他俩留下三十块钱后失望地走出发廊，我问怎么了，他俩说，三十块钱居然没给捏捏脑袋。我说，你们事儿真多，理发就理发呗，干嘛还要按摩。郑勇说，我们单位那边的理发店特棒，十块钱连洗带剪再按摩，能捏到这块儿呢，他用手比划了一下肚脐说。

之后，我跟着他们进了一家饭馆，要了些酒菜，他俩轮番向我介绍上班的酸甜苦辣。冯凯在某建筑集团工作，平日里经常与土老板吃吃喝喝，大鱼大肉和五粮液已经把他的胃腐蚀得一塌糊涂，他说这是工作留下的职业病。由于工作需要，他经常穿着那双从红桥买的皮鞋坐着公家的"卡迪拉克"，与包工头谈判。冯凯说当他踏进"卡迪拉克"后尽力将身体舒展也没能占满车身的一刹那，他感觉到世界之庞大，有钱就是好。为此，他在以后的三日内，下了班就回家，伏在书桌上看书学习，刻苦钻研，以待知识转变成卡迪拉克。冯凯又说，第四天我就不再学习了，因为我看到了董事长的女儿，尽管不如花似玉，但好歹是名门闺秀，娶了她的话，我能少奋斗多少年啊，所以，我的首要任务就是养好身体，以便被部长的女儿或是哪个富婆看中，时刻准备着为她们服务，这不能叫吃软饭，我为此要付出体力劳动的，说完，冯凯招呼服务员说：再来一盘腰花。

郑勇极力向我推荐去外企工作，他说："要说在哪里工作好，那还得说是外企，工作环境清洁舒适，办公室全部设在北京最豪华写字楼的最顶层，你只要透过窗户向外那么一看，就可以放眼到北京城的各个角落，不仅工作环境好，同事环境也倍儿棒，因为老板是外国人，他招聘女员工的首要标准就是胸脯得高，你要是胸围下了 90，甭说进办公室，在写字楼的门口就得被警卫拦住，那帮孙子收了老板的钱，眼睛毒着呢！所以说，无论你的胸有多平，也得想办法让它高起来，各种美乳霜、丰胸剂都得抹，如果还不见效，你就得往胸脯里打硅胶了，再不发达的话，你哪怕揣着两个馒头来上班，也要把它挺起来，谁让外国老板喜欢'挺挺玉立'的呢！当然，要是模样差了，你都不敢来外企应聘，你不能丢咱们国家的脸呀！我们公司的女同事，每天至少要往身上喷半两香水，一水儿的外国名牌，那叫一个香，你要是闻惯了她们身上的气味，你再闻什么都是臭的。还有，我们公司的女同事在上班时间必须穿超短裙，不分春夏秋冬，这就是她们的工作服，老板说了，无论皮肤白还是肉皮儿黑，一律不许穿丝袜，所以，你想想呀，整天有一双双肉感的大腿在你眼前晃来晃去那是什么感觉！外企福利还特别地好，洗手间里就摆着避孕套，你想拿多少就拿多少，如果自己用不完的话，可以送朋友，现在我家里的避孕套比性保健商店的都多，你们谁想用就去我家拿，千万别跟我客气，那东西可占地儿了，你们要是不去拿，我就打算搞一个第二职业，下班后去药店推销避孕套，挣点儿是点儿。在外企干活有一点不好，就是工作压力太大，不过没关系，你要是承受不了的话，就推开窗户纵身向下一跳，这就完事儿了，就这么简单。有好几次我都打开了窗户，但愣是被风给顶了回来，我一看，该着我死不了，所以，我要热爱生命，好好地活着，外企的生活太爽了！”

冯凯说：“还是工地好，油水多！”

郑勇说：“外企好，待遇高！”

冯凯说：“我们那里红塔山随便抽！”

郑勇说：“我们那里万宝路随便抽！”

“我们那儿二锅头随便喝。”

“我们那儿 XO 随便喝。”

“我们那儿包子随便吃。”

“我们那儿汉堡随便吃。”

“我们那儿茉莉花茶随便喝。”

“我们那儿可乐随便喝。”

“我们那儿猪蹄随便啃。”

“我们那儿鸡翅随便吃。”

“我们那儿大蒜随便吃。”

“我们那儿洋葱随便吃。”

“我们那儿随便说操你妈！”

“我们那儿随便说 FUCK、SHIT!”

……

15

喝下几瓶啤酒，我开始往返于酒桌和餐厅的卫生间。这里的卫生间可谓独树一帜，史无前例。我按小姐所指的方向走进卫生间，可进去后只看到一个洗手池和其上方的一面镜子，并未发现一丝可以上厕所的痕迹。我走出这个房间，再次询问服务员卫生间在哪里，小姐又指了指那个方向，我小心翼翼地按小姐所指方向走去，那里只有刚才我走进的房间，我回头用目光询问小姐是否在这里，小姐万分肯定地点了点头，于是我再次推门而入，环目四周，依然没有找到可供小便的地方，此刻我已被尿憋得难以忍受，气急败坏地冲到吧台询问小姐厕所究竟在哪里，小姐温和地说："先生，您刚才走进的那个房间就是卫生间。"

"可是我在里面没有找到便池！"

"对不起，您向下看就会找到。"

我又一次走进那个房间，果然，一个茶杯口大小的黑洞位于地面，我已顾不得这个洞是否就是小姐所说的便池，解开裤子就尿，一股水柱呈抛物线状在荧火灯的照耀下银光闪闪地落入洞中。

我在撒尿的过程中想到，这个洞是否也被用来大便，如果真是这样的话，那么一个人拉出比茶杯口还粗的屎可怎么办，想到这里，我摇了摇头，系好裤子洗净手，摇摇摆摆地回到酒桌上。

从饭馆出来，我执意要回学校睡觉，他俩看了一眼表说："还不到十一点，睡这么早干什么，咱们去唱歌。"

郑勇随手拦了一辆出租车，两人齐心合力将我拖上车。郑勇坐在副驾驶位上，说："三元桥。"

司机调转车头，向前开去。

郑勇双眼迷离地看着前方说："师傅，方向错了吧，我们去三元桥。"

司机握着方向盘说："没错呀，我正往北开呢！"

"噢,那就行了。"郑勇已醉得找不着北了。

出租车停在一家名为"灯红酒绿"的 KTV 前,我跟随郑勇、冯凯进了一个包间,服务生问我们需要些什么。

冯凯说:"三杯扎啤,一个果盘。"

服务生将这些东西记录在纸上,欲转身离去。

郑勇说:"别走,回来。"

服务生返回,毕恭毕敬地问道:"先生,您还需要什么?"

郑勇说:"给找三个小姐。"

服务生说:"对不起,这里的小姐都在坐台。"

"要坐到什么时候?"郑勇问。

"这个我也说不好,也许 5 分钟以后,也许几个小时,要不给您找位先生?"

"不用了,没这个兴趣,赶紧把我们要的东西端上来吧!"

后来的时间里,我完全沉浸在痛苦中,有这么一句话:说的比唱的还好听,用来形容郑勇和冯凯再恰如其分不过了。并非他们说得如何好听,只是唱得实在难听,尤其是冯凯,长了一副比张信哲还细的嗓子,没完没了地唱《爱如潮水》,而我早已痛如潮水。

点歌单在他俩手中传来传去,他们用摇控器一首首地选择,每当唱完一首歌后,电脑评分便显示出一个不低的分数,并说他们具备演唱素质,只需继续努力,这使得他们信心大增,声音放得更大,我却更加痛苦。

在他们身上,我看到人类极强的表现欲。

我毕业后的生活是否同样如此呢?

16

找工作前要做的第一件事情就是为自己做一份简历，有人说过“生命或重于泰山或轻于鸿毛”这样的话，但我觉得生命的价值于此时却完全体现在一纸简历上，这张简历可以决定你今后道路的平坦与坎坷，它可以帮你实现月薪过万的梦想，更能够让你在落魄到仅剩下维持生活即可这样的要求后仍无人问津。

我有种出卖自己的感觉，我们此时已沦落为商品，而简历则成为商品的广告，无论广告的真实与虚假，全是为了给商品创造一条广阔的销路，使我们成为名牌商品和抢手货。

虽说不该以貌取人，但大多数单位对人才的选用还是拘泥于简历，所以，有的学生为了掩人耳目，便将一些无中生有但流光溢彩的内容统统搬到简历上，譬如，连团员都不是的学生将政治面貌写成中共党员，身高刚过一米七的同学居然敢把自己的身高写成一米七九(这需要穿跟儿多高的鞋)，更有尚未通过英语四级的同学明目张胆地说自己已通过六级(因为他通过了英语一、二、三级，加在一起正好六级)；还有一些其貌不扬的同学把自己写成英俊潇洒、风流倜傥(这对找工作有何帮助，又不是应聘大侠)；也有一些娇生惯养的同学厚颜无耻地在简历上鼓吹自己吃苦耐劳，勤俭节约。

招聘单位的人事处长往往会被简历上这些不切实际的内容蛊惑，不仅把人渣当作人才招入公司，还认为自己为公司做了件好事，等待上级给他增薪晋职。

每个人的简历样式相差无几，全部分为个人资料、所获奖励、社会实践和个人特点四部分，不同之处仅在于具体内容因人而异。我的简历就是以张超凡的为基础，删去与我不符的内容，修改而得。我先将所获奖励一栏中的“大一至大三分获学校发的三、二、一等奖学金和优秀学生干部称号”删去，再将社会实践中的“曾在航空航天部研究所实习”删去，又将个人特点中的“学习成绩优秀，精通各种汇编语言，熟悉单片机系统，对机械类和计算机类的英文文献具有较强的翻译能力”删去，这样，我的简历仅剩如下内容：

姓名：邱飞　**性别**：男　**籍贯**：北京　**政治面貌**：团员

学位：工程学学士　**身高**：180cm　**体重**：65公斤

这些就是我在上了四年大学后可以如实写在简历中的内容。

17

为了找到一份好工作，我还是酌情为自己杜撰出一份简历，没有过于夸大其辞，我不能让招聘单位在发现我与简历中所描绘的样子存在巨大落差后，认为我是一个不诚实的人，在道德品质上存在问题。

我的简历是同学中间最含蓄的一份。

伴随着四面八方涌来的人群，我参加了今年北京市的第一场应届毕业生招聘会，步入会场，眼前人山人海的景象让我畏惧，我将要同这些数以万计的学生竞争少得可怜的工作，我要在僧多粥少的局面中获胜是多么困难，况且学无所成的我与那些满脑子全是科学文化知识的人去竞争，多少有些不自量力和不可思议。那些与我同时步入会场的学生，看上去就像是先进的生产力，在他们的脸上和目光中，我看到一种可怕的力量，但无论现实怎样，我还得装出一副牛逼的样子，只有这样才能长自家志气，灭他人威风。

我在各个招聘单位的展台前驻步观看，凡是对学习成绩要求不高的单位，都会成为我投递简历的对象，但我不会把自己的简历像纸钱一样到处抛撒，毕竟一份简历的成本价格在五毛钱左右，而且万一我的简历被某个民工捡去擦他那个大便干燥的屁股，该是多么恶心的一件事情。

招聘会人满为患导致了局部的拥挤，譬如说厕所，男厕所前门庭若市，出出进进，井然有序；而女厕所前却排起长队，只见有人进不见有人出，一群浓妆艳抹的女大学生焦急地等候在门口，撅起嘴巴、皱着眉头，等待队伍之长以至于想上厕所的人不得不走出100米才能找到队伍的尾巴。有些妇女借此机会获取蝇头小利，她们替学生排队收受报酬，善良的女学生为了能够挤出更多时间应聘，不得不为上一次厕所交给替她排队的妇女5元钱，也有性格坚强的女学生，她们宁愿把屎尿憋在肚子里，把痛苦留在心中，也不让那些妇女有便宜可占。

我在招聘会场里从十点转悠到十二点，除递出几份简历并无其他收获。这时，我在一家外企的招聘展台处看到郑勇，他正在整理面前的一摞简历，我欣喜地走上前和他打招呼，他并未因为我的出现而表现出喜悦，相反，却显得有些猝不及防，"你怎么来了？"郑勇问。

"废话，我找工作，怎么不能来，你在这儿干什么呢？"

"我们公司招人，我来帮忙盯会儿。"

"你跟老板说说，看我能不能去你们公司？"

"哥们儿，不是我不帮你，我现在上班半年多了，还没见过老板，我连他的高矮胖瘦都不知道。"郑勇显出很为难的样子。

"那你在单位负责什么工作？"

"就负责这些。"郑勇拍拍手里的简历，"帮他们打杂工！"

"你跟负责人事的经理熟不熟，帮我说句话。"

"实话跟你说吧，我整个就是一个受人剥削，当官的不认识我这个阶层的，惟一能帮你的就是把你的简历放在这堆简历的上面，头儿们看不看我就不敢保证了。"郑勇哀怨地说。

"你也挺不容易的！"

"慢慢混吧，总有爬上去的那一天。"

"你先忙，我去别处转转。"我与郑勇道别。

没走出几步，我被郑勇叫住，他端着一个盒饭走过来说："还没吃饭吧！"

我看着郑勇手里的盒饭说："那你吃什么？"

郑勇把盒饭塞到我的手里说："哥们儿这点权力还是有的，你就吃吧,不够再上我这儿来拿。”

我蹲在招聘场地的角落,感动地吃完盒饭后悄悄离开。

18

这次招聘会上,我给一家时尚杂志社投了简历,回来后,我像期待全国解放一样,期待杂志社打电话通知我去面试。

日子在焦虑的等待中一天一天过去,没有任何音信,我感觉希望已经破灭。

若干天后,我已将把此事忘得一干二净,手机却在我玩游戏的时候突然响起,一个陌生的电话号码,“喂,你好!”我接通电话。

“你好,请问是邱飞吗?”

“对,您是哪位?”

“我们是《二十一世纪生活》杂志社,你前些日子给我们投过简历。”

“噢,我记得。”

“现在找到工作了吗?”

“还没有。”

“我们想和你见一面,谈谈,你什么时候有时间?”

我想了想说:“明天吧,上午10点,您看可以吗?”

“好的,明天上午10点,我们等你,再见!”

“再见!”

第二天早晨,我精心打扮一番,没来得及吃早饭,穿着自己认为很酷的一件皮夹克前往杂志社。

到达杂志社的时间是9点10分,时间尚早,我进了位于写字楼下的“永和豆浆”吃了一碗馄饨,然后坐电梯到达十八层——杂志社所在位置。电梯里,我站在铿亮可鉴的不锈钢板前,用手整理了头发,又将一小片儿塞在牙缝里的香菜抠了出来。

与我面谈的是杂志社的主任，他先是向我询问情况，我根据杂志社的需要，在真实的基础上添加了一些即兴发挥，主任戴着老花镜，仰靠着老板椅，用一种没有光彩的眼神在我的脸上看个没完没了，听完我的介绍后，他给我讲述了杂志社目前的状况，给我留下这样一种印象：这是一家特牛逼的杂志社，现在急需招聘一些特牛逼的人，这些被招聘来此工作的牛逼人要充分发挥自己的牛逼之处，在把杂志办得更牛逼的同时，自己的薪水也会比一般人牛逼许多。

我被主任这番牛逼的言语深深吸引，当即表示愿意为杂志社的更牛逼贡献自己一份力量，主任说泰山不是堆的，牛逼不是吹的，你说你牛逼我怎么知道你不傻逼，今天你先回去，是否被录用会明天通知你。我说，那好，我回去等您的消息。主任客气地说你的简历我们要再看一看，感谢你今天过来。我受宠若惊般说，您千万别这么说，我更要感谢您在百忙之中抽出时间接见我。主任说，先这样，你回去等通知吧。我说，那谢谢您了。于是，我在和主任握过手后，心情舒畅地离去。

回学校的路上，我激动异常，从主任与我交谈的态度中，我感觉他对我比较感兴趣，明天极有可能会通知我成为杂志社的员工，自己已在向牛逼靠拢。

我忽然觉得，北京的冬天并非很冷，这个城市很可爱，各种车辆井然有序地行驶在道路上，过往路人用和蔼的目光相互问候。我在站台抽了三根烟，汽车还是没有驶来，但我并不觉得漫长，心里没有烦躁，汽车永远不来才好，这样我可以有更多时间来欣赏城市美景，体会这种美妙的感觉，我还可以抽第四根烟，反正兜里还有多半包。

19

第二天清晨，我极度兴奋地早早醒来，睁眼后的第一件事情就是打开手机，惟恐因其关闭而接不到杂志社的电话，失去被录用的机会，此刻的时间是6点35分，天还没有亮。虽然人们一般不会在这么早打电话通知面试结果，但我担心杂志社的主任也怀有同我一样的心情，害怕失去一个优秀人才，我甚至认为主任会担心夜长梦多而无心睡眠，整夜守在电话机旁，随时给我拨打电话，一次次按下重拨键，话筒中一次次传出一个女人“对不起，您拨叫的移动用户暂时没有开机，请您稍后再拨”的声音后，但主任没有放弃，仍以平均每五分钟按一次重拨键的频率，拨打着我的电话，在我开机的一瞬间，主任通过锲而不舍的努力，终于如愿以偿。出于这样一种原因，我便早早打开手机。

然而在我打开手机的一刹那，并没有接到任何电话，只是显示屏在黑暗中散发出幽绿的微弱光芒，五分钟后，依然没有接到电话，直到中午十二点，我才接到今天的第一个电话，是周舟叫我下楼去吃饭，在此之前，我为了不错过接电话的机会，连大便的时候都将手机带在身上，提裤子时还险些跌入万丈深渊，如果手机在落下的一瞬间突然响起的话，我也将因痛苦而跟随它一同跳入深渊，这就叫作“痛不欲生”。

和周舟简单地吃过午饭，我像捧尊佛爷般将手机握在手中，小心翼翼地上楼，回宿舍，虔诚地等待那个让我坐立不安的电话打来，然而，手机迟迟不响。我居然怀疑起手机是否出了毛病，于是，就用它拨打了宿舍电话，在宿舍电话刚刚响起，和我尚未挂掉的一瞬间，正坐在电脑前上网聊天的马杰一跃而起，拿起话筒“喂”了一声。

这个宿舍里发出的声音比手机中那个“喂”更先传入我的耳朵，我对着手机说：“谁让你丫接电话的！”

马杰转身看我一眼，又扭头对着话筒说：“我怎么知道是你打的，你丫没事儿给宿舍瞎打什么电话！”

“你丫浪费我六毛钱，知不知道！”

“你丫吃饱了撑的，活该！”

“你丫少他妈废话，我今天的晚饭就交给你了，你去给我买两个馒头，正好六毛，咱们两清了！”我因为等不到杂志社的电话，把焦急变成愤怒，发泄在马杰身上。

这时，一个外宿舍同学推门而入，目睹了我通过手机与马杰破口大骂的一幕，然后惊喜地闪出门外，在楼道里隆重地宣布：“我操，快来看呀，邱飞和马杰正用电话骂街呢！”

马杰继续对着电话说：“凭什么给你买馒头，我就是不去。”

我说：“瞧你丫那操性，爱他妈去不去，赶紧把电话挂了，快一分钟了，你还想再浪费我六毛钱吗？”

马杰说：“你先挂！”

“你先挂！”

“我不挂，要挂你先挂！”

我立即挂掉电话，手机显示出通话时间是五十八秒，我不理解自己刚才为何偏要跟马杰苦苦纠缠。

我继续沉浸在幻想中等待，想像着日后丰衣足食的生活会是什么模样，但我突然想到，刚才与马杰通话仅仅证明了我的手机可以拨打电话，并不能证明它的接收功能良好，于是，我让马杰用宿舍电话打给我。

马杰说：“你丫有病吧！”

“我丫快急疯了，你打个电话过来，我不接，看看我的手机能不能收到打来的信号。”

“多废话呀，不能接电话那还叫手机吗，应该叫手榴弹，扔了听响儿算了！”

“你丫别废话，赶紧打过来吧！”

马杰拨通电话的一刹那，手机响起，我的心终于踏实下来。

那个使我在复杂心情中煎熬了许久的电话终于打来，手机响起的时间是四点四十分，正是这个季节太阳落山的时间，也是各个单位就要下班的时间。

我得到一个万分失望的答复，杂志社主任委婉地说：“小邱同志，其实你是一个难得的人才，只是我们单位规模太小，恐怕有碍你日后向更高层次发展，希望你能够找到更好的工作，还没吃晚饭吧，赶紧去吃吧！”

在我犹豫是回答“我不怕屈才，也不怕大材小用，愿意从基层做起”还是劈头盖脸地说上一句：“去你妈的，别跟这儿扯淡”的时候，主任早已挂下电话，话筒中只有“嘟嘟”的盲音，我的心里一片怅然。

我早就应该想到，在招聘单位的眼里，我只是九牛一毛，也许那个主任是在临下班前，准备和女秘书去过浪漫夜生活时才偶然将我想起，如果不是为了避免我穷追不舍地找上门去，他是不会打电话敷衍我的，他会把我的简历团成一团，扔进废纸篓。我根本就不应该对此事抱有太大希望，更不应该把自己当成一个炙手可热的人物，我他妈算个屁呀！

20

去招聘会投简历的同时，我也在网上发布简历，好处就在于，方便、快捷，只需打开网页，鼠标轻轻一点，简历就被发送到应聘单位的邮箱。

一次，一家招聘单位在我刚刚发送简历不到五分钟，就将电话打到宿舍，通知我立即去参加面试。我急忙夺门而出，跳上开往那家公司的 300 路公共汽车。

当汽车行至路途中点时，我又接到这家公司打来的电话，说招聘职位已满，不用我过去了。我说马上就要到了，怎么着也得见我一面吧。他们说不必了，见了也没用。我说你们这么做是不是有点操蛋，他们说现在是网络时代，做事情讲究一个“快”字，如果不能适应这种快节奏的生活，就会被社会淘汰，再见！

好在 300 路环三环，我可以省去下车、过马路、再等车的诸多麻烦，只需继续坐在车里，任它向前驶去，便可来自何处回到何处。

当汽车行至北三环，我透过车窗看到坐落在路边的那家公司时，打开车窗,奋力向它啐去一口浓痰,这口痰飞出好远,掠过骑自行车人的脑袋,重重地撞到路边的树上,一片干枯的残叶从树上缓缓飘落。

网络的产生的确将人类生活节奏加快许多,把我们的器官调动得紧张又兴奋,然而,人们愈是生活在快节奏中,就愈是忽略感情的存在。

马杰和一个北大女孩在网上聊了不到24个小时, 就完成了从相识、相恋、上床到分手的全过程。

这个故事说来话长,让我们先从马杰说起。

马杰属于典型的色大胆小, 入校第一天起就信誓旦旦要找一个女朋友,然而他越是在嘴上说,我们越是看不见他的行动。每晚睡觉前, 马杰会向我们讲述他今天在食堂或图书馆看到一个漂亮女生,风情万种,胸脯高耸,其描述程度之绘声绘色让我们一致认为,他会不顾一切地扑向那个女生,然而,马杰却说:“追女生要三思而后行,不能一味地用蛮劲,那样不仅会伤害到对方身体,还会伤及她对我的感情。”第二天,我们认为马杰用智谋对那个女生采取攻势的时候到了,可他却坐在电脑前,沉迷于游戏的打打杀杀之中,自得其乐。天黑的时候,马杰再次躺到床上对我们说他如何迷恋那个女生, 对方如何优秀,如何妩媚动人,然而,他却终日与电脑为伴,迟迟按兵不动。

马杰几乎每个星期都要对我校不同的漂亮女生发表一番感慨,这样,一学年后,我校的漂亮女生会被他一一说尽,但在新学年开学的晚上,马杰又会情绪激昂地对我们说:“今天我可看了,这批新入学的女生真是不错,有那么几个特别棒,听我给你们说说……”说到最后,马杰还要再附加一句:我一定要把她们中的一个弄到手。可是又一个学年过去了,马杰依旧一个人坐在电脑前,游戏水平已经炉火纯青,趋于完美。再一个新学年的晚上,马杰更加心猿意马地对我们说:“真没想到,这届女生比上届的还漂亮……”

通过这些年对马杰的观察,我们得出一个结论:马杰就是过过嘴瘾而已，玩真格的根本没戏。

关于马杰如何解决青春期强烈欲望的问题，他在一次醉酒后向我们吐露出真言，方法有两种。

其一，马杰经常穿梭于中关村电子市场前抱孩子的妇女中间，他是她们的熟客，每当马杰出现的时候，她们就扔掉怀中或真或假的孩子，围上前去，对马杰穷追不舍："小兄弟，来新货了，欧美、港台和日本，绝对没有马赛克。"马杰跟着她们来到两站地以外的一间破陋民房，从纸箱中精心挑选出没有看过的毛片儿，一手交钱一手交货，回去的路上，下身始终呈勃起状。回到家，马杰迫不及待地打开电脑，将藏于怀中的毛片儿放入光驱，聚精会神地盯着屏幕，画面出现时，马杰开始思想的升华，直至毛片儿结束时达到巅峰。马杰每个星期都要奔走一趟中关村，他应该是北京市收集毛片儿最全的人，堪称一绝。

其二，马杰非常喜爱一个跳健美操的女明星，视她为一生不变的偶像，该明星在电视台开办了一个叫作《健美2分钟》的栏目，她会在电视里做出各种动作，充分展现和活动身体的每个部位，马杰对该节目情有独钟。节目在早晨6点钟播出，为此马杰上了一个5点50的闹钟，每日准时在节目播出时坐在电视机前自慰，起初马杰还无法做到与节目同步，后来便可以做到两分钟后，当女明星对大家说再见的时候完事，然后继续倒头睡觉。一向对春节联欢晚会不感兴趣的马杰在某一年那个女明星出现在晚会现场的时候，破天荒地看了那次晚会，并在大年三十的晚上看着她加了一次班。后来，该明星因为身体疾病离开人世，马杰为此一撅不振，他再也见不到那个熟悉的身影，再也听不到那个悦耳的"你们准备好了吗？一、二、三、四、五、六、七、八"的声音，但他已经养成每天5点50起床的习惯，起来后总会有两分钟的失落。

失去精神支柱的马杰在蹉跎了一段时光后，删去电脑中所有游戏，省吃俭用，到中关村买了一个"猫"，从此便沉迷于虚幻的网络世界，又是看网上荤笑话又是游览黄色网站。

马杰在电脑里安装上OICQ，注册到一个号码，以"江湖杀手"的名字四处招摇撞骗，寻找美眉解除烦恼。

后来，马杰认为坐在电脑前与遥远的姑娘聊天无法完全填补内心的空虚，便开始频繁约见网友，坐下来与她们面对面地交流，那个北大女生就是在这种情况下遇到马杰的。

这个女生的网名叫作"多情格格"，马杰见到这个名字立即将她加为好友，两人从早晨10点钟开始聊天，11点钟的时候，马杰说要同她见面，女生一口答应，见面地点约在百盛购物中心门口，12点钟的时候，两人同时到达约会地点，马杰请女生在百盛六层吃了快餐，不知两人在此期间做了哪些交流，饭后便携手去宾馆开了房间。

进房间后发生的事情马杰没有告诉我们，无论我们怎样威逼利诱，他依旧守口如瓶。

马杰将故事跳过一个很大的时间跨度，说："当我第二天上午10点钟从疲倦、兴奋、宛如仙境的梦中醒来时，身边已空空如也，惟有枕边留下几缕长发，被褥还残留着这个姑娘的香水味和汗味，真遗憾呀，没能再来一次'晨练'！"马杰闭上眼，脸上流露出回味无穷的表情。

日后，这种事情如同爱情快餐，时常被马杰品尝。

这就是网络时代的爱情，用马杰的话说就是：只做爱没感情。

21

2002年1月26、27、28日这三天，是全国研究生入学统一考试的日子，张超凡25日晚上早早睡下，为了这三天，他足足等待了三年半，明天将是他养兵千日的用兵一时。为了尽快进入睡眠，张超凡特意喝了一杯啤酒，此时鼾声和酒气正从他的鼻子呼出。

28日中午，张超凡刚走出考场，就见学校宣传栏内又铺天盖地贴满新的考研广告，立即引来下届学生和本届刚走出考场的失意者们还有锲而不舍的往届考研爱好者驻足观看，并纷纷掏出纸笔，忙碌地记个不停。

各种考研辅导班的广告中全部打着某某教师的旗号，将他们的名字鲜明地印在纸上，以此吸引学生，此举与古代青楼将妓女挂牌揽客颇有异曲同工之妙：

激烈的竞争早在几百年前就随着经济的发展油然而生，各商家为了维护自身利益经常争得头破血流，此事特别在青楼行业屡有发生，一些青楼老板为了谋得先机，推出他们的特色招牌——将一些深受大众好评的妓女的名字挂于青楼门口，引来过往路人，繁荣青楼经济；这与考研辅导班将一些颇具威望的老师的名字印在广告上出于同等目的。仅仅把妓女的名字挂在门前还无法起到良好的宣传作用，老板会将妓女的丰功伟绩一一列举在她的芳名之后，以此告慰来此消费的顾客，此妓女并非平庸之辈，是凭真本事吃饭的，这就如同在辅导老师的名字后面写上他（她）是某大学资深教师，经验丰富，讲课幽默生动。如此一来，一些学生便会像嫖客慕某妓女名而去青楼一样，因为某教师的名字而参加这个考研辅导班。

一些青楼中的常客在玩过几次后得出这样的结论：满不是那么回事儿，一点儿意思也没有，于是，便将目光放在良家妇女身上；一些考研的常客参加了几年研究生考试后也做出这样的抉择：去他妈的，不考了，赶紧找份工作挣钱算了，于是，他们的身影便从考场转移到招聘会场上。

这两件事情只有在一点上没能达成一致，考研辅导班往往将某教师押题率之高作为该教师的得意之处向学生推荐，而青楼老板却不能将某妓女致使客人染病率之高作为她受欢迎程度的一项参数告诉客人，否则，他的买卖不赔才怪。

22

2002年的春节即将到来，许多同学为自己谋得一份心仪的工作，我依旧毫无起色。

尽管找工作的道路上充满艰辛，但我必须硬着头皮找下去，参加工作是我日后惟一的生存之路。

某次招聘会的一天，我睡了一个懒觉，待赶到会场时，一家家招聘单位正收拾着东西准备离去，招聘会结束时间到了。

下一次的招聘会，我起了个大早，到会场时，招聘会刚刚开始，我却哈欠连天，萎靡不振，总想找个地方眯一会儿。那时，我特别怀念赖在床上的感觉，所以，从招聘会返回学校的路上，我在求职要求一栏中又填写了：欲寻求一份可以睡懒觉的工作。

参加几场招聘会后，我对找工作产生一种印象，这种印象可以用两个字形容——出嫁。

我们这些尚未走出校园的学生好比黄花大姑娘，姑娘总要嫁人的，我们也总要给自己找个单位；当姑娘有了嫁人的需要时，父母就要通过各种关系替女儿联系一个不错的人家，学生到了找工作的时候，父母也会动用所有能量，四处奔波，为我们寻得一个安身之处；有些崇尚自由恋受的姑娘反对父母包办婚姻，她们会自己寻找意中人，一些学生也不愿生活在父母的阴影下，宁愿自己登门拜访；姑娘找到目标后，便开始三天两头与男子约会，学生确定工作单位后，随时准备参加面试；姑娘与男子约会时，多少会有一些起身体接触，我们在面试的过程中免不了要与老板讨价还价；男子对姑娘的要求是贤慧、美丽、大方、会生孩子、会做饭，工作单位对我们的要求是专业对口；老板希望我们有工作经验，多多益善，男子却不愿意姑娘在这方面经验丰富，只希望越少越好，哪怕什么都不懂；有些男子想找个姑娘做临时情人，满足一时的需要，这种现象在工作中叫作兼职；很多男子不负责任，说服姑娘与他上床，却死活不肯结婚，社会上也有许多骗人的公司，让你干活但不发给你工资；几年后，姑娘看着自己的青春付流水仍没能嫁出去，便放弃了房子、汽车等要求，将标准降低到是男的就成，我们在投出去无数份简历仍不见回信后，便将月薪、保险、公积金等要求从简历中一一划去，只留下最后一条，管饭就行。

当这些低得不能再低的要求仍不能把姑娘嫁出去，不能让我们先找个落脚点的时候，姑娘沦落到胡同里做了“鸡”，我们被发配到街边当了“鸭”，同命相连，这是残酷的社会将导致的最终结果。

我在这一时期最喜欢看的一本书是毛姆的《刀锋》，极其欣赏书中的男主人公，他在当时的社会环境和家庭压力下居然毅然决然地选择为自己生活，做自己想做的事情，非常之了不起，我很向往过他过的那种被别人称之为“晃膀子”的生活，如果有缘与他相识，我会非常乐意地与他干一杯，亲切地把他唤做“哥们儿”。

23

马年在辞旧迎新的贺岁声中到来，今年是我的本命年，为了风调雨顺，事事顺心，我穿着周舟买的红内衣，红内裤，红皮带和红袜子迎来新的一年。

大年三十的夜晚，我百无聊赖地坐在电视机前，和家人一同观看春节联欢晚会，因为工作的事情没有着落，我在他们的欢声笑语中一次次感到失落。

新年过后，大学的最后一个学期开始了，我消瘦了许多回到学校，想起大一那年的春节，我吃得油光满面回到学校，三年时间，变化竟然如此之大。

班里同学相继找到心爱的工作，经常西装革履地站在镜前照来照去，或聚集在楼道交谈彼此的薪水、前途和单位女同事，看到他们春风得意的样子，我便心情沮丧地钻进被窝，极力不去听到他们的谈话。

24

早上,我随手拿了一份报纸去厕所,在阅读过程中发现一则招聘广告,是一家名为《乐器爱好者》的杂志社因扩大版面,面向社会招聘编辑记者数名。

我掏出手机,拨通报纸上刊登的电话。

“喂,您好,《乐器爱好者》杂志社。”一个声音妩媚的小姐向我问好,不知道这句话每天要被她重复多少遍。

“您好,我想询问应聘记者的事宜。”

“您稍等。”小姐甜甜地说。

电话中隐约传出小姐的声音:“主编,有人想应聘记者。”然后是沉重的脚步声。

“喂!”一个男子的声音。

“您好,我想应聘记者。”

“你是学什么专业的?”

“我学的是机械,在校期间搞过乐队,对乐理知识和乐器比较了解。”

“你现在干什么呢?”

我想正说在拉屎,但还是言不由衷地说:“我是应届毕业生,今年7月份毕业。”

“你的专业不适合这个工作,再说了,你还没毕业怎么能叫应届毕业生!”

“所谓应届毕业生,就是指今年7月份毕业的这批学生,你连这个概念都不清楚还能当主编,可见你们杂志社水平之低劣,傻逼!”我及时挂断电话,不愿再为此毫无意义的事情浪费时间和电话费。

这泡屎拉得我郁闷至极,掏出手纸草草了事。

25

周舟没费吹灰之力就找到工作，此前她一直在证券公司实习，表现尚佳，颇受老板赏识，他决定将周舟作为员工招至公司旗下。周舟和这家证券公司签订了协议，如果不出意外，周舟将会在此工作至少两年。

协议签订后，周舟就因学校的事务不多，正式去公司上班。老板省去她的试用期，直接按正式员工标准发放薪水。周舟月薪是三千五，加上各种将金、分红等其他收入，平均每月挣到了五千，此外，公司还为周舟提供一间宿舍，位置在国贸桥附近，因为同屋的那名女同事近半年将会长驻上海，为公司代理业务，所以，我索性将生活用品等物搬进周舟的宿舍。

我们的生活非常之幸福，每天早晨七点钟，周舟在我的怀抱中醒来，穿衣打扮后于七点半钟拿着一个汉堡和一瓶"鲜橙多"出门上班，她要花 10 元钱打车至三公里外的证券公司，在七点五十左右走进办公室。

周舟每天的工作就是接待投资者，帮助他们解决投资方面的疑难问题，实际上就是一些手里有钱的人在对是否购买股票举棋不定的时候，周舟通过三言两语向他们描述一下炒股票的无限风光和其乐无穷，帮助他们做出最后决定，说白了就是拉他们下水。

周舟下午的工作是坐在洒满阳光的办公室玩"扫雷"游戏，因为这是她在不旷工又无所事事时惟一可做的事情，她现在的水平已经达到在 80 秒内排出高级任务中的所有地雷。

我每天在周舟开始工作两个小时后起床，不叠被子，因为晚上还要把它盖在身上，通常是先打开那个女同事留下的"建伍"音响，边听音乐边洗漱，完毕后打开电视，躺在床上看一会儿 NBA，或是一部 VCD，然后坐公共汽车于午饭前返回学校，在食堂吃过饭后，去系办公室溜达一圈，看看有什么单位来学校招聘，系里又下达了什么新指令，将这些事情做完，回到宿舍，和同学抽烟、打牌、玩游戏到天黑，然后返回周舟的宿舍，准备和她共进晚餐。

周舟的宿舍摆满我们共同购买的物品，一个很高的CD架，上面插满正版、盗版和打口CD，床头书柜上堆满各种现代、武侠、言情和恐怖小说，冰箱里塞满各种简易食品和啤酒、饮料，大衣柜里挂着一条条我们喜爱的牛仔裤和夹克衫，看到这些东西，我总会产生自卑的幸福感，因为我目前尚无经济收入，父母给我的生活费仅够满足自己的伙食需要和再多喝两瓶啤酒、多抽两盒烟，这些东西全是周舟的薪水购得，作为一个男人，我没能在此方面做出贡献，却在享受女人带来的衣食无忧，实在无法心安理得。

周舟对此毫无怨言，依然挣来钱两个人花。

26

我本人对去外企工作毫无兴趣，因为那里的刻板、教条和对外国老板的俯首贴耳让我无法接受，可周舟极力希望我到外企工作，不仅有丰厚的薪水，还有良好的工作环境，可以按时上班，准时下班，是一种相对稳定的工作，她不愿我整日游荡。

为了顾及周舟的感受，我还是将简历投到日本某著名品牌驻中国的分公司，几天后，接到面试通知。

周舟听说这个消息后异常高兴，非要拉我去新东安买衣服，我说没有必要，随便穿件什么东西，能遮体就行了，可她执意要为我购置一套出门的正式行头。

最后，周舟为我购得一套1700元的“报喜鸟”西服，一条300元的“啄木鸟”领带，一根260元的“鳄鱼”皮带和一双510元的“花花公子”皮鞋，穿上这些东西，我有种异样的感觉。

我如约来到这家日本公司，正如郑勇在对外企所评价中所说，女职员一律穿着裙子，暴露出腿部，只是从许多条腿中却看不出任何修长匀称的曲线，裙子底下露出一截截又短又粗，同藕一般形状的肉体。我想，有如此腿部形状的女职员可能是日本老板特意招来的，这种特征在大和民族的女性中普遍存在，只有这样，老板才能在异地找到故乡的感觉。

我隔桌端坐在日本老板面前，上面插着中国和日本国旗各一面，他“#￥*%￥%~%*~·#￥%…*+#……”地向我介绍公司情况，旁边坐着一位年轻的中国女性，把日本佬说的每句话翻译给我听，我的目光频繁转换于这两张脸上，导致了不得不将他俩以某种关系结合在一起——这名年轻的中国女翻译是否被那个日本佬糟蹋过。六十多年前，日本鬼子可没少糟蹋中华儿女，想到这里，我的心中涌起掏出打火机把桌上的日本国旗烧掉的冲动，日本人在一个多世纪前就对我国进行政治和领土的侵略，100年过去了，他们又在对我们进行经济侵略，不仅占去我国家电、汽车行业的大部分市场，还要把我国大学毕业生招进他们公司，为他们卖命，受资本主义剥削，这么做简直就是在挖社会主义墙角，而一些大学生却因为高薪抛弃了国家的利益，对外企趋之若鹜，我宁愿待业在家，也绝不给资本家任何有利可图之机，咱不能灭自己威风长他人志气，我要高呼：全力支持民族工业！

爱国主义情怀一直荡漾于我心中，我和日本佬的谈话并不融洽，在结束谈话前，他问我是什么血型，我并不知道这与应聘有何关系，但还是告诉了他，我是C型血，日本佬听了为之一震。

我还想告诉他我属马，今年是本命年，然后再把脚抬到桌子上，脱掉鞋让他看看我的红袜子，或者站到桌上先让他看看我的红腰带，再褪掉裤子，撅起屁股，让他看看我的红内裤，但鉴于他对“甲乙丙丁，子丑寅卯”的不了解，我没有这样做，只是跟他说了一句：“仨油那拉！”便起身离开。

走出公司，我对着大门又说了一句：“八格压路！”

27

"9·11"事件余波未平，依然牵动着众人心，佟小娅便在其中。她的托福成绩是630分，如若没有"9·11"事件，她能够非常顺利地申请去美国留学，然而现在美国政府为了防止恐怖分子涌入，不轻易为外籍人办理签证，所以佟小娅毕业后直接出国读研的梦想难以实现，但她的出国愿望异常强烈，如果美国人知道佟小娅为了出国什么事情都做得出来，比恐怖分子还恐怖的话，一定不会将她拒之于国门之外的。

一天，我在网上看到一则笑话，读给大家听：某妇人生育男婴一胎，此婴甚为怪异，怒睁双目，唇边生须，吟诗诵词。外祖父闻讯至，男婴见曰："姥爷！"外祖父遂倒地身亡，外祖母悲之，伏于外祖父身上悲恸大哭，男婴见状，曰："姥姥、姥姥！"外祖母亦亡矣，父亲惊之，慌曰："勿叫我，勿叫我！"男婴呼之："爸爸，爸爸！"父亲捂胸长叹曰："吾命休矣！"然未死，忽闻隔壁近邻传来另一妇人泣声："老王呀，刚才还好好的，你怎么突然就咽气了！"

赵迪听此笑话，乐得前俯后仰。一旁的齐思新起身愤怒大吼："别他妈笑了！"然后走出宿舍。

赵迪的笑声戛然而止，惊讶地问我："他怎么了？"

我迷惑地摇摇头。

几天后我们才知道，原来齐思新扮演了那个笑话中没有死去的爸爸的角色。

前不久，佟小娅告诉齐思新她怀孕了，齐思新惊慌失措，说："那我们去医院吧！"

佟小娅平静地说："医院是要去的，但不应该和你去。"

齐思新不解地问道："什么意思？"

佟小娅说："我不想骗你，肚子里的孩子不是你的。"

"谁的？是谁的！"齐思新抓住佟小娅疯狂地问道。

“和你没关系,我们分手吧!”佟小娅挣脱开齐思新,转身走开。

齐思新看着佟小娅远去的背影,很想冲过去踢她肚子一脚,可他没有这么做,只是扇了自己一个嘴巴。

这个场景在我的头脑中留下这样一幅画面:夕阳下,大地披上一层红光,齐思新戴着一顶绿色的帽子站在树下,看着佟小娅大腹便便地投入另一男子怀抱中……

佟小娅的新男朋友是我校研究生三年级的学生，佟小娅离齐思新而去,投靠这个男人的目的显而易见,他毕业后会去美国读博士学位,佟小娅可以陪读的名义同他一路漂洋过海,了却多年的心愿。

我在很久以前便经常看到佟小娅同研究生厮混一起，那些研究生具有显著标示,除了年龄较大、眼镜片偏厚外,走在校园里依然能够让人一目了然,他们的衣着同本科生截然不同,凡是穿西装配旅游鞋的,一定是研究生,而且他们经常会嘴上套着口罩、胳膊上裹着套袖,自鸣得意地在校园中走过。

佟小娅出国陪读的前提条件是同读书人结为夫妻，但谈婚论嫁岂是儿戏,那个研究生又怎会轻易娶她,所以佟小娅为了感化对方,便以身相许,不料过早酿出苦果。

齐思新和佟小娅分手后便开始苦寻工作,他在找工作的道路上可谓是一帆风顺,瞎猫撞到了死耗子,在一次国展招聘会上,齐思新见某电子公司的展台后端坐着一位姿丽万分的女子，看得他垂涎三尺,于是就站到展台对面仔细观察。这时,该公司挂在墙上的展示牌突然松动,跌落下来,在即将砸到此女子的千钧一发之际,齐思新冲上前去,用身体保护了她,此女子见齐思新伤痕累累的后背感动不已,就利用其人事部副主任的职权,将齐思新招入公司。

齐思新揉着疼痛的伤处说:“值!值大发了!”

齐思新找到工作后开始沉迷于足彩,整日上网查阅资料,分析赛事,每周一次的足球彩票成为他生活的惟一支柱,若没有足彩,恐怕他难以生活下去。

齐思新屡不中奖却依然坚持购买，终于猜得一个二等奖，兴致盎然地过了几天挥金如土的日子，然而那期足彩全国有八千多人中了二等奖，奖金额数仅为320元，让齐思新大失所望。

28

此时杨阳依然在酒吧唱歌，毫无找工作意向，将自己写的一些流行歌曲拿给田红在酒吧唱，并为她弹奏吉他。

一天，国内某位资深音乐制作人在酒吧听到田红的歌声，认为很有特点，特别是她唱的那首歌。于是，他在田红走下台后把她叫至桌前并给她要了一杯果汁。

田红认得这位大名鼎鼎的音乐人，不免有些受宠若惊。

制作人见田红略显紧张，就装出一副弱智的模样说："小姐，你刚才唱歌很好听，能否给我签个名，我好崇拜你。"田红被逗乐。

他见田红脸上绽开笑容，又说："你笑起来为比板着脸好看多了。"

于是两个人聊了起来，制作人问田红："你刚才唱的那首歌叫什么名字？"

"春天的约会。"

"我怎么没听过？"

"自己写的歌。"

"你写的？"

"不是，刚才弹吉他那个男孩写的。"田红指着远处的杨阳说，"就是他。"

制作人问："你和他什么关系？"

"好朋友，一起在酒吧唱歌。"

"你的嗓音不错，很有特点。"

“是吗。”田红不好意思地说。

“在酒吧唱多久了？”

“四年。”

“不想签公司吗？”

“想过，后来又放弃了。”

“还想吗？”

田红犹豫了半天，没有回答。

“我可以帮你把刚才那首歌做成单曲，推荐给唱片公司。”制作人点上一根烟说，“如果他们认为可以，就会签你。”

田红听后眼睛闪烁出光芒。

制作人说：“你跟写歌的人商量一下，把这首歌的使用权搞定，我能帮你制作。”他掏出一张名片，推到田红面前说，“有事儿打电话，我先走了。”

晚上，田红躺在床上跟杨阳说了这件事儿，杨阳问：“你什么意思？”

田红说：“我想让你把歌给我拿去录音。”

杨阳说：“你在酒吧唱可以，但不能出版。”

“为什么？”

“不为什么！”

“那要是唱片公司买这首歌呢？”

“我不卖！”

“为什么不卖？”

“不想，我困了，睡觉了。”杨阳转过身，独自睡去。

29

第二天上午，杨阳回了学校，田红给制作人打电话，说了杨阳的态度。

制作人说:“你想不想签公司? ”

田红说:“想。”

制作人说:“那就要想办法搞到歌，公司不会为一个没有名气的歌手花钱买歌的,好了,我还有事儿,拜拜! ”便挂掉电话。

田红坐在屋里考虑了一整天,也没有想出可以说服杨阳的办法。

晚上,从酒吧唱歌回来后,田红对杨阳百般温情,主动脱去杨阳的衣服。

搞完后,田红依偎在杨阳身边又说起那件事情,杨阳不耐烦地躲开田红,下床去上厕所,再回到床上的时候,见田红正躺在被窝里抽泣,泪水已湿透枕巾。

杨阳取来毛巾说:“别哭了,至于嘛! ”

田红哽咽的声音更加强烈。

杨阳说:“不是不给你唱这首歌，我是不想把自己写的东西让唱片公司拿去糟蹋。”

田红抹着眼泪说:“我高中没上完就来北京唱歌，唱了这么多年才遇到这样一个机会,我不想错过,如果不去唱歌,我在这个社会上什么也干不了,我什么也不会。”然后又失声痛哭,直到哭累了,渐渐入睡。

杨阳躺在田红身边,看着这个睡去的女孩,觉得她像一棵没有防护的树苗。

田红醒来时,杨阳已经离开,留下一张纸条在她枕边,上面写道:

同意将《春天的约会》一切使用权交予田红。

杨 阳

田红没来得及穿上衣服,就给制作人打了电话,制作人说:“我一个人在家,你过来吧,聊聊音乐。”

田红打扮漂亮,出了门。

这天晚上,田红没有去酒吧唱歌,也没有回到她和杨阳租的房子。杨阳坐在床上等了她一个晚上,但田红始终没有出现,从田红离开这间屋子的那一时刻起,她就在杨阳的身边消失了。

杨阳意识到发生了什么事情,但没有想到这件事情竟然发生得这么快。

30

我接到郑勇打来的电话,说韩露下个星期就要结婚,邀请我们去参加婚礼。听后,我拿着话筒惊呆了许久,然后问道:“新郎是谁?”

郑勇说他也不知道,是吕梅告诉他这件事情的。

吕梅是我的高中同学,高三时是郑勇的女朋友,但上了大学两人便分了手,分别找到各自的又一归宿,经过这几年的恩恩怨怨、分分合合,再度走到一起,准备续写生活新篇。

我拨通吕梅的电话,向她询问有关韩露的事情。吕梅告诉我,韩露从上海毕业回来后去了一家德国公司,部门经理对她很有好感,每天下班开车送她回家,还经常带她出去玩,韩露对他也是情投意合,两人便日久生情,决定下星期结婚,婚宴定在五洲大酒店。

我问:“这个男的是德国人还是中国人?”

“中国人,土生土长的北京人。”

“那就好!”

“怎么了?”

“没怎么,随口一说。”

“哦,到时候你可别忘了去呀!”

“我知道。”

我穿着周舟买的那套"报喜鸟"牌西服参加了韩露的婚礼。这天来了许多宾客,高中同学围坐一桌,聊着那时的生活,我将一部分注意力集中在韩露身上,看着她穿着婚纱端着酒杯在酒席间穿梭。

韩露和新郎来到我们这一桌,大家共同喝了一杯酒,祝贺他俩新婚愉快。

新郎对韩露说:"我先去别的桌转转,你陪同学们好好聊聊。"然后便客气地同我们告辞。

韩露走到我面前说:"你今天真精神呀!"

"你今天更漂亮。"

"怎么没把女朋友带来。"

"她上班去了。"

"你们什么时候结婚?"

"早着呢,我现在还是一无所有。"

"没关系,慢慢会有的。"

"但愿吧!"

"喝杯酒吧!"韩露给自己的酒杯倒满酒,举到我面前,我端起酒杯,和她碰了一下。

在韩露仰头喝掉那杯酒的时候,我看到她的眼睛里闪烁着晶莹的泪花,刹那间,我的眼前涌现出无数幅关于昔日生活的画面……

韩露和新郎的巨幅结婚照片摆在酒店大厅的显眼位置,我稍一抬头,便可看到身着洁白婚纱的韩露正手捧鲜花幸福地依偎在新郎身旁。

这时,我想起自己从未给过周舟任何关于未来的承诺,我依然在对明天毫无把握地生活着。

31

这天晚上，我去了杨阳唱歌的酒吧，他一个人坐在台上，怀抱吉他唱着歌，没有田红在一旁陪唱，看上去形单影只。台下是一桌桌吵闹的酒客。

距我不远处坐着一个女孩，我感觉她看上去很面熟，就不免多看了几眼，她也频频向我投来饱含微笑的目光。

我走到女孩面前，指着她对面的椅子问："这儿有人吗？"

女孩微笑着摇了摇头。

我抽出椅子坐下，见她面前的烟灰缸里躺着几个烟蒂，便掏出烟，递给她一根。

"你是邱飞吧！"女孩看着我说。

"对呀！"我递烟的手僵持在半空中，她怎么知道我的名字。

"我是戴雪。"女孩接过烟说。

这时我才恍然大悟，怪不得面前这个女孩如此面熟，原来是我高一时期喜欢过的一个女孩，比我小三年，那时她刚上初一，我对她穷追不舍了一年，由于没能得到预期成果，便最终放弃。我高三毕业后，再没有见过她，如今四年过去了，她的模样虽没有发生翻天覆地的变化，却足以使我认不出来，特别是她的穿衣打扮，已让我想不起她穿运动服时的样子。

"现在哪儿呢？"我对戴雪的现状充满好奇。

"在北广上学。"

"什么系？"

"播音主持。"

"不错，以后每天就要在电视上露脸了，回头我就指着电视对我的哥们儿说，快看，这个女孩怎么样，我和她是校友！"

戴雪笑着说："我记得那时候你还追过我呢！每天放学都在学校后门等我。"

"别说了，怪不好意思的。"

“你还知道不好意思，当初可没少给我写信。”

“那时候不懂事儿。”

“现在呢？”

“更不懂了。”

“你后来找到女朋友了吗？”

“找到了，你呢？”

“你是说男朋友？”

“嗯。”

“没有。”

“不会吧，你这样的还找不到，那全国上下得有多少女同志嫁不出去呀！”

“你现在怎么这么贫，要是当初也这么能说，我早就跟你了。”

“当初我没少说恭维你的话，可你就是死活不同意。”

“我就知道你当初说的全是虚假之词，一派胡言，所以才没答应。”

“我要是不说点儿好听的话，整天说你有多么难看，你更不会跟我了，说不定还得跟我玩命！现在一定有不少男生争着抢着对你倾诉衷肠吧！”

“矿大、林大的那些男生整天到我们学校找女生，一堆男生追一个女生，特别是播音系的女生，饱受骚扰。”

“你没从中选择几个？”

“我知道他们想得到什么，我不在乎这些，反正我能从中获得我所需要的，我没有固定的男朋友，每个礼拜都会新人替旧人的。”戴雪的话让我吃惊不小，想不到时间竟然将一个人改变得如此之大，想当初她对我是何等矜持，我可真是生不逢时。

后来，我和戴雪又聊了一些往事，她接到一个电话，是电影制片厂叫她去给卡通片配音，我说：“这么晚了，他们还找你去。”

“这帮人都愿意晚上干活，效率高。”

“配一次音给你多少钱？”

“义务的，就这我还让导演占了不少便宜呢！”戴雪临走前给我留下她的电话说，“有空儿找我玩。”

也就是在这一天，杨阳离开酒吧，不再待在那里唱歌。这天晚上，在杨阳唱歌的时候，台下一个醉醺醺的酒客指着他大声喊道：“那孙子，你丫唱的是什么狗屁东西，换个歌儿！”

杨阳瞟他一眼，没有停下。

酒客又喊道：“我操，你丫还挺牛逼！老板，过来！”

老板毕恭毕敬地走过去：“先生，您有什么事儿吗？”

“让丫唱个《心太软》！”酒客掏出一张百元钞票拍在桌上说。

老板走上台，附在杨阳耳边低语了几句，杨阳拿起麦克风说：“我不给傻逼唱歌！”然后便背着吉他离开酒吧。

32

两个月后，我接到韩露的电话，她说老公去德国培训，已经走了半个月，她一个人待在家里很无聊。我说如果你实在待不下去的话，我过去陪陪你，她说你来吧。于是，我按韩露给的地址去了她的新家。

在韩露装修一新的房间里，我们拥抱着上了床。此后，我便经常同韩露来往。

33

一个周五的下午，我待在周舟的宿舍，收到韩露发来的一条短信：今晚过来吧，我等你。

我给周舟打了电话，告诉她我周末回家，然后匆匆出门。

深夜，我和韩露被她的手机吵醒，她见手机显示一个陌生的号码，抱怨说："谁呀这是，讨厌！"

我拿过手机一看，顿时惊呆了，这个号码正是周舟宿舍的电话。

就在我拿着手机束手无措的时候，韩露拿过手机挂断电话。

完了，我心想，韩露挂断电话等于向周舟表明此时我就在她的身边。

一分钟后，韩露的手机收到周舟发来的短信：对不起，打扰你和邱飞了！

原来，我急于出门，将手机忘记在周舟宿舍，她看到了韩露发给我的那条短信。

怎么办？我头脑中充满焦虑，月光透过窗口洒下来，照亮床铺，我已无心睡眠。

第二天，我离开韩露家，临走时她问我："没事儿吧？"

"没事儿！"我随口应付了一句。

我回到周舟的宿舍，门紧锁着，我掏出钥匙，打开门，屋里收拾得很整齐，周舟不知去了哪里。我打开电视，躺在床上，发现手机就放在枕边，便给周舟拨了一个电话，响了好长时间，周舟没有接。我又给周舟发了一条短信，叫她快些回来，我想她。然后在恍恍惚惚中睡着了。

醒来时屋内已经一片漆黑，我打开灯，感觉腹中一阵空虚，冰箱已没有任何食物，只好去超市买方便面。

我从超市回来后，见周舟正坐在床边看电视，我问："吃饭了吗？"

周舟没理我。

"你要是没吃我就多泡一袋。"

"不用！"周舟盯着电视屏幕说。

面泡好了，我端到周舟面前说："你先尝尝。"

周舟一扭头说："不吃！"

我只好端着面自己坐在椅子上吃。

我吃完面刷了碗，周舟已关闭电视，钻进被窝，我也洗漱上床。

这是周舟第一次背对我睡觉，而且是我们第一次睡在两个被窝，往常床上两条被子中的一条是我们在天冷的时候用来压脚的，可今天却把我和周舟分开。

我看着周舟的后脑勺，把脚伸进她的被窝，碰到她光滑的小腿，周舟蜷起腿，将被窝裹严，把我的脚暴露在空气中。

我又伸出胳膊，从后面搂住周舟，周舟一甩肩膀，说："拿开！"

我没有撤回胳膊。

周舟又说："你这人怎么这么烦呀！"

我无奈地收回胳膊。

两人一夜无语地睡去。

次日清晨，我醒来时感觉一个温暖又光滑的身体睡在自己身边，一条胳膊绕过我的胳膊，搭在我的前胸，我闻到熟悉的周舟的气息。

我搂紧周舟，她醒来，同我死死地抱在一起。

34

杨阳离开酒吧后没有了经济收入，退掉了长虹桥的房子。田红走得太仓促，没有带去她放置在那座房子里的东西，杨阳把田红的衣物和化妆品统统收入纸箱，打开窗户扔下去，正好砸在门外吆喝着收废品破烂的老头面前，他打开一眼，尽是珍贵物品，以为天上掉下馅饼，欢喜不已。

杨阳将唱歌阵地由酒吧转移到地下通道，东单、四惠、积水潭、东直门、魏公村等处的地下通道经常被他光顾。他每次席地而坐，将琴套摊在面前，抱着吉他自弹自唱，从不在意过往行人的目光。

小贩的叫卖声、急匆匆的脚步声、交谈声掺杂在一起，杨阳一张口，他的声音就会在这些噪声中脱颖而出，吸引路人注意，纷纷掏出钱丢进杨阳的琴套。

钱的数目也是因人而宜，面值不等，多到十块，少到一分，相差一千倍。有些人会留给杨阳五块钱，再从琴套中找回四块零钱，也有个别人趁杨阳不注意多拿几块，还有一些人特意把一毛钱放在琴套外面，让杨阳去捡，但杨阳不捡，任它被风吹到天涯海角。

我问杨阳，如果是一百元的钞票你捡不捡，杨阳说，一百元的钞票比一毛钱重许多，不会被风吹走的。

杨阳在地下通道唱歌引来不少商家，有三个卖矿泉水的外地妇女总是围在他身边，认为杨阳那么声嘶力竭地唱，一定会口渴的，口渴就要喝水，而她们正是卖水的。

她们像火警等待人家着火一样，蹲在杨阳对面盼望着他尽快口渴，然后争先恐后地冲上去把自己的水推销给杨阳，她们甚至用舌头在自己的嘴唇上舔来舔去，以此引诱杨阳喝水，启发他口渴的感觉，但她们在尝试了各种催人喝水的办法后，杨阳没有渴，她们却先灌了一肚子矿泉水。

杨阳的声音越来越小，音质也渐渐沙哑，她们期待的时刻终于来临。

但让妇人们大失所望的是，杨阳从怀中掏出一个太空杯，里面盛满黄澄澄的茶水，看得她们直眼馋。

太空杯的容积是有限的，那些茶水眼看着就要被杨阳喝光，妇人们坚信，山穷水尽的杨阳定会给她们带来收益，可杨阳却收拾好东西，走了。

妇人们认为，杨阳这么早离开地下通道会影响他的收入，为了多挣钱他明天一定会唱到天黑的，到时候肯定少买不了她们的矿泉水。

第二天，她们满心欢喜地背着许多瓶矿泉水来到地下通道，一脸奸笑地蹲在杨阳对面，听他唱了一首又一首歌，看他喝了一口又一口水，太空杯即将干涸，天色尚早，杨阳没有离开的意思，激动人心的时刻就要来临。

杨阳又唱完一首歌，拿起太空杯，发现里面已经没水，又放下，妇人们开始在一旁磨刀霍霍。

杨阳环顾四周，妇人们心中顿升希望。杨阳见左右没人，便从怀中掏出一个大可乐瓶，里面依然盛满沏得很酽的茶水。

“天啊！”某妇人一声惨叫，响彻地下通道，格外惊心动魄。

杨阳在地下通道只唱两种歌，一种是他自己写的歌，另一种是许巍的歌。

35

一天，周舟下班后给我讲了许多公司的事情，利润怎么样，哪个同事怎么样，还提到了她的老板，一个即将四十岁的未婚男子，有房、有车、有女人，就是不结婚。

周舟问我，工作找得怎么样，我说差不多了，明天就可以去上班。

我在费尽九牛二虎之力后终于找到一份工作——在某网站做助理编辑，这家网站要求我立即投入工作，我的无所事事正好得以解脱。

第二天我满怀激情去上班，既然要求马上工作，一定是有很重要的事情在等待我去处理，可万万没有想到的是，我的工作内容就是沏茶、倒水，如果不是因为这家网站所在的写字楼有保洁和值班人员的话，我很可能还要担负起扫地和打更的工作，对此我愤愤不平。后来一想，谁也不能一下子就做到很高的职位，从低到高的过程是不可避免的，于是，我端起水杯坦然走向饮水机。

这家网站在国内声名显赫，经常会有明星来此做客“名人访谈”栏目。一日，此栏目请来一位著名电影导演，我非常喜欢他拍的电影，因此特意给他仔仔细细地冲洗了一个杯子，还放了一大把茉莉花茶，可他在做节目的一个小时里只喝了两口水，然后便将那多半杯茶水留在桌上而去，不知道他在出门的时候是否注意到我失望的眼神，可惜了我放的那一大把茶叶，他却连个“谢谢”也没有说，哪怕是同我握握手或拍拍我的肩膀。

每当有名人来此做节目时，编辑们便会同名人侃侃而谈，互换名片，或是再相约去什么地方吃顿饭，而我却要坐在角落里保持着精神高度集中，目不转睛地注视着他们的茶杯和烟灰缸，我不明白，为什么“编辑”只比“助理编辑”少两个字，而工作性质却如此差异巨大。

最不能让我容忍的是，网站老板的奢侈生活让我感到极度不平衡。那天，我透过办公室的窗户向楼下张望，看到肥胖的老板正揽住一个身材颀长的女子的腰肢，俩人并列站在一起，俨然就是一个数字“10”。他们钻进一辆停在路边的“宝马 Z3”轿车，汽车划出一条弧线，驶向远方。

片刻后，“宝马”轿车驶回，老板走出车门，来到旁边一辆“奥迪 A8”轿车前，打开后门，取出一个提包，走向一辆“奔驰”，坐进驾驶舱，驾车离去。

也就是说，老板至少拥有三辆属于自己的汽车，再想想自己每次上班时坐的那三辆车，惭愧不已。

我每天上班都要先坐四十分钟的 34 路公共汽车，为了能有一个座位，我还要徒步七分钟走向单位的反方向，那里是 34 路车的始发站。下了 34 路，我要换乘 15 路，一直坐到终点站，然后穿越两条马路，再等十分钟的 342 路，坐五站地，下车后就离公司不远了，这段路程开汽车过去仅需五分钟(60 公里／小时)。

老板不仅在上班路上花费的时间比我少之又少，而且还比我舒适许多，他可以打开音响想听什么就放什么，而我耳边只有发动机的轰鸣声、妇人们的争吵声和售票员催促我出示车月票的声音，有时车厢内还会响起某位女同志高喊的声音：“谁的手？臭流氓！”

老板可以随心所欲地仰靠在真皮沙发中，悠闲地欣赏道路两旁风景，身旁坐着美女或后车座趴着宠物狗，可我却要在拥挤的人群中金鸡独立，含胸收腹，一只手紧攥车内栏杆，另一只手时刻保护着兜内为数不多的几十元人民币，并用警惕的眼光留意身边所有人，特别是那些借刹车扑到我身上同我拥抱在一起的人，我经常因为精力过分集中于此而忘记下车，坐过了站。

老板的车内到处洋溢着香水的芬芳，可我却沉浸在各种不可描述的气味之中，说来奇怪，我每次坐车总会闻到一股屁味，而且这种情况偏偏在堵车时发生，空气不流动，气味仅局限在我周围，我屏住呼吸，脸已憋成猪肝色，可汽车却迟迟不启动，我透过车窗向前张望，堵得死死的，无论我怎样心急如焚也无济于事，就像妻子生孩子，丈夫使不上劲干着急。车内的屁味越来越浓，我已忍无可忍，生不如死。

老板和女伴坐在急驰的"宝马"车内，只需轻轻按动开关，就可打开天窗，任风吹在身上，享受飙风的快感，可我却不舍得带周舟挤公共汽车，公车里倒是也有天窗，可这个天窗却因日晒雨淋同车身紧紧锈在一起，只有十个民工共同努力，才能将它打开，但没有十五个民工就别再想把它合上，即使合上，依然会留有一条缝隙，尽管这条缝隙宽度不过三四厘米，但赶上下雨天，足以使乘客们在车厢内还要撑起伞或披上雨衣，这时候车内会多增添一个售票员，但她的任务不是卖票，而是用一个茶缸子把车内积水舀出窗外，泼在马路上。

为了乘车方便，我办理了一张月票，这件事情做得意义非常，这张月票使用率极高，除了公交司机和售票员或坐在车上睡着的人，恐怕北京市没有哪个人会同我一样，乘坐公车时间如此之长，如果真有人同我一样的话，北京公交再增添多少辆车都不够坐。

上班后，没有机会踢球了，身体得不到锻炼，腰部与日俱粗，我抚摩着微微隆起的小腹，做出骑车上班的决定。骑车的确锻炼身体，几日下来，我已累得腰酸背痛腿抽筋，惟独上半身没有反应，我心想，坏了，长此以往，我的下半身将越练越粗，上半身却会肌肉萎缩，越来越细，从远处看去，俨然一座金字塔，这可不好，要及时阻止这种势头的发展，于是我锁上自行车，再次挤入等车的队伍。

工作苦点儿倒没什么，关键是我总要看老板脸色行事，他若面带不悦，我就不敢多说一句话，也不敢多喝一口水，惟恐多上一趟厕所都会招致他厌烦，感觉自己活得像个孙子。

所以，一个星期后，我拿着辞职书踢开老板办公室的门，当时他正敞开衬衫，向胳肢窝处喷洒香水，见我进来惊慌失措地披上西服说："你他妈的怎么不敲门就进来了！"

我把辞职报告摔在办公桌子上，说："你丫以后别再这么跟我说话，否则别怪我不客气！"说完扬长而去，感觉胸中排出一股闷气。

寄人篱下的感觉非常痛苦，在没有正式到一个公司上班前，你要接受老板的面试，这个时候，彼此间并不存在从属关系，你没有对他低三下四的必要，可以随时因为谈话的不融洽拍案而起，骂他个狗血喷头后扬长离去，再去另寻一个公司，没什么大不了的，你可以比老板还牛逼，而当你被某个公司聘用的时候，你就穿上了公司为你订做的小鞋，脚越大越感觉疼痛，而这个时候老板却一边躲在他的办公室看着你的痛苦状窃窃私笑，一边榨取着你的价值，你还不得不听从他发号施令，如果你对这种窒息的生活感到厌倦，可以递交辞职报告，这个时候，你可以同老板平起平坐，不再称呼他为"老板"，而是任意把他叫作"王八蛋"或是"傻逼"，但却不得不为此付出生活得不到保障的代价。

关于什么样的人是傻逼的问题很难分辨清楚，而什么样的人在这个社会上牛逼却很容易判断，标准很简单，就是看你有没有钱。但有多少钱才算有钱呢，当然是越多越好，钱越多的人越牛逼，所以像我们这样没钱但又心高气傲的人就是傻逼，但如果我们甘于受压迫、受剥削是否更傻逼呢，管它呢，爱咋咋地吧！

辞职后，心情轻松了许多，但到了吃晚饭的时候，我却难以忍受腹中饥饿，一阵悲哀涌上心头。

36

四月的夜晚，北京，二环路立交桥头，车辆穿梭，霓虹闪烁，路灯下，我顾影自怜。

次日清晨，我带着再去找一份工作的想法走在北京街头，一妇人正拉着一条小狗散步，小狗翘起腿在花池边撒尿，当我经过时，它冲我狂吠不止，我瞪了它一眼，它却更加猖狂，要不是它的叫声是“汪汪”而不是“嗷嗷”，我险些认为它是一只小老虎，但一想，老虎哪有抬起腿撒尿的，所以它再牛逼也就是一只狗，可狗仗了人势却比人还牛逼。

现阶段，我惟一想向全世界高呼的一句话就是——谁他妈的拿钱使劲地砸我呀！

37

周舟曾不止一次对我说：“你应该现实一些，找一份稳定的工作。”

我说这些事情我都懂，可就是无法说服自己安心接受一份与理想状况相距甚远的工作。

周舟问：“你理想中的工作是什么样子？”

我说：“轻松，舒适，挣钱多。”

“你认为北京有这样的工作吗？”周舟问。

“没有，所以我到现在还没有找到。”

“你不能再这样晃荡下去，我很希望你找到工作，每当有公司通知你去面试的时候，你知道我有多高兴吗！”周舟依偎在我怀里说。

“可是没有适合我的工作。”

“我知道你有很多想法，但我更希望看到你去上班。”

“别着急，慢慢等着吧！”

我和周舟搂在一起，开始做爱。

事毕，我们仰望着天花板，周舟问我：“咱们的将来会是什么样呀？”

我将手按在她圆滑的乳房上说：“不知道，就像你五岁的时候并不知道乳房要变大。”

此时距离毕业不到三个月，我不仅要忙于找工作，还要应付学校安排的毕业设计，我的毕设课题是《数控机床的进刀设计》，数控机床究竟是一套怎样的设备我并不清楚，要我设计出它的进刀机构更是难上加难，但毕设还是要做的，不能功亏一篑。

截止到目前，我还有一门功课没有通过，毕业前有一次补考机会，通过即可万事大吉。

考研成绩和分数线公布下来，张超凡以三分之差榜上无名，他近半年付出的心血都将因为这三分而付诸东流。张超凡整日愁眉苦脸地躺在床上苟延残喘，痛苦呻吟，像个生不出孩子的妇女。

一天，张超凡突然茅塞顿开，他说与其一筹莫展，不如享受生活，于是过起花天酒地的生活，每日寻欢作乐，游手好闲。

张超凡并没有逃脱烦恼的纠缠，同他来往的许多女孩因为无法同他畅快交谈而纷纷离去，张超凡无法将一件并不复杂事情言简意赅地表述，女孩没有足够耐心等待他把话说完。

一次，一个女孩问张超凡：“你多高？”

“一米八……八。”张超凡说。

女孩站到张超凡身旁用手比划了一下个头说：“哪有那么高吗，我看你也就一米八。”

“对呀，我就……就是一米八……八呀！”

“肯定没有！”

“就是一米八……八。”

“不可能！”女孩有些生气。

“真的，真是一米八……八。”

“你这人怎么睁着眼睛说瞎话，承认自己一米八又怎么了！”

“我……我没不承认，我真是一米八……八。”

“真没劲！甭管你是一米八八还是八米一一，我讨厌你！”女孩说完转身就走，留下张超凡站在原地冲着她的背影喊道：“别……别走，我不是一米八八，我是一米八……八！”

张超凡为了让自已的生活充满希望，想尽一切办法重获新生。他按电线杆子上面粘贴的医疗广告去了一家位于某胡同深处的门诊所，该诊所在广告上扬言说：祖传秘方治疗口吃，治愈率达百分之九十五。张超凡信以为真，交付了500元的初诊费，遵循那个连“超”字都不会写的大夫传授的方法练习。

此大夫告诉张超凡，说话要慢，别着急，一个字一个字地说，做到吐字清晰、干脆，不带尾音，张超凡果真如此练习。有一次我向他借钱，说：“张超凡，借我200块钱，好吗？”

张超凡不慌不忙地说：“好……”

我以为他要说：“好——的。”

可没有想到，他说的却是：“好——个——屁！”

这种说话方式让我们更为不适，这比他从前结巴着说话还要浪费时间。一日熄灯后，张超凡正摆弄一个笔记本电脑，当时是十一点刚过，我问电池可以坚持多久，他一个字一个字地告诉了我，意思是说：电池可以坚持半个小时，到十一点半就要没电了。可还没等他把话说完，屏幕便显示出电池没电的信号，我一看表，正好十一点半。

我却认为治愈口吃的最好方法就是让患者们闭口不言，这样永远不会结巴。

38

我每日晃荡于学校、马路和周舟的宿舍，偶尔找几个同学去小饭馆喝一宿酒，生活过得闲散又自在，周舟说她不想看到我这个样子，我说这样我很舒服，她说但她不舒服，我问她想让我怎样，她说你即使不想找工作也应该做毕业设计，马上就要毕业了，我说我知道，你就别替我操心了。

这样的争执经常发生在我和周舟之间，往往以周舟闭口不再讲话结束，然后我们就各自睡去。

此时期，我的心情非常糟糕，只想一天天地混日子，直到毕业。

五月上旬的一天，我和杨阳坐在饭馆的酒桌前谈论我们的生活，杨阳说他开始厌倦漂泊，希望找一个贤惠的女朋友，同她结婚，养一条狗，每当夏日夜晚的时候，他和妻子坐在阳台乘凉；冬日里，他们坐在窗前晒太阳，小狗伏在他们的脚下，就像他们的孩子一样。我说，这不应该是你将来的生活。杨阳说，你错了，我现在已经感觉疲惫不堪。

我们身旁是一桌过生日的学生，从他们脸上稚气未脱的神态便可判断出是大一的学生，十几个人围坐一桌，中间夹杂着两三个女生，她们在男生的欢声笑语中保持着微笑不语，每当某个男生讲了一个黄色笑话，她们就会彼此会意地对视一笑，端起茶杯或可乐喝一小口。那些男生也姿态各异，有人端着酒杯轮番找人碰杯，有人疯狂地夹菜塞入嘴中，有人叼个烟头故作深沉，还有人总是在打手机，装作业务繁忙的样子。

酒过三旬，菜过五味，一个女生从桌底下端出一个硕大的生日蛋糕，摆在桌子中央，蛋糕的大小如同下水井盖，上面涂的那层巧克力的颜色更像井盖上的锈迹斑斑，不同的是井盖上面写着“污水处理”，而蛋糕上写的却是“生日快乐”。一个男生用刀将蛋糕从中间切出一条缝，分成两瓣，使得蛋糕看上去很像河马的屁股，这时另一个男生如梦初醒般喊道：“哎呀！忘插蜡烛了！”于是大家又插上一把蜡烛，此时的蛋糕又像是被扎满五颜六色针灸的河马屁股。

这群学生分吃了蛋糕，散去。

这种场面也曾经在我的身边发生，而今天，我更喜欢独酌独饮。

已至深夜，饭馆里除了我和杨阳，再就是几个服务员和厨师，他们坐在椅子上懵懂地看着我们。一个小女服务员打开收音机，先是一个谈话节目，过于深奥的话题没有吸引她的兴趣，她调到一个相声节目，听了没两分钟，相声说完，插播了一则治痣疮的广告，另一个年龄稍长的服务员气愤对说："赶紧换一个，还有人吃饭呢！"小服务员旋转手腕，又调到一个健康类节目，女主持人装腔作势地说："阳痿是长期困扰夫妻和睦、家庭幸福的疾病，许多患者打来电话向我们询问有效的治疗方法，今天我们特地请来解放军总医院的张坚强主任医师，请他来为我们讲解此类疾病的治疗方法……"小服务员红着脸极不情愿地又调了一个台，停在一个音乐节目上。

忽然，收音机传出一段熟悉的旋律，杨阳的身体不由自主地剧烈一颤，这首歌正是杨阳写的那首《春天的约会》，从演唱者的声音听出，歌者正是田红。

此时的田红演唱这首歌已经失去原有的味道，取而代之的是暧昧、娇柔、作秀的演唱，那个制作人为这首歌重新编曲，把杨阳在这首歌中要表达的感觉篡改得面目全非，歌曲结束后，DJ 妩媚地说："刚刚播放的那首歌曲由乐坛新人田红自己词曲创作并演唱，歌名是《春天的约会》，排名第一，欢迎您明天继续收听'原创歌曲排行榜'，我们明天见！"

杨阳抄起一个空酒瓶，"啪"地一声摔在地上，说："这首歌不久后就要被做成卡拉 OK，任款爷和小姐在歌厅滥唱了！"

39

此后许久不见杨阳踪影，他和吉他同时不翼而飞，马杰猜测杨阳也许是背着吉他去了西藏，准备过离群索居的生活；赵迪猜测杨阳决定告别音乐，去卖他的吉他，现在还没找到买主；张超凡认为杨阳在唱歌的时候被人抢走吉他，他去追赶，现在还在追逐的路上；种种猜测漫天飞舞。

就在我们谈论杨阳去向的时候，宿舍电话响了，我拿起话筒："喂！"

“请问是邱飞吗？”一个陌生的声音。

“是我，您哪位？”

“我这儿是清河拘留所！”

我的脑袋“嗡”地一声巨响，我努力回忆自己近来究竟做了哪些坏事儿，可寻思了半天，只想起前天在校园捡了一个钱包，没有立即交公，见里面没有钱便又丢掉，这件事情怎么这么快就传到拘留所，即使罪名成立，他们也不应该为此拘留我。我颤抖着说：“我怎么了？”

拘留所的同志说：“你不要害怕，这里没有你什么事儿！”

我想，没我事儿你干吗指名道姓地找我。

“你认不认识一个叫杨阳的人？”

我立即想到，是不是杨阳参加了近期活动猖獗的“艾滋针”帮，被便衣监视或已经落入法网。“他怎么了？”我问。

“他现在没事儿了，在我们拘留所，今天释放，兜里没钱坐车回去，叫你接他，你赶紧过来吧。”

我挂上电话，急忙换下拖鞋，跑出宿舍。

当我到达清河拘留所的时候，杨阳正蹲在大铁门外，用树枝在地上画着圆圈，吉他倒在一旁。

我走上去，说：“走吧！”

杨阳指着地上画出的圆说：“这就是生活，里面什么都没有，又什么都有。”

回到学校，杨阳用去好长时间洗了一个澡，他说澡堂的下水管道可能会因为他搓下的泥儿堆积在一起而堵塞。

我们一起吃晚饭，他向我讲了被拘留的详细经过：

那天，我们喝完酒的第二天下午，杨阳又背着吉他去积水潭地铁站的地下通道唱歌，此时已有一个身着师大校服的学生在此唱歌，杨阳没理他，坐在对面。因为杨阳唱得比他好，过往行人都把钱扔进杨阳的琴套，师大学生看到杨阳面前的钱越堆越高，而自己面前的钱却总是那么一点儿,不免心生醋意,他走到杨阳面前说:“哥们儿,咱们是不是得讲个先来后到!”

杨阳说:“这是公共场所,谁想唱都可以。”

“可是你抢了我的买卖!”

“我是公平竞争，人家愿意把钱给我，而且我唱歌不是为了挣钱。”

“那就把钱给我。”师大学生指着地上的钱说。

“钱是给我挣的,凭什么给你,想要钱就自己去挣!”

“孙子,你丫到底想怎么着!”师大学生怒喝。

“滚蛋！少在我这儿废话！”杨阳白了他一眼,接着弹琴。

此人抄起自己的吉他狠狠地向杨阳拍去，杨阳早有准备，一闪身,那把吉他便“砰”地一声巨响,拍在地上,刹那间琴箱粉碎,木屑乱飞,琴弦“嗖”地一声断开,蹦到那人脸上,顿时抽出六条血迹,他一边“哎哟”地捂着脸一边向杨阳扑去,两人撕扭在一起。

最后的结局是，杨阳觉得热身还没有开始，那个人却已鼻孔出血,仰着脑袋跑掉了。

杨阳又坐回原地,抱着吉他唱起来。

就在杨阳收拾好钱准备离开的时候，两个警察出现在他面前，说:“有人举报你在此非法卖唱,还打架斗殴,把一个师大学生打流血了,跟我们到所里走一趟吧!”

杨阳不去,警察拽住吉他,企图将他强行带走。

杨阳怕他们拽坏吉他，一扬胳膊，正巧打在其中一个警察的脸上,于是,他们便以妨碍公务欧打警察为名,给予杨阳拘留两周的处罚。

警察问杨阳的工作单位在哪里,要将此事通告领导,杨阳说他是无业青年,以卖唱为生,地下通道就是他的工作单位,他是无政府主义者,所以没有领导。

警察说:“你他妈的还敢嘴硬!”一把将杨阳推上开往清河拘留所

的警车。

杨阳用刚刚卖唱得来的钱买了一套洗漱用具，从此开始了牢狱生活。

两个星期的监狱生活使得杨阳改掉许多不良习惯，戒了烟、吃起粗粮、早睡早起，但同时增添了喜欢开口说粗话的毛病，动不动就“操你妈”、“你大爷”的。

40

杨阳从拘留所出来后立志重新做人，刚呼吸了两天新鲜空气，却再次受到致命打击，学校开除了杨阳的学籍，勒令其退学。

原来，杨阳离开拘留所的时候不慎将学生证遗落在牢房的墙角，被一个因偷东西被捕的犯人拾到，他把它交给看守人员，以为可以荣获个拾金不昧的奖励，减刑几天，可所长却认为是他在狱中偷了杨阳的东西，又给他加了三天的刑。看守人员从学生证的照片上认出杨阳，原来这个号称待业青年的人是北×大的学生，于是他秉公执法地把杨阳被拘留的事情打电话通知给学校，教务主任二话不说，执行了学校的规章制度，凡在校期间结婚或被捕入狱的学生，一律按开除学籍处理，杨阳就此离开了学校。

杨阳已经在这里生活了四年，毕业前却遭此飞来横祸，这件事情让我们感觉异常残酷，但它实实在在地发生了。

学校开除一名学生要比招入简单许多，只有送足够多的礼，请无数次客，托各种关系，方可勉强入校，而离开学校却如此轻而易举，无需多事。

当年，我对学校失去兴趣要退学的时候，杨阳光着膀子坐在羊肉串摊劝导我；而今天，这件事却发生在他身上，让他措手不及。

杨阳离开学校后整日待在家中无所事事，他父母听说这件事情后气愤非常，尤其是杨阳的父亲，脱下皮鞋向杨阳扔去，杨阳躲也没躲，一伸手就接住了，他爸又要解皮带抽他，他妈在一旁拦住说："你冷静点儿，打也不是个办法，孩子都老大不小的了！"

他爸说："他再大我也是他老子，我就不信管不了他！"

杨阳说："爸，你打我吧，恐怕我还没感觉疼你就已经累了。"

他妈说："别总气你爸，既然不上学了，总得找个出路吧！"

杨阳说："你们甭管了，我的事儿自己解决，就让我自生自灭好了。"

他爸说："你他妈的敢！我和你妈把你弄出来费了多大劲你知道吗，你给我自生一个看看！"

杨阳什么也没说，悄悄回到自己屋里。

杨阳每个星期都要回学校找我们踢一次球，但每次踢球总要和人打架，我问他为什么总是打架，他说反正也没什么事儿干，通过打架找点儿乐趣。

杨阳现在已经不会骂人了，因为他跟别人发生口角的时候，通常只说一句话：打你丫的，然后就冲上前去，拳脚施加于人。

每当杨阳穿着球鞋出现在我们面前的时候，我就知道杨阳又在家待烦了，想找人打架散散心，踢球并不是杨阳回学校的主要目的。

打架这种事情经常在踢球的时候发生，架是完全可以不打的，但又不能不打，大四学生面临就业的压力，大一、大二的学生忍受着学习任务艰巨的苦闷，所有人心中都积蓄着愤怒，踢球时双方稍有碰撞，就会导致一场恶战。

大四学生用手指着大一学生的鼻子说："我们在这儿混了四年，就没见过敢跟我们滋毛儿的！"一副浪迹江湖多年的样子。

大一学生打开大四学生的手说："甭管你们在这儿混了几年，我们就是不怕！"一副初生牛犊不怕虎的姿态。

于是，双方施展开拳脚，大四学生考虑事情较多，往往放不开手脚，只想吓唬一下大一学生而已，大一学生却无后顾之忧，敢打敢杀，俨然拼命三郎，打得大四学生节节败退。

要说狠还得是大四的学生，他们见大一学生竟然如此猖狂，目中无人，便抄起操场上的板砖和木棒向大一学生的身上、头上拍去，直到鲜血从某个人的身体中流出来才罢手。

此后，双方的争吵便围绕公了还是私了的问题展开，公了就是上报学校政教处，打人方送被打方去医院看病，双方分别接受严重警告处分，公了的裁决之所以如此严厉，是因为学校不想让打架的同学来此添麻烦，尽量私下里解决。私了的方法是被打方自己去看病，然后由打人方请被打方吃顿饭，所以，学校周边饭馆里经常会有两伙人围坐一桌，年龄偏大的一方举着酒杯，对脑袋缠着纱布或胳膊打着石膏的一方说："兄弟，对不住，下手狠了点儿！"

另一方也端起酒杯说："大哥，是我们狗眼不识泰山！"

这一方又说："后生可畏，长江后浪推前浪！"

另一方又说："还多承蒙长辈们提拔！"

这一方接着说："岂敢！岂敢！"

另一方接着说："谦虚！谦虚！"

这一方还说："……"

另一方还说："……"

不打不相识，双方就此结为密友。

41

五一后，我找到一个替我做毕设的枪手，他是清华电机系学生，毕业多年，无正式工作，闲散于社会中，但天资聪颖，学习巨好，尤以英语见长，平日里以替人参加四、六级考试和GRE、托福为生，我在校园广告栏中发现此人刊登的启事：

本人毕业于清华大学电机系，在校期间成绩优秀、屡获嘉奖，现闲于家中，因近来手头拮据，生活出现危机，欲为在校毕业生代理毕业设计，收费合理，价格公道，望各兄弟院校同仁酌情给予考虑。

我拨打了此人留下的电话，与他讨价还价、互诉困难后，达成协议：他替我在校做毕业设计，我除了要安排他的每日食宿，还要付给他1500元酬金，他必须保证我的毕设顺利通过。

毕设事情落实后，我的心情轻松许多，感觉毕业证已唾手可得。于是，又开始了随心所欲的生活。

杨阳虽然离开了学校，但他依然热爱这里，除了经常回来踢球、打架，还会以每周二至三次的频率找我喝酒。

我和杨阳又如期来到楼下的羊肉串摊，老板娘热情招呼，问我们吃羊腰还是吃肉串，我们从麻袋中挑出30个肉串叫老板娘拿去烤。这时走来一个身着红衫绿裤的年轻女伙计，问我们喝什么，我说先来四瓶啤酒，她拎来四瓶啤酒，翻遍身上所有衣兜并未找到启子，于是将手伸进裤裆摸索，杨阳问我："这姐们儿干嘛呢？"

"找启子呢！"

"为什么把手伸裤裆里找？"

我说："你不知道吗，乡下人爱穿那种带防盗兜的裤衩，他们往往把认为贵重的东西放在里面，以防被别人拿去。"

杨阳用牙咬开瓶盖说："那算了吧，还是我自己来吧，她找到启子我也不敢用。"

羊肉串烤熟前，我们已各自喝完一瓶啤酒，杨阳的眼睛始终盯着那个跑来跑去的女伙计，我问："是不是想姑娘了？"

杨阳说："没有，只是觉得好玩。"

"一个乡下姑娘有什么好玩的？"

"你发现她涂了浓浓的口红了吗？"杨阳兴奋地说。

我观察了一下，的确如此，女伙计不仅涂了口红，还描了眼影。

杨阳说："真逗，她还要涂口红。"

我说："这就是你的不对了，她为什么不能化妆，打扮自己是她热爱工作的具体表现，她不仅要让顾客对羊肉串赞不绝口，还要让我们赏心悦目，在享受物质美的同时在精神上得以升华，满足我们的视觉要求。"

"噢，我错了，我不应该嘲笑人家的爱岗敬业。"杨阳说。

我说："想当初，李素丽阿姨就是抹着口红卖票的，徐虎大伯每次都穿着锃亮的皮鞋去修下水道的。"

杨阳若有所思地说："我真他妈狭隘！"

不知过了多久，我们脚下已经摆了八个空啤酒瓶，杨阳说："你看老板娘。"

我扭头看去，见她正站在火炉前不停地扇动着羊肉串，炭火中冒出的烟向她飘去，她眯起眼睛，竭力吹散弥漫在眼前的烟雾，脸颊被炭火烤得通红，显出脖子的白晰、丰满，有一种娇艳欲滴的肉感。

杨阳一边喝酒一边对老板娘赞不绝口，我说："你牛逼就去磕她。"

杨阳喝了一口酒对我说："没看见她男人就在那边吗！"

我转身一看，一个身材魁梧的中年汉子手持一秉光芒四射的大刀，正削铁如泥般地切着羊肉。

我们在不知不觉中喝了许多瓶啤酒，杨阳和我交替去不远处的墙角小便，当杨阳掏出那物正要撒的时候，正巧被夜间值勤的保安拿手电照到，他们大喊："住手！"可杨阳做的这件事情同手并无关系，他们又喊："停下来！"

杨阳立即关闭了闸门。

保安问杨阳："你在干什么？"

杨阳说："没干什么。"

保安又说："那你为何掏出那物。"

杨阳说："我掏出来在月光下看看不成吗？"

保安顿时语塞，放了杨阳。

杨阳见保安走远，掏出那物准备再次放水，无奈如何使劲却滴水未出。

我因为喝得太多，难以忍受腹中的翻江倒海，就跑到对面的小树林呕吐，当我正"啊啊"地吐个没完没了时，一对男女整理着衣带从黑暗中惊慌而出，于是我突发奇想，写得宋词一首：

如梦令·醉酒

一日饮酒过度
误入密林深处
呕吐　呕吐
惊起狗男女无数

42

已至六月中旬，那个替我做毕业设计的清华学生将设计图纸和论文如期交到我的手中，我捧着这些图纸和论文躺在床上研究了三天三夜，第四天上午，去找老师答辩。

每当老师问到我某部分为何这样设计时，我就挠挠后脑勺说："当时还知道，事情过去太久了，给忘了。"

当老师指出我的毕设存在诸多不合理之处时，我就对付着说："哦，对对对，当时没考虑周全。"

应付了半个小时后，老师指着那些图纸说："是你自己设计的吗？"

"是。"

“那为什么都不会？”

“有点儿紧张，一时想不起来了。”

“紧张什么？”

“一想到答辩通过后就要离开学校了，有点恋恋不舍，所以紧张。”

“你不想毕业？”

“想！”

“你觉得你的毕设能通过吗？”

“我准备得有点儿仓促，您也体谅一下。”

“体谅什么？”

“您高抬贵手……”

“你们学生总想让老师去体谅你们，可你们体谅过我们吗？” “我知道您含辛茹苦把我们培养到毕业不容易，您还没吃饭吧，咱们一起去吧！”

“不用了，食堂的饭菜我吃不下。”

“咱们去外面吃，这么多年了，还没和您吃过饭，我也替我的父母向您表示感谢，走吧，老师！”

饭桌上，我频频给老师敬酒，他满面红光地说希望我毕业后多回来看看他，我一口答应，然后向他提出希望毕设通过的请求，他拍着我的肩膀说：“放心吧，没问题！”

下午，老师在我的毕业设计上面签了字。

43

张超凡因学习成绩优异，顺理成章地找到一份稳定的工作，同一家机械工程研究院签订了七年的协议，月薪两千五，还有各种福利保障和公积金，张超凡心满意足。

我并不羡慕张超凡的工作，如若是我，决不会坦然接受的，七年时间是一个怎样的概念我并不清楚，此期间可以做出什么事情我也不明确，但有一点是可以肯定的，七年后我将是三十岁的人，人们常说三十而立，我觉得三十岁的人应该有所作为了。

张超凡找到工作后请我和杨阳吃了一顿饭，以此对我把领带和杨阳把手表借给他用于面试表示感谢。饭间，话题谈到我找工作上，张超凡建议我忍辱负重，先找一份干着，积累些经验，以待日后发展。

杨阳也说："你别那么清高了，今年工作不好找，能找个地方猫着就不错了，什么理想不理想的。"

我说："我他妈的才不清高，要说轻我可能比张超凡轻，要说高我可能比你高，我就是不想上班而已。"

杨阳说："你不想上班没关系，但不能让周舟陪着你喝西北风呀，她会怎么想！"

我说："我也没有办法，现在只能走一步说一步，顺其自然吧！"

一天上午，我待在周舟的宿舍睡觉，接到她从单位打来的电话，说下午要去广州同客户谈判，我问她要不要回来同我亲热一下再去，她说手头正有些事情要处理，时间来不及，只能从单位直接去机场，我说，好吧，路上小心，周舟让我照理好自己。挂电话前，我们又在电话里亲吻了对方。

挂上电话，我继续睡觉，可毫无睡意，于是穿衣下床，找些事情做。

我看到角落里的一堆脏衣服，就把它们统统扔进洗衣机，一张卡片突然从一件衬衣中掉出，我捡起它，见上面记着戴雪留给我的电话，并想起她说的那句话："有空儿找我玩。"

戴雪接到我的电话说："我下午正好没课，发愁没地方去，你在哪儿？"

我说："在一个朋友家。"

“我去找你！”戴雪说。

我犹豫了片刻说：“那你过来吧！”

我在戴雪到来之前收拾了屋子，然后按约定时间去楼下接她，她穿着一件牛仔衫出现在我面前。

我带她爬了四层楼梯，来到周舟的宿舍，进门以后，她感觉热，我给她从冰箱里拿出一瓶可乐，她喝了后依然感觉很热，抱怨说：“你这儿怎么这么热呀！”说完便脱去外衣，上身只剩一副胸罩。

我说：“这样不好吧，这是我女朋友的宿舍。”

她不以为然地说：“那怎么了，我热脱件衣服也不可以吗？”

“可你别脱成这样呀，好像咱们要怎么着似的。”

“这样就非得怎么着吗，我在游泳池就这样，也没和人怎么着过。”

我看着她近乎于赤裸的上半身说：“想不到你现在的身材这么好。”

“什么意思，以前不好吗？”

“你以前个子矮矮的，胸部平平的，要是不蹲着撒尿，没人知道你是女生。”

“你真讨厌，说话怎么这么下流！”

“你都脱成这样了，还在乎这个！”

“没事儿，你说吧，看你能说到什么地步。”

“其实我挺正经的。”

“正经?！你这次找我来什么目的？”

“没什么目的，就是随便聊聊。”

“我还以为你想找我上床呢！”

“你怎么会这样想？”

“因为找我上床的男人有很多，可我不是随便就同意的，你就是我同意的为数不多的一个，你应该为此感到欣慰。”

“找我上床的女人很少，我不同意的就更少，但你就是其中一个，你应该为此无比自豪。”

“是谁当初天天在学校门口等我！”

“是我，但我只是想和你拉着手一起回家而已，并不想和你上床。”

“难道你想和我拉手的想法在四年后还没有发展到上床？”

“没有，我的想法正在向反方向发展，现在连手都不想拉了。”

戴雪站起身，摘掉胸罩，说：“我就这样待着，看你想不想！”然后慢慢向我走来。

就在这个时候，门开了，周舟站立在门口，惊呆地望着屋里发生的一切。

容不得我做出任何解释，周舟走进来，将放在桌上的一个记事本装进包里，便跑出房间。

我听到哭泣的声音。

44

五天后，我在学校收到一个很大的包裹，拆开一看，里面装的是我放在周舟宿舍的所有物品，还有一张纸条，上面写着：不要再来找我了！

是周舟的笔迹。

我来到周舟宿舍，门紧锁着，我将钥匙插入锁孔，却旋转不动，周舟换锁了。

我敲了几下门，没有人应答，又重重地敲了几下，门还是紧闭着，仍然没有回音，但潜意识告诉我，周舟就在里面。

我拼命地拍打着门，它却无动于衷地紧闭着，这扇冰冷的木门将我和周舟分隔开。我一次次敲打它，依然无人回应。

手敲肿了，我疲倦地坐在门口的地上，头靠在墙上，心中充满悔恨。我点上一根烟，深深地吸了一口。

这时，门开了，周舟走出来左右张望了一下，发现我在地上坐着，只说了一句："你走吧！"就要将门撞上，我立即将胳膊伸入门缝，顶住了门。

胳膊被狠狠地夹在门缝中间，我"哎呀"一声喊叫。

周舟拉开门，说："没事儿吧！"

我趁机站起身，欲走进屋子。

周舟立刻用门抵住我说："你走吧，别再找我了！"

我抓住周舟的肩膀说："我错了，今后我们好好地在一起，好吗？"

周舟摆脱开我说："不用了，我们分手吧！"

"为什么？"

"还用说为什么吗，这半年来你是怎样生活的，给过我一点儿安全感吗，做了多少让我辛酸的事！"

"我改，你想让我怎样我就怎样！"

"晚了，太晚了，我现在有了新男朋友！"

"我不信，我们可以从头开始！"

"我没有骗你，我们已经上床了。"

"你为什么要这样？"

"就是那天晚上，我去广州的那天晚上，我和他上了床。"

"他是谁？"

"我老板。"

"你爱他吗？"

"你没有必要问这个。"

"那你还爱我吗？"

"我不想说。"

"可我现在非常想知道。"

"曾经爱过，但现在不爱了。"

"以后呢？"

"我没想过以后，你走吧，我们不要再来往了。"

"再给我一次机会！"

“我们没有待在一起的必要了，你走吧，他一会儿还要来找我。”周舟闪开身，给我让出一条出去的路。

我走了两步，回过头对周舟说：“我还会来的！”

“不用了！”

我走出房间，听见门在身后“砰”地一声撞上。

45

此后，我又给周舟打了无数次电话，她要么是不接听，要么是只说一句“以后不要再打电话了”，便挂断电话。

我在一次周舟刚接通电话后以最快的语速对她说：“我们合好吧，我想你，我们重新开始。”

周舟淡淡地说：“还是彻底分开吧！”便再次挂断电话。

当我第二天再给周舟打电话的时候，她已经更换了手机号码，而她宿舍的电话又总是没有人接，我想，周舟也许已经离开那里，搬进她老板的房子。

周舟就这样离开了我，除了悲伤，我一无所有。

人总是在失去后才知道珍惜，才懂得拥有的可贵。

我开始与啤酒为伍，每日喝到深夜，醉醺醺地回到宿舍睡觉，一直睡到第二天的下午，躺在床上赖到天黑，然后再次去往小酒馆，生活混乱，惨不忍睹。

和周舟分手后，我又找了一些日子的工作，每次看到招聘会上人头攒动的场面，我就想，我在北京每年数以万计的毕业生中究竟属于什么水平？

我应该属于有点儿自知之明的人，决定毕业后不参加工作，不在为社会主义添砖加瓦的建设队伍中滥竽充数。

46

学校发下来一份成绩单，容纳了四年来所有科目的考试成绩，我那份放眼望去，满是六十多分，张超凡那份却是八、九十分遍布每个角落。

此外，我还有一门功课没有通过，惟一的机会就是毕业前的一次补考，可凭我目前的状态，是难以应付的，我根本就没有翻看书本的心情。

考试的前一天，我给刘小康打了电话，他说："我现在不干这行儿了，你另请高名吧！"

我说："你给我再找一份卷子和答案，多少钱我都要！"

刘小康说："不是钱不钱的问题，好马不吃回头草，我现在从事 IT 业了，你要是攒电脑尽管找我。"

我说："这门过不了我就不能毕业。"

刘小康说："那你就好好复习吧，我已经弃暗投明了。"

"可我明天就要考试了！"

"你只能今天晚上别睡觉了，多看会儿书，祝你通过！"刘小康挂断电话。

"你大爷的！"

这天晚上，我没有去复习，而是又喝了一宿的酒。

当考试开始的时候，我还沉浸在昏沉的睡眠中，当我醒来时，考试已经结束。

看来，我只能得到一个肄业证书。

47

系里将离校期限定在 7 月 10 日，我开始心情复杂地收拾宿舍内物品。

我将宿舍的东西陆续收拾干净，该扔的扔，该卖的卖，还有一部分认为有价值的，送给了对它们感兴趣的同学。

我这四年积攒了近一百本教科书，它们还像当初发下来的时候那么新，总定价是一千八百多块钱，而我却将它们卖了不到二十块钱，张超凡也卖掉了自己的课本，他得到的钱却比我多出三毛，我揪住收破烂的老农说："同样的书，为什么我的比他的少三毛？"

老农说："我是按斤称的，他的书比你的沉一斤。"

"不可能，我俩的书一模一样，一定是你的秤有毛病！"

"干我们这行儿没有秤没毛病的，缺斤短两是正常的，但你俩的书是我用同一把秤称的，相对而言还是公平的，这是书本自身的原因。"

我觉得老农的话言之有理，拿起一本张超凡的书翻了翻，发现里面满是钢笔、圆珠笔、签字笔划过的痕迹，这些笔水印在纸上，无形中增添了书本的重量，而且张超凡的书中还夹杂着他看书时因动脑而脱落的头发和头皮屑，手上的污渍油渍也沾在书页的边缘，这些组合在一起，构成了多出来的三毛钱。

张超凡是在把书本中的知识装进肚子后卖掉书的，不像我，腹中空空，和当初领到它们时一样。

我对老农说："那我的书还比他的书新呢！"

老农说："我们不管新旧，凡是卖给我们的，我们全认为是破烂，这书我们也看不懂。你的书比他的新只能说明你没好好学习，你为啥子不好好学习嘛！"

我心想，你知道个屁，就把他打发走。

我将所有的磁带送给了那些只听盗版唱片和音乐台的同学，它们对我不再重要。

我把从图书馆偷来的和从书市上买来的书让钟风全部拿去，听说他突然迷恋上文学。

钟风决定放弃专业，弃医从文，当一名作家，他说这样的作家有许多，譬如：余华、毕淑敏，还有鲁迅先生，他还说出鲁迅先生说过的话，治病救人的真理不该是对身体的药物治疗，而是拯救人类的灵魂。他在动笔前买了一本《现代汉语词典》和一本《成语词典》，以每天 10 页的速度背诵，对未来充满信心，说他的书一定能够出现在西单图书大厦的书架上。我看过钟风写的一部另类中篇小说，叫作《我为什么总想犯罪》，构思奇特，语法新颖，满是黄色和恐怖内容，让我看后三天内食欲不振，心律失常。

我从吕梅那里得知韩露已经怀孕并决定把孩子生下来的消息，韩露马上就是要做母亲的人了，我却感觉自己仍是个孩子，我和她不再属于同一代人，我们之间开始出现代沟。

我在给韩露打过电话，祝愿她一切顺利后就和她彻底失去联系。

佟小娅在准备离校的同时，还忙碌着毕业后立即同那个研究生结婚的事务，她已置办好一切出国所需物品，漂洋过海指日可待。

48

拍毕业照的这一天，杨阳正好来到学校，我拉着他一同去照相，他推脱说："我已经不属于这个班了，就不去了。"

我拽着杨阳的胳膊说："你要不去我也不照了，没你没劲。"

杨阳被我说动，我们夹在队伍中间，站在镜头前，快门按下的那一刹那，我用余光看到杨阳的眼中流出泪水，他自言自语道："一起进的校门，却没能一同出来！"

然后，我们去了学校附近最好的饭馆吃散伙饭，在场的人无不泪如雨下，这是四年里我们吃得最伤感的一顿饭。

我们从中午吃到夜晚，啤酒喝掉一瓶又一瓶，往日的仇人通过啤酒化了干戈为玉帛，昔日的恋人面对天南地北的去向无能为力。我们讲起曾经做过的傻事儿，唱起曾经唱过的歌，最后大家抱头痛哭，不愿散去。

也许，我们这辈子最后一次在一起吃饭了，此饭过后，该出国的出国，该回老家的回老家，该上班的上班，该待业的待业，该分手的分手。

这一时期，学校周边的饭馆无不一片感人肺腑的景象，哭泣声取代了欢声笑语，从每个饭馆传出，听了让人心酸。

青春，该结束了。

49

郑勇打来电话，说高中同学要聚会，我说不去，他问我为什么，我把同周舟分手的事情告诉了他，他叫我别太往心里去，还要陪我出去散散心。

我怎么能不往心里去，但还是决定去散散心。

郑勇带我来到一家歌厅，他对服务生说："找两个小姐。"

服务生说："您自己来选吧！"

郑勇拉住我的胳膊说："走，出去看看。"

我坐在沙发里说："我不要，你给自己找一个就行了。"

郑勇独自跟着服务生走出包间，几分钟后，他领进两个小姐，她们的脸孔在昏黄的灯光下模糊不清。

郑勇拉着一个小姐的手坐在沙发的一侧，另一个小姐很主动地坐到我身边，服务生紧跟着端进来四杯扎啤、两杯红酒和一个果盘。

我身边的女子长发披肩、浓妆艳抹，让我分辨不出年龄，我忽然觉得，眼前的女子非常面熟，待定睛一瞧，她也正诧异地看着我，原来是沈丽。

我们惊讶地异口同声道："你怎么在这儿？"然后两人又对视

无语。

我打破沉默说:“我和周舟分手了。”

“我知道。”

“她有了新男朋友。”

“不,她没有。”

“她和她的老板好了。”

“那是她在骗你,其实是那个老板想和周舟好,周舟不愿意。她这样做是为了和你彻底分开,她把这些事情都告诉了我。”

“你知道周舟现在的手机号吗?”

“知道。”沈丽掏出手机,从中找到周舟的号码。

我接过沈丽的手机,拨打了这个号码。

“喂,沈丽呀!”电话里传来周舟的声音。

“是我。”

“你去找沈丽了?”

“嗯,她把一切告诉了我,周舟,我想你。”

“别说了,我在机场,马上就要上飞机了。”

“去哪里?”

“法国。”

“去法国干什么?”

“公司派遣。”

“能不去吗?”

“不能,那边已经安排好了。”

“去多久?”

“可能一年吧!”

“我等你回来,你一定要回来!”

“不用了,你想怎样就怎样吧!”

“我一定等你回来……”

这时周舟的手机中传来电量不足的声音,随即手机自动关闭了。

当我再次拨打的时候,已传来机主关机的声音。

我跑出歌厅，伸手拦了一辆出租车。

下了出租车，我飞奔至候机大厅，四处张望，寻找周舟的身影。

终于，在登机检票口处看到周舟，我高呼一声：“周舟！”向她飞奔过去，可周舟的身影却消失在检票口的拐弯处。

尾声

我说服自己接受了现实，在毕业一个月后，找到一份机械销售的工作。

每天，当我坐在办公室里看着太阳从窗前升起又落下的时候，感觉青春正在无可挽回地流逝。

那时候，我对生活中的一切极为不满，看不惯周围的人和事，认为除了自己外，所有人都是傻逼，而当我失去理想、失去周舟的时候，当我懵懂地走出校园，开始朝八晚五挤公共汽车上下班并不时因为工作的失误而被刁钻刻薄的老板批评却依然任其摆布的时候，当我每个月底揣着微薄的薪水和同事们喝得酩酊大醉的时候，我才感觉到，其实自己也是傻逼行列中名副其实的一员，而且是他们中最为傻逼的一个。

成长是要付出代价的，为此我丧失了青春的四年时光。在此过程中，我学会了愤怒，又学会了忍耐，学会了愤世嫉俗，又学会了麻木。梦已经越来越少地出现在我的睡眠中，取而代之的是鼾声如雷和长眠不醒，少年气盛、血气方刚已经在我身上消失，我甚至可以用“老气横秋”来形容自己。

大学的四年已经过去，那一件件动人的故事和一幅幅鲜活的面孔正在我的记忆深处褪去颜色，变得面目全非，支离破碎。

一年的时光就快过去了，我在憧憬中等待着周舟回来的消息……

网友酷评《草样年华》

（摘自“新浪网·读书频道”http//www.book.sina.com.cn）

◉ 终于看完了这部小说，怎么说呢，心里面有种说不出来的感觉，女朋友问我真的那么好看吗？连午觉都不睡，我也说不出为什么，一口气看完了，想抽烟。文中的主人公很喜欢抽烟，当他提到烟的时候，我的胸口就一阵抽搐。

——FLY

◉ 这是一部很好的小说，我喜欢这种风格，于无所希望中得救罢了，空虚，寂寞，无聊，郁闷，甚至绝望！这就是大学生，我们需要发泄。

——西门飘雪

◉ 这是一部不错的小说。纪实性地反映了我们的大学生活。尽管有不太阳光的那一面甚至让人觉得荒唐，不过这样的生活的确存在，有很多地方值得我们去反省。

——YANGZHIXIN

◉ 真的很好！尤其是对于在上海读书的北京人看来！真 TMD 亲

切！你快接着写吧！我每天都跑交大的计算中心等着续呢！

——HANTA

◉ 想跟别人一样活着，我们就扪心自问，自己想要的生活到底是什么样的？讲给别人听，也讲给自己听。谁都有真实的梦想，写出来不一定就能解脱，不让人知道也不一定就难过，关键要对得起自己。

—— 佚名网友

◉ 除了占了大半篇幅的“爱情”文字之外，其余都是我走过的路。唉，可怜啊，悲哀啊，悔恨啊，我那没有爱情的大学生活。

—— 佚名网友

◉ 我已经在别的网站看完了全文，后面的文笔更加犀利、尖锐，看时发现隐隐作痛，却感觉不出疼在哪里……

—— 雪域蓝心

◉ 看着那里面的文字，我的内心一阵阵地隐隐疼痛。因为我大学生活就是这样的，使得我不得不想起那已逝去的岁月。要是可以重来一次的话，我想我不会让青春再次流失。

—— 佚名网友

◉ 本来觉得主人公还不错的，虽然有点问题，但是还是很真实，很值得尊重，谁知我在别的网站上看完了这本书。唉，他真不是个东西，有那么好的女朋友还要鬼混，无耻！虽然错了一次，但是周舟原谅了他，毕竟还是那么爱他的，但是他一而再，再而三。我都替周舟感到难过！

——LQXX

◉ 如果你认为这是你曾经经历的生活，那么请你告诉我，当你走过那段日子的今天，面对那样的迷茫，你会怎么做？别人又该怎么做？什么样的生活才是我们真正想要的生活？生活究竟意味着什么？

——CHANGHY

◉ 人有时就是这样，现实和理想相差得非常遥远，但我们首先要解决的是生存。但生存问题得到解决后，我们又常常发现原来的理想已经变味了。不管怎样，我还是感谢本文的作者。谢谢你，谢谢那让人难以忘怀的四年大学生活。

——佚名网友

◉ 这本书写得蛮不错的，让人感觉到有村上春树的身影。能够坦白地写出自己人生的人，恐怕为数不多。谁都不知道人生活在这个世上的真正意义，惟有自己的经历才是真实的。虽然没有结局，可这也正好像人生一样，只要你还生存在这个世上，就不可能有结局的，直到你生命结束的那一刻，毕竟像"鲁滨逊"那样的人并不多见。

——佚名网友

◉ 问作者：你写此书是调侃，是心灵堕落，还是炫耀？我读大学时也很失落，也抽烟，也喝酒，也逃课，也想女孩，但你说得太过了。我承认你比我们优秀，但你的优越沾了什么光？十几年前，我们做梦都想到北京上大学，我们上本科二批的分数在你们那儿足以上重点大学。

——佚名网友

◉ 我觉得作者写得不错，他会用心灵的拐角来思考。我也曾有过同样的经历，顺便说一句，那根从书中取出的镁条是可以燃烧的。我在大一的时候补考过一门，想着无聊扯蛋的考试，当时我就暗暗对自己说："以后再被抓那就是天大的笑话！"直到毕业我没有再补考过，找老师，找老师他老婆，找他丈母娘，什么招都用上了，本来就是一种游戏。有时很想重新来一次，但我知道，真的来了还是会那样度过的。

——佚名网友

◉ 这篇文章我喜欢，颓废的背后实际是对美好生活的向往，人固然应该有好的生活，但只要自己开心，并选择一种不惟常人的方式，不是更轻松，更愉悦吗？

——香美猪

◉ 看到最后真是觉得很遗憾，没有一个我想要的结局，但我希望他们能够幸福地生活在一起。

——DEEPWHITEL

◉ 小说的结局和《谁的荷尔蒙在飞》在感情问题的处理上有些类似，都是由于男主人公的背叛而导致感情的结束。不知道这是不是巧合，这从一个侧面反映了现在的大学生对自己的感情不够珍惜。我上大学时，我们对自己的感情都是非常珍惜的，我不知道是不是现在的大学生也是这样。不过我想告诉那些人，我们无力承诺今后会怎样，我们所能做的就是好好珍惜现在所拥有的。

——玉面多情郎

◉ 写得不错,真想见见这位作者大哥。他写出了这个时代的大学生的普遍心态。不过有一些个别的,比如说偷车、偷书,想必没几个人干过这事,其他的倒是非常地接近坏学生,所以此书肯定受这个时代学生的喜爱,大家在阅读时都有同感,很有兴趣,我就是一下子看完的。希望能早点续出下部分。我觉得尽量写些大同的东西,因为我觉得这才是本书的最终目的。就说这么多了,谢谢

——新浪过客 22098

◉ 写得很好,有好多想法很新奇很有意思,也有很多想法能产生共鸣,大学时代是我最最留恋的时光了,总希望能自己写些什么东西留下来,或者拍一部电影什么的,祭奠一下那个时候的一种情绪、一种状态,这些东西是看不见摸不着的,而又的确忘不掉的,作者能够把握住,很难得!!

——卫斯里

◉ 如果第二部写的内容真的是普遍男生的想法的话,那就有点可怕!他那么爱自己的女朋友,结果先后又跟火车上认识的汤珊和结了婚的韩露多次上床,而且是头脑清醒,做爱的时候没有任何思想负担(描述得就像和自己女朋友上床一样自然)!我觉得好惊讶,我认为男生有了心爱的女生就不应该这么随便!最惊讶的是,周舟两次都是除了生气以外,什么话都没说,不一会又和邱飞合好了。女朋友竟然能容忍男朋友多次和别人发生关系而表现很平静,尽管在第三次发现时,她终于提出了分手,但是之前她的容忍度也非同一般。我想知道,

是不是表面看来很乖很专一的男生,对性也是那么随便的?

——白 素

◉ 我不敢说自己读过许多小说,至少我觉得我喜欢《草样年华》!真的很难找!

——33640663

◉ 这怎么和我的遭遇完全一样啊?在期末考试的那段时间,我也是跟着女友学习,也是不懂的时候想抽烟!呵呵,真怀念那段时光啊!

——佚名网友

◉ 不是每个人都能把自己的大学生活用这样的方式描述出来的。希望作者好好地生活,青春正在消逝但是还没有全部消逝。还有你的"周舟",还有你的音乐。守住心里属于自己的东西,选择一种生活和另外的生活对抗下去。

——XX09690901

◉ 谢谢大我一届的学长写的这篇小说,让我这个刚出校门的小妹重温了一遍大学生活,不然谁又会在浮躁的生活和新的工作压力下,静静地一个人回顾自己这最宝贵的四年青春岁月呢?那里的一切景物都只有我们这些人才懂,那种生活状态也只有我们才理解!就像当年插队的父母嘴里总是叨念着那片蛮荒之地!共鸣不是每个人都有的。再次感谢你——为了几乎忘却的纪念!

——BECKY